本书的出版获暨南大学产业经济研究院博士文库、2012年国家自然科学基金青年项目"行政垄断产业的政府管制体系研究"（71203078）、2012年广东省优秀博士学位论文资助项目"广东省行政垄断产业的管制体制改革研究"（SYBZZXM201319）、2013年中国博士后科学基金第53批面上项目"自然垄断与行政垄断的产业规制研究"（2013M530812）、2011年国家自然科学基金面上项目"寻找企业边界的均衡点：规模与效率"（71172225）、广东省普通高校人文社科重点研究基地项目"人口结构转变与房地产市场运行"（52702497）的资助。

中国行政垄断制度的经济绩效

陈 林 著

中国社会科学出版社

图书在版编目（CIP）数据

中国行政垄断制度的经济绩效/陈林著 . —北京：中国社会科
学出版社，2014.10

ISBN 978 – 7 – 5161 – 4946 – 1

Ⅰ.①中…　Ⅱ.①陈…　Ⅲ.①中国经济—国有经济—研究

Ⅳ.①F121.21

中国版本图书馆 CIP 数据核字（2014）第 235571 号

出 版 人	赵剑英
责任编辑	卢小生
特约编辑	解书森
责任校对	张依婧
责任印制	王　超

出　　　版	中国社会科学出版社
社　　　址	北京鼓楼西大街甲 158 号 （邮编　100720）
网　　　址	http：//www.csspw.cn
	中文域名：中国社科网　　　010 – 64070619
发 行 部	010 – 84083635
门 市 部	010 – 84029450
经　　　销	新华书店及其他书店

印　　　刷	北京市大兴区新魏印刷厂
装　　　订	廊坊市广阳区广增装订厂
版　　　次	2014 年 10 月第 1 版
印　　　次	2014 年 10 月第 1 次印刷

开　　　本	710 × 1000　1/16
印　　　张	15.75
插　　　页	2
字　　　数	266 千字
定　　　价	48.00 元

序

我长期致力于研究国有企业，近年来，越来越觉得对国有企业的研究只有放在一个大的市场环境下，才能理解和解决其中的问题。国有企业的问题并不只是单纯的效率低下的激励机制问题，而是涉及所有与它相关的方方面面。这是一个系统的问题，只有从作为一个有机复合体的市场关联系统出发，才能理解和把握"国企病"存在的症结。

近十年来，我还发觉国有企业的规模边界似乎越来越大，这种扩张似乎没有一个稳定的边界，甚至大有回归计划体制的趋势。望着眼前新鲜出炉的 2014 年福布斯世界 2000 强企业名单，这种感觉就更为强烈了——中国三大国有银行一举独占状元、榜眼、探花的鳌头，而中国银行和中国石油也分列第九、第十位。中国上榜企业 2013 年增加 25 家，超过其他所有国家，总数高达 207 家（其中的民营企业凤毛麟角）。那么，这样的规模扩张边界究竟在哪里？中国经济试图通过企业规模扩张来提升竞争力的发展战略，是否超过了市场经济之中应有的合理边界？这种规模扩张是在市场竞争中形成，还是依靠国家力量支持的垄断作为扩张的后盾？

垄断就是在一特定市场或范围内只保持一家独占，其他企业无法进入。这种独占如果是创新所致，或者是自然垄断形成的，那么其必然是成本最低的或生产最高效，才使其他高成本的竞争者无法进入，这是合理的经济性垄断。反之，这种独占如果是借助外部权力形成，而同时又是低效率或高成本的，那么这就是不合理的非经济性垄断。按照这个标准，实际上，我们并不难识别哪些垄断是合理的，哪些是不合理的。只要考察是否存在进入壁垒、进入壁垒如何形成，以及是否成本最低或效率最高，就能够区别与界定两种不同性质垄断的界限。

不合理的非经济性垄断的根源在于存在进入壁垒，这种壁垒是由非经济因素或某种人为干预而形成。因此，这样的结果是不计成本，也无须竞争，只要想法构筑壁垒，就能确保其既得利益。在同样的市场范围内，那些不受保护的企业，即使效率更高，或更有发展潜力，它们也无法进入与之竞争。按照这样的标准，我们就能够区别不合理的垄断，识别那些依靠不公平竞争规则保护的企业，为市场竞争、优胜劣汰确定公平合理的依据。因此，我们也可以此为依据，评价现行的国企扩张究竟来自壁垒的保护，还是来自竞争力的优势。

这样的垄断包括行业垄断，全行业的独占性垄断就不用说了，即使是非独占的行业，例如，存在几家寡头的行业，它们往往按照权力划分的市场范围，确定各自的行业垄断范围，任何其他竞争者都不得进入其领地。在行业内部存在的这种局部垄断，还可能是按照地域划分势力范围，或是按照项目确定各自的控制范围。前者例如煤矿，往往按照其产地设置进入壁垒，给予某些企业授予特许权经营；后者例如一些工程项目，往往通过人为地设立一些有利于在位者的准入标准，以便排除竞争对手的进入，或者利用信息的不公开、不透明，设租寻租，"暗箱"操作，排斥更有竞争力的潜在进入者。

除以上表现为直接垄断产品市场的类型外，还存在大量间接垄断的类型。这种类型不是表现为本行业的垄断特征，而是由要素市场的垄断所导致的对某些企业的间接垄断效果。要素市场的垄断突出地表现为资本市场或金融信贷市场，在这些市场普遍存在着程度不同、范围不同的进入壁垒，导致使用这些要素的企业实际上获得了垄断的连带效应。由于对于非国有金融进入壁垒和制度偏好性导向，大量廉价资本和信贷源源不断为国企输血，使用这些资本越多，能够得到的优惠就越多。因此，不少国有企业的竞争行为往往表现为不断扩张规模的竞赛，以便充分利用这些垄断效应，实际上是一种间接的垄断，或者是一种明显的不公平竞争行为。

因此，现实中大量存在的是局部垄断或间接垄断，它们与行业的完全的、直接垄断不同，表面看起来并没有什么明显的直接"禁入"政策，而是更多地依附于要素市场的进入壁垒，依附于某些相关政策及其审批程序，它们更多地表现为某种隐性的进入壁垒。民营企业反映最强烈的"玻璃门"，就是这种看不见却能摸得着的隐性壁垒。

在中国，借助政府的权力，较高的集中率往往有利于实现划分势力范围的局部垄断，尤其是那种条条或块块的权力控制下的局部垄断。同样，对于并购来说，现实中的并购更多地带有政府行为特征，在这种情形下，鼓励国有企业做大做强的并购政策，不可避免会带有垄断性保护色彩。倘若对大量国有企业并购进行认真审查，恐怕没有几家能够过关。《反垄断法》若是拿来审视大量普遍存在的国有企业垄断，而不是只针对民企或外资企业，必然会发挥更大的积极作用。

学界一般将上述借助政府权力形成的垄断笼统地归纳为"行政垄断"。从经济学理论来看，可以根据其不同特点进行分类。无论是特定行业的完全垄断，还是行业内的地区垄断；无论是在寡头行业的划分势力范围的垄断，还是在竞争行业内进行设租寻租的局部垄断，这些不合理的非经济垄断普遍存在，它可以表现为行政部门对经济的直接干预，也可以表现为某种"无形之手"在运作。不管采取哪种形式，它对于经济产生的危害性都是共同的，并且十分严重。

首先，这种垄断对民营企业产生了"挤出效应"。当经济出现危机时，紧缩造成利率高和融资难，不少民营企业难以生存，但是，这对国有企业几乎没有什么影响，按照产业政策的优先权，它们照样可以拿到大笔刺激经济的贷款。或者，即使这些曾经大肆扩张的国有企业出现了亏损，也不必担心会破产倒闭，而是为了"维稳"的需要，照样可以贷款发工资，等待下一轮经济刺激的再度扩张。同样的情形下，一些民营企业只好纷纷破产、退出。结果，高成本企业对低成本企业造成了非常不合理的"挤出效应"。

其次，它产生了产业结构的畸形。一些重化工行业国有企业投资过度，生产过剩。例如，钢铁国有企业天天喊亏损，不是反思自己的高成本的根源在哪里，而总是希望通过政府之手设置高进入壁垒，来阻止合理的竞争。

最后，行政垄断还造成了通货膨胀。由于在垄断市场上，垄断者可以控制价格从而获取高额利润，将不断上升的价格转嫁其他领域，整个国民经济则表现为通货膨胀，而且这种结构性通货膨胀仅靠紧缩货币还不太容易控制住。

因此，对民营企业的"挤出效应"、产业结构畸形的效应、通货膨胀的效应，是行政垄断造成的直接危害。这种作为根源的垄断行为不破除，经济上的一系列重大问题就解决不了。

行政垄断的损害不仅于此，它对社会公平与正义也产生了极大的损害。在处处存在的这种垄断壁垒下，大量政府官员中出现的腐败或设租寻租，往往源于此。

如果行政壁垒不打破，它就会永远垄断下去，腐败也会层出不穷，甚至成为社会的常态。所以，要从根源上解决腐败的问题，就需要找到反垄断的方法作为治本之道。

行政垄断的源头在于公权力。如果没有公权力的支持，行政垄断很快就会土崩瓦解。说到底，反垄断关键要遏制公权力和企业的结合，要彻底破除政商合一、政企合一的平台。对公权力进行舆论监督、人大监督、反垄断监督，一旦发现有政商合一为垄断服务的行为，就要加以遏制。

要破除行政垄断，现阶段改革就要强调公平的市场竞争，只要法律不禁止的，每个企业都应该有权利进入和竞争。目前，应该打出"公平竞争，反对垄断"的旗帜，这是人心所向。行政垄断是目前面临的最关键的"路障"，只有突破了这个障碍，我们的改革才可能真正全面推动和深化。

获悉我所指导的博士后陈林即将出版其博士学位论文《中国行政垄断制度的经济绩效》，并约我为新著作序，遂有感而发。这本关于行政垄断的学术专著，可以为下一阶段体制改革提供一些新的思路与方法，是不可多得的、兼具理论与实践意义的学术成果。

刘小玄

2014 年 5 月

摘　　要

　　本书是关于转轨时期中国行政垄断的经济学研究。本书以产业经济理论为基本理论框架，以博弈论、最优化、计量经济学、制度变迁理论等为研究工具，探讨转轨时期中国行政垄断的经济绩效。

　　为突破现有理论和研究方法的局限性，本书进行了一系列新尝试：（1）经济绩效研究与制度分析相结合，以经济绩效解释计划经济国家建立和渐进转轨国家长期坚持行政垄断制度的客观原因；理论研究与实证分析相结合，以理论模型解释行政垄断规制下的产业出现高价格、高利润和低消费者剩余的根本原因，并以计量经济研究检验数理模型结论。（2）在理论研究方面，为研究行政垄断对市场运行的动态影响，构建了动态的创新与产量竞争模型。该模型融合了创新的成本节约效应和需求刺激效应，以博弈论和动态最优控制理论为工具，在动态视角下揭示行政垄断的市场绩效。本书还采用新贸易理论和序贯博弈法，首次探讨行政垄断与外商直接投资（FDI）、国际贸易的关系，结果发现，FDI 流量、进出口额度和贸易政策的有效性均受到行政垄断制度的重要影响。（3）在实证研究方面，将行政垄断规制下的产业和竞争性产业区分开来，以截面计量模型进行样本分组回归，结果发现：忽略行政垄断的制度因素，把来自行政垄断和自由竞争的产业样本放在一起进行回归，很可能是以往实证研究结果不显著、结论不稳健且常常互相矛盾的根本原因。本书还使用工具变量法对行政垄断的区域经济绩效进行实证研究，在控制关键变量的内生性问题后，结果发现：以往常用的 OLS 估计会低估地区性行政垄断的危害，因而不完全适用于地区性行政垄断的实证研究。

　　本书的主要研究结论如下：

　　（1）行政垄断、国有经济与市场经济稳定共存，是转轨时期中国经济制度的一大特色。中国现阶段的行政垄断制度主要以《国务院关于投资体制改革的决定》、《政府核准的投资项目目录》、《企业投资项目核准暂行办法》、《指导外商投资方向规定》、《外商投资项目核准暂行管理办法》和《外商投资产业指导目录》等法规为载体，以项目核准制为主要表现形式。任何企业要进入部分指定产业投资项目，必须经过各级投资主管部门（以发改部门和经贸部门为主）或地方政府的核准。

（2）国有企业离不开行政垄断，因为行政垄断为它们带来高价格和高利润。理论研究表明，行政垄断会导致更高的市场价格，并使在位企业攫取更多经济利润。随着技术进步和产业发展，行政垄断规制下的市场结构会内生地趋于集中，且这种市场内生出来的垄断势力与社会福利趋向。在行政垄断产业，大型国有企业市场势力越强越好，因为这样会提升以企业利润为主的社会总福利，尽管损害了消费者剩余。

这导致行政垄断成为社会主义国家成立初期的必然选择。因为，只有高价格和高利润才能保障国有经济的高速发展，只有以行政垄断阻止私营企业进入高利润产业，才能保证计划经济的顺利实施，使国民经济实现全面国有化和重工业化。由于行政垄断与国有经济之间的共生关系，东欧激进转轨国家实施的产权私有化改革，必然伴随反行政垄断法律的立法与施行。这是激进转轨向苏联式计划经济体制投出的两块密不可分的改革"敲门砖"。而在渐进转轨国家，国有企业依旧是国计民生的经济命脉，其上缴的利税占据各级政府财政总收入的一大部分。一旦国有企业出现长期亏损甚至破产，其后果不可想象。所以，当今中国的国有企业离不开行政垄断。高价格和高利润是计划经济国家和渐进转轨国家长期坚持行政垄断制度的客观原因。

（3）行政垄断以牺牲消费者剩余和总消费量为代价，换取高额的企业利润。但行政垄断造成的消费者剩余减少，远多于企业总利润的增加。由于大幅损害消费者剩余，行政垄断最终损害了一个产业内的社会总福利，即行政垄断会同时损害一个产业内的社会总福利、消费者剩余和总消费量。

（4）相对于自由竞争，行政垄断会拉长产业生命周期，使经济发展和新老产业更替的新陈代谢减缓。行政垄断还会损害产业的创新总量和单位产量创新，抑制整个产业的技术进步。

（5）理论研究表明，熊彼特假说在企业可以自由进入和退出的竞争性产业中不成立，而在行政垄断规制下的产业中成立。在行政垄断规制下，产业的创新与市场垄断势力（市场结构集中）相辅相成；在自由竞争产业中，创新与市场集中度则呈一定程度的负相关关系。实证检验结果与理论模型结论一致：行政垄断是决定熊彼特假说是否成立的关键。

（6）《指导外商投资方向规定》、《外商投资项目核准暂行管理办法》和《外商投资产业指导目录》规定：在部分指定产业，外资企业必须向投资主管部门申请并通过项目核准，并与本土企业合资后方得进行 FDI。这种针对外资企业的行政垄断可以提高产品价格、增加本土企业利润，从而提升本国的社会总福利；同时损害贸易竞争对手国的企业利润和本国的消费者剩余，是一项"以邻为壑"的制度。

（7）由地方政府实施的地区性行政垄断损害了区域经济的生产效率、资本配置效率、技术创新能力以及国际竞争力，对区域经济发展产生显著的负面作用。政绩激励和经济激励是地方官员实施地区性行政垄断的主要原因。

（8）限制竞争和运用行政权力是转轨时期中国行政垄断的内涵与本质。在行政垄断干预下的市场，企业失去进入市场的自由，市场本身丧失了一定程度的竞争活力，行政垄断下的市场并非市场的常态。当今中国的行政垄断权力是一种集行政权力、行政立法权与部分司法权于一体的行政权力。

由于渐进转轨的国情约束和保持国有经济主体地位的历史任务，社会主义市场经济条件下的行政垄断将长期存在。如果国有经济改革要继续下去，本书表明：消除行政垄断是国有企业产权改革的前提，产权改革离不开行政垄断制度的改革。

关键词　行政垄断　经济绩效　转轨时期　限制竞争　行政权力

目　　录

第一章 导 言

第一节 问题的提出

在中国，电信、石油、汽车以及公用事业等方面的支出占据了消费者可支配收入可观的一部分，这些产业的产品和服务价格明显偏高。在计划经济到社会主义市场经济的渐进转轨中，政府恰好在这些产业保留了较强的行政干预，其中一些国有企业[①]，以中国移动、中国电信、中国联通、中国石化、中国石油、中海油、长春一汽、上海汽车、东风汽车、国家电网、南方电网、华能、神华、中国国电、中铁集团、中国铁道建筑、中国交通建设凭借其高额利润及占市场比例纷纷进入世界 500 强[②]行列。行政干预与高价格、高利润是否存在必然联系？这个问题显然非常值得探究和回答。

改革开放以来，虽然公有制的实现形式不断在变，但我国长期坚持"公有制为主体"[③] 的基本经济制度，使国有经济一直保持强大的国民经

---

① 本书所指的国有企业泛指国有控股企业、全民所有制（国有经济）和集体所有制企业（集体经济），也包括混合所有制经济中的国有成分。

② 本书涉及世界 500 强的数据均来源于《财富》杂志网络版。在《财富》杂志评选出的 2010 年世界 500 强中，大陆企业包括：中国铝业股份有限公司、中国交通银行、江苏沙钢、武汉钢铁、中国北方工业集团、中国南方工业集团、中国航空工业集团、中国华能集团、神华集团、中国国电、中国联通、中国中信集团公司、中国一汽集团、东风汽车、中国冶金科工集团公司、河北钢铁集团、中国中钢集团、上汽集团、中国交通建设集团有限公司、中粮集团、中国五矿集团公司、中国远洋运输集团公司、中国海洋石油总公司、中国建筑集团总公司、中国电信、中国铁道建筑总公司、中国中铁股份有限公司、宝钢集团、中国南方电网、中国中化集团公司、中国农业银行、中国银行、中国人寿保险、中国人民保险、平安保险、中国建设银行、中国移动通信、中国工商银行、国家电网、中石油、中石化、华为、大唐集团、华润总公司。其中，只有江苏沙钢、平安保险、华为是民营企业。

③ "完善基本经济制度，健全现代市场体系。坚持和完善公有制为主体、多种所有制经济共同发展的基本经济制度……"摘自"十七大"报告。

济控制力。正是这种渐进的、"公有制为主体"的国有经济改革，使中国成功地规避了东欧激进转轨国家普遍遇到的"转型性衰退"（Kornai，1994）难题。渐进式国有经济改革因而成为国内经济研究的重中之重①。现有的学术成果对国有企业产权改革进行了大量研究，却没有全面考察国有企业与行政干预之间的关系，也未能完整解释改革开放以来国有经济何以在社会主义市场经济中长久保持"主体"地位。

为此，我们首先来看素有"经济宪法"②之称的《中华人民共和国反垄断法》（以下简称《反垄断法》）。其第一章"总则"第七条规定："国有经济占控制地位的关系国民经济命脉和国家安全的行业以及依法实行专营专卖的行业，国家对其经营者的合法经营活动予以保护，并对经营者的经营行为及其商品和服务的价格依法实施监管和调控，维护消费者利益，促进技术进步。"《反垄断法》在第八条接着给出这种保护措施的实施主体和主要手段——"行政机关和法律、法规授权的具有管理公共事务职能的组织"是使用行政权力，排除、限制竞争的主体。这种政府干预在《中华人民共和国反垄断法释义》（安建，2007）中被归纳为"行政垄断"。

《反垄断法》对五类"滥用行政权力"的行政垄断（妨碍商品在地区间流通、投标的地方保护、排斥外地投资、指定交易对象、强制企业从事垄断行为）制定了规制条款。从这五类法律客体来看，《反垄断法》的主要规制对象为横向的"地区行政垄断"（即地方保护主义、贸易壁垒、地区壁垒），而不包括纵向的行业性行政垄断（即行政进入壁垒、部门壁垒）。行业性行政垄断和地区性行政垄断同属行政垄断，前者更是现阶段行政垄断在中国各行各业的主要表现形式（王晓晔，1996b③，1999；杨

---

① 相关研究有 Mcmillan 和 Naughton（1992）、Dewatripont 和 Roland（1992a，1992b，1995）、Woo 等（1994）、田国强（1994，2001）、张维迎和栗树和（1998）、哈勒根和张军（1999）、Castanheira 和 Roland（2000）、樊纲（2000）、平新乔（2000）、林毅夫（2002）、杨开忠等（2003）、陈钊（2004a）、樊纲和胡永泰（2005）、吕炜（2005a，2005b）、王永钦（2006）、Qian 等（2006）、解明（2007）。

② "经济宪法"之称谓引自时任国务院法制办公室主任曹康泰在 2006 年 6 月 24 日第十届全国人民代表大会常务委员会第二十二次会议上所作的《关于〈中华人民共和国反垄断法（草案）〉的说明》报告（安建，2007）。为行文简洁，本书使用的中国法律名称缩略了"中华人民共和国"。比如《反垄断法》实为《中华人民共和国反垄断法》。

③ 王晓晔（1996b）甚至提出，只要企业进入市场还会受到来自政府方面的阻力，没有真正的投资决策权，反垄断法所追求的公平竞争就会成为一句空话。

兰品，2005c；丁启军和王会宗，2009）。

《反垄断法》在全国人大正式通过前，一稿草案明确提出要规制行业性行政垄断。该版草案的第四十七条规定：如果行政机关滥用行政权力限制经营者在特定行业的市场准入，排斥、限制或者妨碍市场竞争，处罚结果是由其上级机关予以改变或撤销；对地区性行政垄断的处罚则更为严厉——由国务院反垄断主管机关责令其停止违法行为（王晓晔，2003）。但在《反垄断法》的最终立法版本中，关于行业性行政垄断的所有条款被删除。制裁行政垄断的法律主体也从"国务院反垄断主管机关"和"上级机关"变为只剩"上级机关"，反垄断执法机构只有处理的建议权。

《反垄断法》实际上"豁免"了行业性行政垄断，而对地区性行政垄断的制裁力度也不大。因此有学者（Fox，2007）认为，2008年正式施行的《反垄断法》实际上保护了行政垄断，甚至成为国有企业垄断势力的根源和制度保障，尤其是"总则"第七条"国有经济占控制地位的关系国民经济命脉和国家安全的行业以及依法实行专营专卖的行业，国家对其经营者的合法经营活动予以保护"可视为国有企业专营专卖的豁免条款。张昕竹（余东华和于华阳，2008）直接提出该条款"存在着对行政进入壁垒（本书所谓的行业性行政垄断）豁免的嫌疑"。

为解释《反垄断法》"豁免"行业性行政垄断的原因，人大常委法制工作委员会和国务院分别在《中华人民共和国反垄断法释义》和《关于〈中华人民共和国反垄断法（草案）〉的说明》做出相关说明。其主要理由是，"行政性垄断行为属于行政权力的不当使用，这主要应通过进一步深化经济体制和行政管理体制改革，转变政府职能，加强对行政权力运用的规范和监督等措施来解决，而不是主要依靠反垄断法所能解决的问题"；"行政性限制竞争主要不是由反垄断法解决的问题，反垄断法也很难从根本上解决这个问题"。这种观点与部分法学者的看法一致——行政垄断实质上是一项正式的社会制度，制度和行政上的问题不应该由经济法范畴内的反垄断法解决（陈秀山，1997）。甚至有部分法学工作者（沈敏荣，2001；薛克鹏，2007）认为，行政垄断是政治或宪政问题，而非经济问题。

现行法律制度下，实施行业性行政垄断的行政机关不会触犯《反垄断法》，即使触犯《反垄断法》，行政机关也只由"上级机关"责令改正。由最高行政机关国务院制定的行政法规在行政垄断案件中的法律效力也高于《反垄断法》[①]。反垄断法本来是市场经济国家的经济法体系之最重要基石，"它在美国被称为'自由企业的大宪章'，在德国被称为'经济宪法'，在日本被称为'经济法的核心'"。（王晓晔，2009a）反观我国的《反垄断法》，由于对行政垄断的规制无力，它似乎不能扮演起"经济宪法"的角色。

在现行法制体系和行政垄断合法保护下，国有企业与多种所有制经济进行市场竞争，自然能够保持主体地位。在我国今后很长时期内，行政垄断制度是拥有主体地位的国有经济与市场经济稳定结合的重要保障，是一种具有渐进转轨特色的经济制度[②]。或者说，行政垄断是我国现阶段基本经济制度的重要组成部分。

研究具有转轨时期中国特色的行政垄断问题，富含理论价值和现实意义。本书将围绕行政垄断制度的经济绩效，主要回答以下问题：（1）行政垄断是什么？（2）行政垄断为何会在中国出现并长期存在？（3）行政垄断与高价格、高利润是否存在必然联系，其经济绩效何以使市场这只一视同仁的"看不见的手"做出国有经济占据主体地位的承诺？（4）行政垄断对产业经济、宏观经济以及区域经济产生怎样的影响？（5）行政垄断与市场竞争、行政权力的关系是什么？

第二节　行政垄断的内涵与外延

一　行政垄断的起源与定义

胡汝银（1985）、陆德明（1988）以及王保树（1990）较早提出行政垄断的概念。胡汝银（1985）提出"这种垄断基本上是通过行政手段和具有严格等级制的行政组织来维持的，为了便于同一般的市场垄断相区别，我们把它称为行政垄断。"陆德明（1988）指出："这种垄断既不是一般的市场垄断，也不是自然垄断，而是一种非规范的行政垄断或超经济

---

① 《反垄断法》第五十一条规定：裁决行政机关的法律责任时，其他法律和行政法规的法律效力都高于《反垄断法》，"上级机关"应依照"其他法律、行政法规"处理行政垄断案件。

② 甚至有学者认为行政垄断并不止于中国特色，实则世界特例——"目前我国盛行的行政垄断既非市场经济初级阶段的共有现象，也非现代市场经济的共同特点，而是世界经济史中的一个特例"。（薛克鹏，2007）

垄断。"

这时经济学界没有严格区分国家垄断和行政垄断，所谓的行政垄断其实就是国家垄断。随着相关研究的深入，学者们逐步发现我国的行政垄断与国家垄断存在明显差异。

王保树（1990）较早提出行政垄断不是单纯的国家垄断，因为"它是指地方政府行政机关和国家经济管理部门凭借其经济管理权力，对经济性活动进行排他性控制，排斥和限制竞争的行为，它是非国家意志的行为"（王保树，1998）。王保树（1998）将行政垄断定义为"国家经济主管部门和地方政府滥用行政权力，排除、限制或妨碍企业之间的合法竞争"。王保树所定义的行政垄断最终成为《反不正当竞争法》和《反垄断法》关于"行政性限制竞争"的主要释法基础。

国俊豪和王建明（2007）补充道："行政垄断的目标具有多重性。涉及公众和社会长远利益，或国家收入，抑或是某些行业的利益，甚至是少数人的利益（杨兰品，2005a）。在这一点上，行政垄断不同于国家垄断。后者的目标一般是国家整体利益，而不是少数人的利益。"薛克鹏（2007）持类似观点："行政垄断与合法的国家垄断不同，不是为了社会公共利益和社会公平而独占或专营"；"它与传统垄断的根本区别在于：其一，它以国家名义实施；其二，它以国家强制力为后盾；其三，其形式往往具有合法性"。

王保树（1990）把国家垄断的概念从行政垄断的内涵排除出去，致使行政垄断成为行政机关"滥用"而不是"使用"行政权力。如此定义的行政垄断，在现实中理所当然是非法的。郑鹏程（2002）对此持赞同态度——"国家垄断的主体是以生产资料公有制为基础的社会主义国家，这决定了国家垄断绝对合法；而行政垄断的主体是行政机关及法律授权的组织，为区分行政垄断和国家垄断，前者理应被界定为非法行为"。持行政垄断"天生非法"观点的学者还包括种明钊（1997）、邓保同（1998）、包锡妹（2003）、叶卫平（2006）等。

李芹叶（1995）、盛杰民（2001）等学者持相反观点："行政垄断实质上就是国家垄断。"刘建华（2004）、叶逊（2007）、魏琼（2010）指出，烟草、食盐等专营专卖形式的国家垄断实际上就是行政垄断。田圃德等（2007）认为，广义的行政垄断应包括国家垄断，"而狭义的行政性垄断并未包括法定垄断（即国家垄断）在内，仅指凭借政府行政权力对市场竞争的否定"。

部分学者（张瑞萍，1998；张维迎和盛洪，2001；胡鞍钢，2001；杨兰品，2005b）也认为，行政垄断法是政府"使用"行政权力排除或限制竞争；行政垄断既有合法的也有非法的，因为行政垄断涵盖了国家垄断。王俊豪和王建明（2007）提出："行政垄断既可能合法，也可能披着合法的外衣（如出于部门利益的立法）实际上并不完全合法，或者虽然合法但不合理"，"行政垄断又可分为合理行政垄断和不合理行政垄断，这是行政垄断的两重性"。不同形式的行政垄断有着"使用"与"滥用"行政权力、合法与非法之分。

关于行政垄断是否包含合法的国家垄断的争论衍生出学界的第一个重大分歧：行政垄断是否"天生非法"，它是"滥用"还是"使用"行政权力。

这一分歧继而引出学术界的第二个重大分歧：中国的反垄断法应否规制行政垄断。王晓晔（1996a）提出："除自然垄断和国家垄断的个别行业以外，任何市场都需要保持足够的竞争者"，国家垄断是反垄断法"适用除外的领域"，所以行政垄断不包括国家垄断；假如行政垄断不包括国家垄断，且是"滥用"行政权力，这就表明行政垄断权力已经超出我国行政法所赋予行政机关的合法权利范畴，行政垄断因而"天生非法"。那么作为"经济宪法"的反垄断法必须对行政垄断一律实施严厉的禁止（王晓晔，1998；曲冬梅和孙强，2002；许光耀，2004；郭宗杰，2004；方小敏，2005；聂孝红，2007；Owen et al.，2007）。甚至有学者认为，反行政垄断法是整部反垄断法的重中之重，没有反行政垄断的条款，反垄断法就会变成"无牙老虎"（Toothless Tiger）（Chan，2009；王晓晔，2009a，2009b）。

持行政垄断是"使用"行政权力观点的学者认为，中国的反垄断法无须也无法规制行政垄断。陈秀山（1995）提出："对待行政垄断，应从政治改革、转换政府职能和完善行政法入手，而不应将政治问题用属于经济法的反垄断法来加以解决"；反行政垄断"需要更彻底的政治、经济体制改革，要求转换政府职能及完善宪法、行政法等一系列相关法律及法规，反垄断法对它是无能为力的"。盛杰民（2000）认为，以反垄断法规制行政垄断，"无益于反垄断法的制定和完善以及对行政权的控制"。史际春（2001）表示："一部反垄断法担负不起反行政垄断的任务，行政性垄断只能通过进一步的政治体制改革来消除,而无须在反垄断法中予以规定。"沈敏荣(2001)指出:"行政垄断不是竞争法律和竞争政策调整的对象,它是由体制所决定,也只能通过深化体制改革加以解决"。其他学者(吴宏伟,2000;薛克鹏,2007;李海涛,2008;魏琼,2010)的研究也得出相同的结论——既然行政垄断是通过行政权力实现的,它就应该被纳入行政法和政治体制的改革轨道上,最终以政治体制或宪政改革来解决问题,因而无须在反垄断法这部经济法中加以规制。温观音(2007)以新制度经济学理论分析产权与行政垄断的经济关系,得出类似的结论:行政垄断从根本上是一个关于宪法与宪政的问题,反垄断法必然无能为力。

要规制行政垄断,相关学者提出几种理想的方案:建立限制行政权力的宪法体系,从行政法、宪法层面上对中央与地方关系、政府与企业关系以及违宪审查做出制度安排(郑鹏程,2003);分权制约是法宝,反行政垄断靠的是法治(史际春,2001);彻底追究不当使用行政权力的行政机关的刑事责任(许光耀,2004;薛克鹏,2007)。张曙光和张弛(2007)提出:"一个可行的办法是,把现行的国家发展和改革委员会改造成国家反垄断委员会,这完全符合市场化改革的方向。"

持折中观点的学者认为,反行政垄断应该"治标"和"治本"同时进行。邓保同(1998)、崔秀荣(2001)、邓志锋(2001)、叶卫平(2006)提出:反行政垄断必须协调行政法、经济法之间在法学理论与现实制度上的冲突,随体制改革的深入而对行政权力、经济调节权做出一体化规制,逐步实现经济制度和政治体制的同步渐进改革。郭宗杰(2005a)在支持综合立法改革的同时,强调宪法在改革中的核心地位。周汉华(2005)、岳振宇和杨树龙(2005)从行政立法权和《行政许可法》的角度论证反行政垄断的立法逻辑问题。

激烈的争论整整持续了十多年,既不乏深度,也有相当的广度。直到《反垄断法》在2008年正式施行,学者们依旧未能达成共识。以上分歧看似简单,却反映出中国行政垄断问题在法学和政治学上的复杂性。

本书认为,这两派理论的分歧不是绝对的。坚持行政垄断,即"使用"行政权力的学者认为,所有行政权力都必须受到强有力的监督,妥协意味着失败。此乃激进主义观点。坚持行政垄断特指"滥用"行政权力的学者认为,在特殊国情下,由于没有外部的行政权力监管,只能容忍部分"合法"① 使用的行政权力，不妥协意味着改革无法继续。此乃渐进主义观点。

在此逻辑之上，两派学者继而产生《反垄断法》应否规制行政垄断的分歧。这实质是体制改革的路径选择问题——渐进抑或激进。激进主义者认为：只有宪法、宪政以及体制改革才能真正限制行政权力，进而有效规制行政垄断，以《反垄断法》这门经济法规制藏在行政垄断背后的行政权力，"无异于舍本求末"（薛克鹏，2007）。他们认为，改革如逆水行舟，不进则退。渐进主义者则坚持作为"经济宪法"的反垄断法必须规制行政垄断，因为改革不积跬步无以至千里。两派理论并没有根本性分歧，二者最终目标一致。即保护公平竞争，维护消费者利益，激进或渐进地实现体制改革的目标，"通过反对行政垄断来推进改革"（张曙光和张弛，2007）。

双方都意识到各自的理论殊途同归，只是所主张的改革路径不一。渐进主义学者王晓晔（2003）承认"行政垄断问题确实不是一部反垄断法能够奏效的。"但王晓晔（2009b）坚持渐进主义观点，其理由是："有人认为，行政垄断是经济体制转型国家特有的现象。既然是时代的产物，反垄断法对行政垄断必然无能为力，国家也就不需要制定这方面的法律。这个说法是不正确的。按照这种悲观的论调，我们反不反行政垄断？如果等待经济体制完全转型为市场经济再反行政垄断，我们需要多少年？更重要的一个问题是，如果不运用法律手段推动和建立新的经济体制，我国的经济体制如何转型？更具体地说，如果没有法律制止和约束行政垄断，我们怎么能够判断一个行政垄断行为是违法还是合法？"渐进主义观点最终成为《反垄断法》的主要立法依据。同时《反垄断法》也糅合了激进主义观点——"行政性限制竞争主要不是由反垄断法解决的问题，反垄断法也很难从根本上解决这个问题"（摘自《关于〈中华人民共和国反垄断（草案）〉的说明》，安建，2007 年）。以至于此，《反垄断法》豁免了行业性行政垄断。

在经济学看来，行政垄断毕竟是一个中性的经济学问题。本书认同于

---

① 主要指符合"行政法"。我国的"行政法"主要指行政法规、部门规章、地方政府规章，属于"行政法"体系内的法律主要包括《行政诉讼法》、《行政复议法》、《行政许可法》、《国家赔偿法》、《行政处罚法》、《行政监察法》等。

立（余东华和于华阳，2008）的观点——跟垄断是个中性名词一样，行政垄断基本上也是个中性名词。行政垄断理应被定义为中性的"使用"行政权力，而非"滥用"行政权力。

综合激进主义和渐进主义的观点，本书认为，行政垄断是"使用"行政权力限制竞争，却不意味着只有从宪法、宪政着手才能改革行政垄断制度，因为如果一味隔岸观火地等待，"我们需要多少年"（王晓晔，2009b）。尽管宪法、宪政或许才是从根本上解决行政垄断问题的关键，本书还是尝试从经济学角度对行政垄断进行研究，揭示行政垄断给社会到底带来怎样的经济绩效，以帮助我们"判断一个行政垄断行为是违法还是合法"（王晓晔，2009b），进而迈向"个人权利和自由意识觉醒"（张曙光和张弛，2007）①。

《反垄断法》第八条规定："行政机关和法律、法规授权的具有管理公共事务职能的组织不得滥用行政权力，排除、限制竞争。"顾名思义，《反垄断法》规制的是"滥用"行政权力的行政垄断，但不代表"行政机关滥用行政权力排除、限制竞争"就是行政垄断的全部。其理由如下：

第一，《反垄断法》第五十一条和《关于〈中华人民共和国反垄断（草案）〉的说明》（安建，2007）将"行政机关滥用行政权力排除、限制竞争"称为"行政性限制竞争"，而非"行政垄断"。自《反垄断法》在1994年启动立法程序到2007年正式颁布，行政垄断一直是全国人大和各种立法会议中的争论焦点，第五章"滥用行政权力排除、限制竞争"更是在各版本草案中几经删除和恢复、修改和再修改。曲折的立法过程集中体现了中国行政垄断问题的复杂性。正因为如此，现行《反垄断法》没有明确提出行政垄断的概念，而是以"行政性限制竞争行为"替代，也没有明文禁止或规制"行政垄断"，只是规定行政机关"不得滥用行政权力，排除、限制竞争"。

第二，为何立法机构不直接使用广为各界接受的"行政垄断"，而用一个较为陌生的新概念"行政性限制竞争"？如果《反垄断法》第五章的题目"行政机关滥用行政权力排除、限制竞争"被换成"行政垄断"，这标志着所有形式的行政垄断均受《反垄断法》规制，是国家"坚

---

① 原文为"反对行政垄断是个人权利和自由意识觉醒的重要体现，是全社会维权活动的重要组成部分"。

决反对"① 的违法行为。但事实上《反垄断法》已经"豁免"了行业性行政垄断和专营专卖。一旦行业性行政垄断和专营专卖被《反垄断法》法定为"滥用"行政权力的违法行为，其后果不堪设想，更无法为各级政府接受，明显不符合国情。所以，"行政机关滥用行政权力排除、限制竞争"与"行政垄断"必然不为等价。

第三，根据法学的无罪推定原则，《反垄断法》禁止的是滥用行政权力的五类"行政性限制竞争行为"，投资主管部门依法实施的行业性行政垄断并不违法。一旦承认行政垄断等价于"滥用行政权力排除、限制竞争"，根据《反垄断法》，行业性行政垄断就不是行政垄断。这也显然不符合国情。

因此，本书认为，《反垄断法》定义的"行政性限制竞争"（以地区性行政垄断为主）并非行政垄断的全部，只属于行政垄断的一种。

综合以上分析，参考王保树（1998）的定义和杨兰品（2005c）、于良春（2007，2008）的"行政垄断是政府机构运用公共权力对市场竞争的限制或排斥"观点，本书提出行政垄断在经济学上的定义，即行政垄断是指行政机关使用行政权力排除、限制竞争的行为。

实施行政垄断行为或制定行政垄断制度的主体是行政机关，其目的是排除或限制企业进入市场和参与竞争，主要手段是行政机关掌握的行政（垄断）权力。

二　行政垄断的分类

学界在 20 世纪 80 年代专注于讨论行政垄断的内涵。较早建议对行政垄断进行分类的是王晓晔（1996a）和邓保同（1998）。王晓晔（1996a）提出，"在纵向的行业内，这种垄断表现为行业垄断"，"在横向的行政区域中，行政垄断表现为地区垄断，或称地区封锁、地方保护主义"。邓保同（1998）提出，"行政性垄断分为两大类：地区性行政垄断和行业部门性行政垄断"。聂孝红（2007）认为，行政垄断主要分为"地区壁垒"和"部门壁垒"。于华阳和于良春（2008）指出，行政垄断应按照行政权力作用的范围和方向，分为地区性行政垄断和行业性行政垄断。

邓启惠（1996）提出："行政性市场进入壁垒是指政府及其行政职能

---

① 原文为"但是，从我国实际出发，在反垄断法这一保护竞争的专门性、基础性法律中对禁止行政性限制竞争作出明确、具体的规定，既表明国家对行政性限制竞争的重视和坚决反对的态度。"（安建，2007）

机关运用权力排斥、限制或阻止潜在竞争者进入特定市场或产业的行政行为"，"相对于经济性壁垒而言，行政性进入壁垒是一种政府行为，具有强制性、随机性和主观性"。岳振宇和杨树龙（2005）认为，行业性行政垄断是"政府及其职能部门运用权力排斥、阻碍或阻止潜在竞争者进入特定市场或产业而形成的行政性障碍"。本书提出，行业性行政垄断是指行政机关使用行政权力限制或禁止企业进入某一指定产业进行生产、交易。

邓保同（1998）认为，地区性行政垄断是"采取种种措施限制某些产品流入或流出某一地区"。聂孝红（2007）提出，地区性行政垄断即地方政府及其所属部门滥用行政权力、限制外地商品进入本地市场的行为。崔秀荣（2001）将地区性行政垄断定义为"地方政府及其所属部门滥用行政权力，限制外地商品进入本地市场或本地原材料流向外地市场"。也有学者（于良春和余东华，2009；许开国，2009a）将地区性行政垄断抽象为"地方政府运用行政力量限制或排斥市场竞争的行为"。本书提出，地区性行政垄断是指地方政府使用行政权力限制或禁止外地产品进入本地市场，限制或禁止外地企业到本地进行生产、交易。

《反垄断法》细分出地区性行政垄断的几种具体形式——第三十三条的妨碍商品在地区之间的自由流通，第三十四条的排斥或者限制外地经营者参加本地的招标投标活动，第三十五条的排斥或者限制外地经营者在本地投资或者设立分支机构。这些地区性行政垄断没有本质上的差异，它们都是"地方政府运用行政力量限制或排斥市场竞争的行为"，只是分别针对产品交易和企业投资。

张淑芳（1999）指出，将行政垄断仅分为行业性行政垄断和地区性行政垄断过于粗略，并提出了行政垄断的多种外延。邓志锋（2001）提出四种行政垄断——地方保护主义（地区性行政垄断）、部门贸易壁垒（即行业性行政垄断）、政府限定交易、设立行政公司。崔秀荣（2001）、许光耀（2004）提出，除行业性行政垄断和地区性行政垄断外，我国的行政垄断还包括政府限定交易。

从严格意义上说，本书认为，设立行政公司不属于行政垄断。我国在经历大规模的国有企业和事业单位改革后，完全依附在政府部门之上的行政公司已经不多。设立行政公司也不满足本书对行政垄断的定义。只要是公平竞争，行政公司参与竞争未尝不是好事，"排除、限制竞争"也不一定会发生。

政府限定交易确实排除、限制了市场竞争，且在我国极为普遍。《反垄断法》第三十二条为专门针对"政府限定交易"的条款——"行政机关和法律、法规授权的具有管理公共事务职能的组织不得滥用行政权力，限定或者变相限定单位或者个人经营、购买、使用其指定的经营者提供的商品。"但在现实中，政府限定交易主要表现为官员的个人行为，尤其是地下的经济腐败行为。由于上文定义的行政垄断行为主体是"行政机关"，所以，从严格意义上来说，"政府限定交易"不属于本书界定的"行政垄断"。

政府行为和个人行为理应有明确界限。一旦行政权力缺乏有效监管，个人滥用行政权力和合法的公共权力之间就不存在足够明显的分界。为清楚地界定研究对象，本书才会将行政垄断定性为行政机关公开使用的行政权力，而非官员个人私下滥用的行政权力。

三　行政垄断的"二元性"

王保树（1990）较早提出行政垄断是政府行为。种明钊（1997）指出，行政垄断是"地方政府、政府经济主管部门或其他政府职能部门或者具有某些政府管理职能的行政性公司，凭借行政权力排斥、限制或妨碍市场竞争的行为"。漆多俊（1997）、过勇和胡鞍钢（2003）、石淑华（2006）、王俊豪和王建明（2007）等学者也认为，行政垄断具有政府行为的特征。

陈秀山（1995）较早提出中国行政垄断其实具有较强的制度特征，超经济的行政垄断由体制决定，反行政垄断只能通过深化体制改革加以解决。王晓晔（1996a）指出，行政垄断来源于制度，"由于体制的原因，我国经济生活中的垄断主要是行政垄断"。王旸（1997）认为："与其说行政垄断是一种经济现象，倒不如说其为一种体制现象更为确切。行政垄断的形成主要是源于体制上的原因。"史际春（2001）提出"行政垄断本质上是由我国转轨时期政治经济体制的过渡性造成。"刘志彪和姜付秀（2003）指出："正因为行政垄断是由于制度原因造成的，因此它所产生的成本，我们称其为制度成本。"

曹士兵（1996）认为，"行政性垄断是一种制度性的、具有取消竞争功能的垄断情形，它明显区别于经济性垄断"。邓保同（1998）将行政垄断称为"制度性垄断"，因为政府往往通过颁布规章或授权而实施行政垄断。行政垄断依托法律法规成为社会制度的法学观点，与部分经济者一致。张维迎和盛洪（2001）提出，"中国当前反垄断的首要任务是反行政垄断。由于行政垄断往往由政府的法律和政策造成，所以有人称其为'法定垄断'"。过勇和胡鞍钢（2003）指出："行政垄断是政府通过法律、行政法规或规定的形式取得的，主要是为了维护该政府部门本部门、本地区所属企业的利益。"张小强和许明月（2005）认为"行政垄断是一种利用行政法律手段维护既得的经济利益或是对既得利益进行再分配的高级寻租方式。"

经济学者普遍认为，行政垄断是我国的一项社会制度。陈志（2004）认为，行政垄断是中国转轨制度的一部分，其改革是整个转轨制度变迁中的关键环节。王俊豪和王建明（2007）提出："行政垄断具有强制性，属于一种强制性垄断。显然，这种强制力主要来自政府及其行政权力"；"与其将行政垄断归为垄断问题，毋宁归为体制问题。这是行政垄断和市场垄断存在的根本区别，也是思考如何规制行政垄断的出发点"。张曙光和张弛（2007）指出，行政垄断主要不是一种市场现象，因为它不仅先于市场存在，而且具有国家垄断的特征，所以，中国的行政垄断是一种制度性垄断。于良春和余东华（2009）、于良春和张伟（2010）提出，行政垄断是转轨经济中的一种特殊制度。

强调行政垄断的制度特征是经济学的主流观点，法学界则普遍认为，行政垄断兼具行为特征。因为在法学看来，对制度的审判几乎不可能进入司法程序，即使宪法具有监督制度的功能，但由于我国宪法的"主体特殊性"（张淑芳，1999），它对行政垄断制度的监督也会力有不逮。假如行政垄断制度被判违法，试问国家何以会制定违法的制度，立法机构和行政机关是否有参与"违法"的嫌疑？这些逻辑悖论在我国法律体系下难以彻底解决。[1]

张淑芳（1999）说中了其中要害——"行政垄断体制和行政垄断行为的关系从哲学角度看是本质和现象、内容和形式的关系。因此在行政垄断的问题上，关键是行政垄断体制；但遗憾的是，我国现行反行政垄断的立法走了一条相反的路，侧重于行为，忽视或轻视体制。笔者认为，这里所谓行政垄断体制，即学术界（主要指法学界）长期以来不愿点破的行

---

[1] 本书作为经济学著作，其实不存在上述逻辑问题。首先，行政垄断违不违法不是一个经济学问题。其次，本书所定义的行政垄断是中性的"行政机关使用行政权力"，我们无法也不会尝试去判定行政垄断"是否违法"和"是好是坏"。

政垄断根源，正是以国有经济垄断为核心的政治经济体制。"

综合经济学和法学理论，本书认为，行政垄断兼具制度和行为的特征，具有"二元性"。

在我国，行业性行政垄断主要体现为经济制度，地区性行政垄断主要体现为地方政府行为。制度属性较强的行业性行政垄断在我国的历史更久远，影响范围更广，作用力度更强。而地区性行政垄断措施通常以地方政府规章或政策、决定等制度形式颁布，也具有一定制度属性。从某种意义上来讲，本书所谓的行政垄断等价于行政垄断制度。①

四　相关概念的界定

（一）行政垄断产业、竞争性产业与自由竞争的界定

当一个产业内的市场竞争受到行政权力的限制性干预，或受到关于行政垄断制度的法律法规政策的规制，该产业即是行政垄断规制下的产业。学界通常将其简称为"行政垄断产业"，本书沿用这一称谓。

相对而言，在一些没有行政垄断制度干预的产业，企业可以自由进入这些"法律法规未禁入"② 的产业市场。本书将没有行政垄断规制、进行自由竞争的产业统称为"竞争性产业"。比如1988年版《私营企业暂行条例》就曾对竞争性产业做出明确界定，在当时的各行各业中划分出私营企业可以相对"自由"进入（不需审批）的产业领域——工业、建筑业、商业、饮食业、服务业、修理业和科技咨询等。在我国现阶段，只要一个产业不属于行政垄断制度中的"项目核准"范围，或者说企业进入该产业无须行政许可或相关审批，就是竞争性产业。

考虑到行文的简洁性，本书将企业可以自由进入并参与竞争的市场及其市场环境简称为"自由竞争市场"和"自由竞争"，以示其与行政垄断干预下的市场之区别。

---

① 无论是投资主管部门还是地方政府，掌握行政垄断权力的行政机关都实行集中制。部门领导和地方官员的个人行为无疑会影响到行政垄断制度的具体执行。现实中的企业项目核准申请能否通过，在一定程度上取决于行政机关领导的个人意愿。即使是制度属性较强的行业性行政垄断也会出现个人行为的"随机性"（邓启明，1996）。鉴于这种随机性的难以考量，本书假设，行政垄断制度的执行主要表现为行政机关的集体行为，而非个人行为。即本书不考察制度执行过程中因个人行为而产生的随机性。但本书会在第六章考察个人行为在地区性行政垄断实施过程中的局部影响。

② "法律法规未禁入"指的是"放宽市场准入，允许非公有资本进入法律法规未禁入的基础设施、公用事业及其他行业和领域"（摘自《中共中央关于完善社会主义市场经济体制若干问题的决定》和《国务院关于投资体制改革的决定》）。

（二）行政垄断与经济性垄断、自然垄断的理论区别

西方经济学认为垄断主要可分为三种类型：经济性垄断、自然垄断和行政垄断（曼昆，2001）。经济性垄断源于企业行为，其实施主体为企业。掠夺性定价、限制性定价、纵向协议、合谋、兼并、技术壁垒和专利保护等企业策略行为均会造成经济性垄断，企业行为是其主要成因。

自然垄断的根本特征是成本弱增性（Cost Subadditivity）、范围经济、规模经济以及沉没成本（Baumol et al.，1977；Baumol and Willig，1981；Baumol，1982）。自然垄断产业中的在位企业越少，生产同样产量所需的社会总成本越低。成本弱增性、范围经济、规模经济和沉没成本等产业固有特征是自然垄断的主要成因。如果把自然垄断视为一种行为，其实施主体同样是企业。自然垄断产业中常见的垄断定价、搭售、分部定价（价格歧视）等现象均源于企业行为。

至于行政垄断，本书认为，它具有制度与行为的"二元性"，可以是一种政府行为，其实施主体为行政机关。[①] 行政机关掌握的行政权力是行政垄断的主要成因。由于行政权力外生于经济系统，从而导致行政垄断与经济性垄断、自然垄断之间存在根本性差异。陆德明（1988）提出，"这种垄断既不是一般的市场垄断，也不是自然垄断，而是一种非规范的行政垄断或超经济垄断"。

从行为主体和主要成因来看，行政垄断不同于自然垄断和经济性垄断。这是行政垄断与经济性垄断、自然垄断在理论上的显著差异。

（三）行政垄断产业的现实边界

在我国，现实中的行政权力大面积渗透到自然垄断产业，使自然垄断产业具有浓厚的行政垄断色彩（石淑华，2006）。王俊豪和王建明（2007）认为，现实中的自然垄断和行政垄断往往交织在一起，两种垄断并存的经济现象即为垄断性行业的"二元性"。部分研究（杨秀玉，2010；杨淑云，2010a；陈学云和江可申，2008）表明：我国电信、电力、航空运输

---

① 该观点来源于现存的部分研究。漆多俊（1997）指出："行政性垄断是指凭借政府行政机关或其授权的单位所拥有的行政权力，滥施行政权，而使某些企业得以实现垄断和限制竞争的一种状态和行为。"过勇和胡鞍钢（2003）将行政垄断定义为"政府主动的行为，为了保护其原来所属企业的既得利益而主动'创租'"。王俊豪和王建明（2007）提出："（行政垄断下的）企业实际上是受到政府保护和支持的特殊企业。一旦企业被割离了与政府（或其行政权力）的特殊关系，行政垄断便不复存在。因此，从本质上看，行政垄断的主体是政府。"

产业既具有自然垄断性质，也存在明显的行政垄断，这些产业内的垄断的本质实为行政垄断。

在电力产业，杨淑云（2010a）提出：电力产业在不同环节的自然垄断性质不一，但"电力产业的垄断本质上是行政垄断，是以自然垄断为名行行政垄断之实"。于良春和牛帅（2009）同样认为，电力产业存在的垄断是行政垄断。在电信产业，汪向东（1999）分析了电信产业已失去自然垄断性质的主要原因，并建议电信产业必须破除"自然垄断教条"。于良春和杨骞（2007）、杨秀玉（2010）提出：电信产业存在的垄断主要是行政垄断，自然垄断性质的消失是世界各国电信产业的普遍发展规律。在航空运输业，陈学云和江可申（2008）提出：我国现阶段航空运输业的自然垄断性质正在不断弱化，行政垄断已成为最主要的因素。张昕竹和张湘赣（2003）甚至认为，航空运输业不存在明显的自然垄断性质。

如何确定行政垄断与自然垄断在现实中的边界，引起经济学界很大的分歧。有学者认为，以上所谓的行政垄断产业其实都是自然垄断产业。如王学庆（2003）提出，电信、电力、航空运输、铁路、高速公路、水运港口设施、邮政、天然气管道、市政供水、城市燃气供应、城市居民供热、城市排污12个产业都是自然垄断产业，只有石油与成品油、广播电台、无线与有线电视台、烟草专卖、食盐专卖5个产业属于行政垄断产业。石淑华（2006）对此持反对态度，该文将以上17个产业都纳入到行政垄断产业的范畴。丁启军（2010b）根据相关统计指标测算各行各业的行政垄断程度，发现上述产业大部分是强势行政垄断产业。还有一些学者围绕某些产业内部是否存在自然垄断性质进行了激烈争论（何大安，2008，2009；毛伟，2009）。

我国现阶段哪些产业是自然垄断产业，哪些是行政垄断产业，这是行政垄断理论的第三个重大分歧。

根据自然垄断的成本弱增性，当一个产业由不同数量（$I, J \in N$）企业组成时，企业成本函数会有所变化，全行业的生产总成本也大小不一，得：

$$\sum_{i=1}^{I} c_i(q_i) < \sum_{j=1}^{J} c_j(q_j) \tag{1.1}$$

$$Q = \sum_{i=1}^{I} q_i = \sum_{j=1}^{J} q_j \tag{1.2}$$

$i \in I$，$j \in J$ 指第 i、j 家企业，且 $1 \leqslant I < J$。q_i，q_j 是企业的产量，c_i (·)，c_j (·) 是企业的成本函数，Q 是产业总需求量（总产量）。

只要（1.1）式、（1.2）式同时成立，产业就满足成本弱增性。这意味着：与更多（J家）的企业参与生产相比，更少（I家）的企业能以更低的总成本，生产出同样多的产量 Q。在极端的情况下 $I = 1$，即一家绝对垄断企业生产整个产业的产量，其生产成本 $c_1(Q)$ 比两家或以上企业参与生产的总成本 $\sum_{j=1}^{J} c_j(q_j)$ 更低。这时，绝对垄断的市场结构呈现一定程度的"自然性"——绝对垄断使社会生产成本降到最低，社会资源配置实现最优化。成本弱增性还可以推导出自然垄断产业的另外两个基本特征——范围经济和规模经济。以致有学者（王俊豪和王建明，2007；张耀辉和蔡晓珊，2008；丁启军，2010b；杨秀玉，2010）认为，具有成本弱增性特征的产业就是自然垄断产业。

本书认为造成学术界产生重大分歧的主要原因是，自然垄断的先验性和不可验证性。

首先，成本弱增性具有很强的先验性。（1.1）式是否成立是一个先验性问题，而成本函数的特定形式 c_i (·), c_j (·) 也必须是先验的。在鲍莫尔等（Baumol et al.，1977）、鲍莫尔和威利格（Willig，1981）、鲍莫尔（1982）等经典文献中，以上两个先验性均得到了保证，尤其是（1.1）式必须先验地成立，否则成本弱增性及其导致的自然垄断在理论上无法成立。

自然垄断在理论上的先验性导致现实中的产业是否具有成本弱增性，同样是一个先验性问题。有学者会先验地认为某些垄断性行业不满足成本弱增性，也会有学者认为，这些产业具备自然垄断性质。即使是基于统计数据测算出某些产业是否满足成本弱增性的实证研究，学者们也很可能在统计偏误、测算方法、数据可靠性等方面产生分歧。不同学者有不同的先验看法，这是经济学界围绕行政垄断与自然垄断的现实边界进行激烈争论的主要原因。

其次，现实中的成本弱增性和自然垄断具有一定程度的不可验证性。设想某城市老城区可分为东西两区，全市的市政供水管网由一家垄断性企业建设和运营。假设该市的供水产业确实具有成本弱增性，是一个自然垄断产业。但这种事实上的自然垄断性质却难以验证。市政府不可能为验证供水产业的自然垄断性质，将全市的供水管网设施拆除后，把专营权重新分包给两家公司，使供水系统实现分区建设和运营，然后测算供水产业总成本的变化。即使有城市肯做这么一个经济学实验，在道德风险和逆向选择等不确定性因素作用下，企业为争取专营权而上报的数据往往是不真实、不可靠的。而且城市发展是一个动态过程，城市面积在不断扩大，新城区会不断出现。新城区的供水管网专营权完全可以对全社会开放拍卖。政府同样不可能事后验证出其中的成本弱增性——单独一家企业建设和运营全市供水管网的总成本，总是比多家企业分别经营新老城区供水系统的总成本低。难道政府又要做一次经济学实验，把建好的新老城区供水管网拆除并重建，以验证成本弱增性？同时，产业的动态发展使企业成本函数形式〔如 $c_i(\cdot)$〕不断演化，进一步加剧成本弱增性和自然垄断的不可验证性。

最后，如果考虑动态的企业创新和产业技术进步，成本弱增性就更难以在现实中验证，自然垄断性质更加不稳定。杨兰品（2005a）的研究发现：随着技术进步和经济条件的变化，自然垄断产业的范围是动态变化的，曾经的自然垄断产业也会失去自然垄断性质。杨淑云（2010a）的研究表明，随着技术进步和需求扩展，我国电力产业已逐渐失去自然垄断性质。于良春和杨骞（2007）、杨秀玉（2010）的研究表明，创新、技术进步以及需求的动态增长导致我国电信产业的自然垄断性质逐渐消失。陈学云和江可申（2008）指出，航空运输业的自然垄断强度由于产业经济技术特征的变化及外部需求的冲击，变得越来越弱。

在先验性和可验证性方面，行政垄断与自然垄断完全不同。行政垄断的先验性不会在学界产生争议。[①] 我国的行政垄断制度由成文的法律和政策组成（张维迎和盛洪，2001；过勇和胡鞍钢，2003），这些社会正式制度对于企业行为和市场运行的先验性毋庸置疑。同时行政垄断是可以事后验证的。只要法律法规政策强制规定企业进入市场前必须向行政机关提交核准申请，无论该企业能否通过核准，行政垄断和行政权力就已经对市场经济产生了可验证的客观影响。

成本弱增性的先验性和不可验证性，既是经济学界产生分歧，也是该

---

① 本书并非要否定自然垄断的存在性，而是通过剖析自然垄断和行政垄断在理论和现实中的差异，解释以往经济学界产生重大理论分歧的主要原因。关于成本函数的先验性对于一些经济学定理和规律的重要性，陈林和朱卫平（2009）以边际成本递增和边际报酬递减规律为例，进行了理论分析。

分歧不可消除的主要原因。2007 年，全国人大法委会某主任委员认为，"我国不存在行政垄断"（单东，2007），而于立等（2009）却认为："转型经济国家在计划经济体制下所认定的自然垄断产业并没有经过市场竞争，因此不具有自然性，很大程度上是行政垄断形成的人为垄断。真正的自然垄断无法进行准入限制，需要准入限制的则一定不是自然垄断"，"严格意义上的自然垄断产业几乎并不存在，这实际上也就是说几乎不存在自然垄断企业"。于良春（余东华和于华阳，2008）也提出了类似的观点："中国的所谓'自然垄断'行业只是同国外发达国家具有自然垄断性质的行业具有对应关系，并没有经过市场竞争而达到'自然而然'的垄断阶段。从这个意义上讲，中国相关产业更多是以'自然垄断'为名而行'行政性垄断'之实。"如果承认政府干预失灵和国有企业 X 无效率的客观性，所谓的自然垄断产业的"自然性"就更值得怀疑（于良春和于华阳，2004）。

显然，如此巨大的分歧并非任何一篇学术论文所能解决。因此，王俊豪和王建明（2007）提出：虽然自然垄断和行政垄断是不同的经济学概念，有不同的理论特征，但却不意味着自然垄断和行政垄断可以完全分离。事实上，要彻底消除学界的这个分歧，客观判断每个垄断性行业是自然垄断产业还是行政垄断产业，任何答案似乎都不可能让所有人满意。

本书根据现有的研究成果，归纳出几个常用于判定行政垄断产业的标准：只要政府以法律或政策禁止或限制市场的准入和竞争，就是行政垄断；没有政府干预竞争的产业就一定不是行政垄断产业（杨兰品，2005a）；存在较高行政进入壁垒的产业就是行政垄断产业（于良春，2008；丁启军，2010b）。

结合关于行政垄断的定义和上述研究成果，本书界定的行政垄断产业的现实边界是——不管一个产业是否具有成本弱增性、规模经济等自然垄断性质，只要企业在进入产业（投资设厂）和参与竞争（生产经营）的过程中，曾经或正在被行政机关的具体行政行为所干预，或者企业时时刻刻必须遵守法律法规政策等形式的抽象行政垄断制度的限制竞争规定，该产业就是行政垄断产业。

我国现实中的行政垄断产业的市场准入受行政机关的严格规制，企业不能自由进入市场，竞争被外生于经济系统的行政权力所干预。根据《国务院关于投资体制改革的决定》及其附件《政府核准的投资项目目录》和《企业投资项目核准暂行办法》的规定，电力、石油、铁道、电信、金融、汽车、钢铁、烟草、航空等产业均属于"项目核准制"的规制范围，任何企业试图进入上述行政垄断产业，都必须经过投资主管部门的核准。根据《指导外商投资方向规定》、《外商投资项目核准暂行管理办法》和《外商投资产业指导目录》的规定，外资企业在部分指定产业进行 FDI 投资前，除必须通过投资主管部门的项目核准外，还必须和本土企业完成合资才能投资设厂。根据《立法法》、《行政许可法》等法律，地方政府也可以制定并执行关于限制竞争的地方政府规章以及行政命令，限制外地企业和产品进入本地市场。[①]

至于我国行政垄断产业是否具有成本弱增性、范围经济、规模经济等自然垄断性质，则不属于本书的研究范围。而且，在我国行政垄断产业形成高价格、高利润等经济绩效过程中，自然垄断应该不是主导因素。全世界拥有专营权的自然垄断企业普遍效率低下、亏损严重，西方国家为此在 20 世纪 70 年代开展了一场声势浩大的放松规制和私营化改革，各国的电信、航空、铁路、电力等自然垄断产业几乎不复存在（杨兰品，2005a）。自然垄断的低效和亏损，在中国台湾地区也不例外。2008 年，中国台湾地区最大的三家自然垄断企业（事业单位）出现了巨额亏损，"台湾中油"、"台湾电力公司"、"台湾铁路管理局"分别亏损 38.24 亿美元（约 1200 亿新台币）、1200 亿新台币、105 亿新台币。同是 2008 年，中国大陆的国有企业在这些所谓的自然垄断产业（石油、电力以及铁路），却实现了惊人的利润。中石油、中石化、海洋石油总公司、国家电网、南方电网、华能集团、中国中铁股份有限公司、中国铁道建筑总公司等 8 家国有企业的利润总额高达 184.5 亿美元[②]。

是否中国的自然垄断产业与众不同，国有企业的高效率和高技术是否带来高利润？如果是的话，这些产业和国企就不需要行政垄断的规制和保护。以至于有学者（于立和吴绪亮，2008；于立等，2009；孟昌，2010a，2010b）提出：自然垄断不能与市场准入限制共存，否则就有逻辑矛盾。本书认为，这是我国行政垄断产业具有自然垄断性质的逻辑悖论。

显然，自然垄断不是高价格和高利润出现的主要理由。转轨时期的中

---

① 下文各章将对这些具体的行政垄断制度——展开分析。
② 数据来源见第八章的尾注。

国行政垄断制度集行政权力、行政立法权以及部分司法权于一身（本书第七章的研究结果），它对市场经济的强力作用远非其他经济制度和政府规制所能比拟。本书认为，转轨时期的中国行政垄断制度是决定行政垄断产业经济绩效的最主要因素。本书不否认自然垄断对经济绩效产生了影响，但由于本书及其模型进行的是局部均衡分析而非一般均衡分析，且模型必须考虑创新对企业成本的动态影响（详见第三章），所以不能面面俱到地研究成本弱增性及其他自然垄断性质，对行政垄断产业经济绩效的影响。

（四）经济绩效的界定

经济绩效（Economic Performance）是一个被产业经济学和新制度经济学等经济学科常用的经济学概念，是一个中性的经济学术语，意指市场运行或经济发展所产生的"经济结果"[1]，如价格、产量、成本、利润、产品质量、社会福利、消费者剩余等变量。

在产业经济学领域，经济绩效的概念最早使用于"结构—行为—绩效"（Structure-Conduct-Performance，SCP）范式（Mason，1939；Bain，1949；Scherer，1970）。现代产业经济学也会将单个产业内部产生的经济结果称为市场绩效，即产业层面的经济绩效（Bain，1956；Porter，1976；Pugel，1980；Bothwell et al.，1984）。

新制度经济学指出制度是决定经济绩效的根本原因之一（威廉姆森，2002；科斯，2003；诺思，2008）。本书认为，行政垄断制度对产业经济、宏观经济以及区域经济的运行和发展均会产生重要影响。为此，本书将从不同维度出发，研究行政垄断制度在各个经济层面产生的经济绩效。

通过"第二节行政垄断的内涵与外延"的分析，本书初步归纳出行政垄断的内涵与外延，并界定了主要研究对象。

第三节 文献回顾

现代经济学关于行政垄断的研究，首先从"进入规制"开始。以施蒂格勒（Stigler）为首的一批经济学家对进入规制的政策效果进行了实证

---

① Performance 可翻译为"结果"，但国内学界常用的翻译为"绩效"。

研究（Stigler and Friedland, 1962；Stigler, 1971；Swidler, 1986；Djanko et al., 2002；Bertrand and Kramarz, 2002；Klapper et al., 2006）。研究发现，进入规制对产业经济运行产生的影响，比各种经济性进入壁垒来得更为强烈（施蒂格勒，2006）。

进入规制的研究在国外不断获得突破，但西方国家的进入规制不以限制竞争，而是以社会福利最大化为目标。王俊豪（余东华和于华阳，2008）据此引申出进入规制与行政垄断的本质差异——目的差异决定的行为差异。他认为，进入规制对所有企业一视同仁，以实现公平竞争；而行政垄断却容易偏向某些特殊企业，造成不公平竞争。在实际操作中，进入规制一般与成本弱增性、范围经济等自然垄断性质相配套，与行政权力、行政机关的关系也没有行政垄断那么密切。因此，进入规制不同于转轨时期的中国行政垄断[①]。

近年来，国外几乎没有产生关于行政垄断的重大研究成果，即使出现行政垄断的外文文献，也主要是针对中国问题（Laffont, 2000；Gordon and Li, 2003；Owen et al., 2007；Chan, 2009）。西方经济学界对行政垄断的热衷程度远不如国内，归根结底，在于西方国家的体制对行政权力做出了较为严厉和彻底的规制。行政垄断实质是渐进转轨国家的特色经济制度（王晓晔，1999；周其仁，2004；于立，载于余东华和于华阳，2008；于良春和张伟，2010），以致国外经济学界忽略了这个兼具理论和实践意义的课题。

在我国，过勇和胡鞍钢（Guo and Hu, 2003, 2004）较早就开始研究行政垄断对国民经济运行的影响。在产业经济学领域，做出开创性贡献的是刘小玄（2003a）。该文使用国有经济比重作为衡量行政垄断强弱的代表变量，考察行政垄断对产业经济和市场结构造成的影响。研究结果表明：高度国有的产权结构与行政垄断相结合导致了较高的垄断利润和较低的企业效率。

陈爱贞和刘志彪（2007）以博弈论分析行政垄断对不同类型企业和政府官员的作用。周绍东（2008）的实证分析发现，行业性行政垄断使企业的技术创新行为发生扭曲，导致技术进步速度大幅下降。丁启军和王会宗（2009）认为：行业性行政垄断是造就国有企业拥有过度市场势力的主因，是中国现阶段行政垄断的主要表现。罗党论和刘晓龙（2009）

---

① 有学者认为，行政垄断具有"非国家意志"（邓保同，1998）、"少数人的利益"（杨兰品，2005a；王建明，2007）、"不是为了社会公共利益和社会公平"（薛克鹏，2007）等特征，因而不同于国家垄断。这其实也是行政垄断不同于进入规制的原因之一。

提出：政府对很多行业的市场准入管制都很严格，行政垄断产业的市场基本上被国有企业垄断，其经营业绩显著高于其他企业；与政府的关系越好，民营企业进入行政垄断产业的可能性越大。孟昌（2010a，2010b）认为：政府借口保护在位企业的规模经济而实施行政垄断，是没有理论依据的。大型国有企业的规模本身就构成了进入壁垒，这些产业无须行政垄断的保护，为克服国有企业的内生低效率，有必要放松乃至消灭行业性行政垄断。于良春和张伟（2010）证明了行政垄断对电力、电信、石油、铁路运输等产业造成巨大的效率损失，且损失额度呈增长趋势。丁启军（2010b）对全国各行各业的行政垄断强度进行测算，结果发现高度行政垄断的产业数量超过 20%。

现有文献还包括对各行各业行政垄断的程度测算其效应研究。比如电信产业，于良春和杨骞（2007）对新中国成立以来中国电信产业的行政垄断制度变迁历程进行了理论归纳与经验研究。杨秀玉（2009）首先研究了电信产业行政垄断的制度变迁历程，然后以 ISCP 框架对行政垄断的经济绩效进行实证检验。结果发现：中国电信产业受行政垄断的影响较严重，电信企业利用行政垄断的保护进行寻租，行政权力成为资源配置的主要手段，市场机制发挥的作用极其微弱。丁启军和杨骞（2009）认为，行政垄断在电信产业造成较高的所有制结构与市场结构，使实际利润向职工收入的转移，并产生巨大的效率损失。

在石油业方面，张耀辉和蔡晓珊（2008）对原油开采业的行政垄断制度进行了制度变迁和计量分析，结果发现：行政垄断会阻碍企业的效率提升和技术进步，放松规制的积极作用非常明显。单东（2010）从制度变迁、进入壁垒及政府行为等层面进行探究，提出，行政垄断是我国石油市场出现问题的根源。

在金融业方面，Gordon 和 Li（2003）的研究表明，行政进入壁垒对银行业的作用远超经济性进入壁垒，行政垄断保护着国有银行的高额利润。任兆璋和郁方（2008）对农村金融中的行政垄断现象进行研究，结果发现行政垄断导致了金融资源供给不足的效率问题和农村金融资源配给不平等的公平问题。刘长霞（2008）的研究表明：行政垄断与银行业的微观效率指标显著负相关，行政垄断损害了银行的经营业绩。

在航空运输业方面，Le（1997）、陈学云和江可申（2008）考察了航空业行政垄断对市场结构和市场绩效的影响，结果发现：行政垄断存在

"规制失灵"问题,行政垄断制度是不合理的。白让让(2007)的经验研究发现,行政垄断是导致航空企业实施价格合谋和政府干预价格竞争的主要原因。杨永忠和游文城(2008)建立制度间关系模型,对我国航空业的结构性壁垒进行实证分析。

王会宗(2009)、杨淑云(2010a)、于良春和牛帅(2009)、白让让(2009)、杨塞和刘华军(2009)、刘建华(2004)、叶逊(2007)、彭晓娟(2008)、周耀东和余晖(2005)对铁路运输、电力、航空、烟草、计程车、市政供水等行政垄断产业进行研究,结论基本一致——行政垄断对产业经济运行产生重大影响。

至于地区性行政垄断,沈立人和戴园晨(1990)较早地将其称为地方政府的"地方保护主义"行为。Young(2000)分解出地区国民收入和生产总值的内部结构演变过程,发现中国各地的地方保护主义行为具有明显的上升势头。庞塞特(Poncet,2003)、郑毓盛和李崇高(2003)、诺顿(Naughton,1999)、白重恩等(2006)、李善同等(2004)、金煜等(2006)等学者也在这一研究领域进行了拓展。白重恩等(2004)曾以国有经济比重和利税率作为地区性行政垄断的代表变量,考察地区性行政垄断与地区产业集中度的关系。黄赜琳和王敬云(2006)发现我国的地区性行政垄断问题相当严重,省与省之间的市场分割相当于欧洲独立国家间的水平。于良春和余东华(2009)构建了一个地区性行政垄断评价体系,测算出我国各省的"地区性行政垄断指数"。

纵观现有的行政垄断文献,尽管实证研究领域屡屡出现突破,但通过数理模型和理论分析进行的研究却不多,致使行政垄断理论停留于经验研究层面,未能从形形色色、众说纷纭的实证结果中归纳出抽象的经济规律。缺乏数理模型和理论研究的实证分析显得更像是无源之水,严重制约行政垄断理论的发展。

第四节 研究思路与主要内容

本书以经济绩效为切入点,但不局限于经济绩效,而是尝试从多个维度探究行政垄断的全貌。为此,本书以产业经济学为基本理论框架,以博弈论、最优化、计量经济学、制度变迁理论等为研究工具,对转轨时期中国行政垄断的经济绩效进行理论和实证研究，试图从经济学视角补充完善这门具有中国特色的行政垄断理论。

全书以"起、承、分、合"的结构展开论述，具体思路和主要内容大致如下：

第一章提出本书的研究主题，并通过文献综述和理论分析，厘清以往学术界关于行政垄断的几个重大分歧，初步给出行政垄断的内涵与外延，从而揭示行政垄断"是什么"。第一章为本书的"起"。

第二章通过新中国成立以来的制度变迁分析，研究中国行政垄断的制度变迁历程，归纳出转轨时期行政垄断制度的现状与特征。通过制度分析，本书初步解释了行政垄断"为什么"会在计划经济国家出现并长期存在。由于行政垄断是一项具有中国渐进转轨特色的经济制度，而制度又是决定经济绩效的关键因素，因此第二章是展开经济绩效研究的必要铺垫，即为本书的"承"。

第三章至第六章分别从产业经济、宏观经济以及区域经济三个维度，对行政垄断的经济绩效进行研究。第三章构建一个动态的创新与产量竞争模型，研究行政垄断制度对产业经济运行的影响，对行政垄断产业特有的经济绩效和市场结构进行较全面的分析。依据模型揭示出的经济规律，第三章以行政垄断的独特经济绩效进一步解释计划经济国家建立和渐进转轨国家长期坚持行政垄断制度的客观原因。第四章建立计量经济模型检验部分理论命题，从而得出行政垄断与市场结构、创新的实证关系。第五章针对我国特有的外商直接投资（FDI）行政垄断，构建一个动态的南北国贸易竞争模型，探讨行政垄断制度对宏观经济与国际贸易产生的影响。第六章针对地区性行政垄断的内生性问题，以面板数据计量模型和工具变量法，研究地区性行政垄断对区域经济运行的影响。以上四章为本书的"分"。

在定量分析和经济绩效研究的基础上，第七章对行政垄断的内涵进行再讨论，定性分析行政垄断的两点基本属性——限制竞争和行政权力，以完成对行政垄断的全面研究。第八章对以上各章内容进行总结。最后这两章是本书的"合"。

行政垄断理论具有多种社会科学属性，如经济学、法学以及行政学等。为此，本书基于产业经济学，综合新贸易理论、制度变迁理论以及法学理论等，尝试以一个较为全面的视角对行政垄断进行经济学研究。

图1－1给出了本书的研究思路和技术路线。

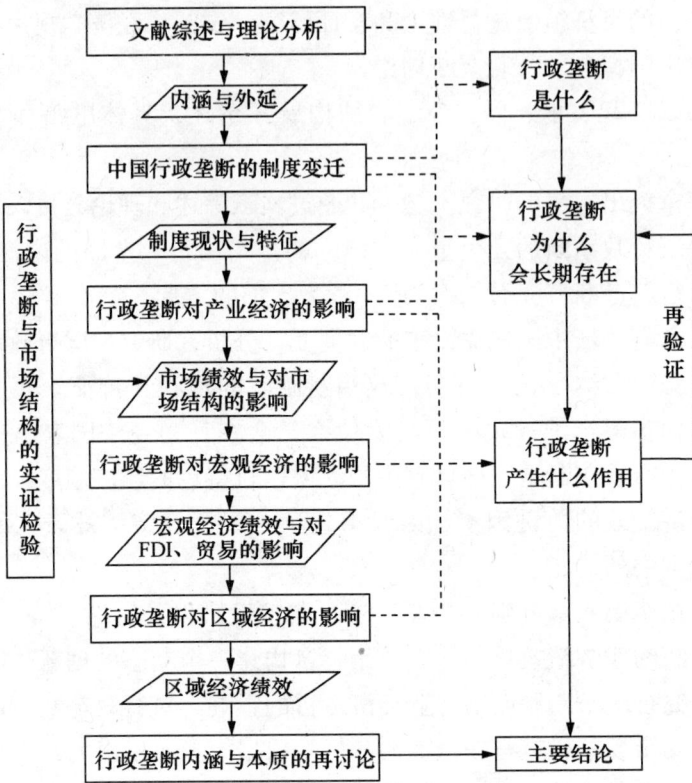

图 1-1　技术路线与研究思路

　　本书是一项关于行政垄断的实证性研究，而非规范性研究。因此，本书没有给出关于行政垄断的"规范"答案。

第五节　研究方法与创新之处

　　在研究方法上，本书主要使用产业组织学的产量竞争（古诺竞争）模型与创新理论、新制度经济学的制度变迁理论以及计量经济学。

　　本书在方法论上的主要创新是，将产量竞争与创新竞争融为一体建立动态理论模型。创新存在两种完全不同的效应——流程创新的成本节约效应和产品创新的需求刺激效应，以往的产业组织模型很少把产量竞争与以上两种创新结合在一起。部分文献进行过这样的尝试，但其理论模型是静态的。部分产业演化博弈模型实现了动态竞争与两种创新效应的结合，却忽略了企业之间的产量竞争。以往的研究还存在难以考量企业自由进入市场的随机性、难以模型化行政垄断制度以及开环均衡等问题（相关文献综述详见第三章）。第三章将克服以上困难，尝试以博弈论和动态最优控制理论，构建一个动态的创新与产量竞争模型，以研究行政垄断对产业经济和市场结构的具体影响。

在第五章，本书以新贸易理论和序贯博弈法，首次探讨行政垄断与FDI、国际贸易的关系，使 FDI 行政垄断实现了较彻底的模型化。

在动态分析和求解模型的过程中，本书将结合比较静态分析法、解析解分析（主要在第五章）和数值模拟法、数值解分析（主要在第三章）。

在实证研究方面，本书的主要创新如下：国内外关于创新与市场结构关系的研究结论莫衷一是，本书尝试将行政垄断产业和竞争性产业区分开来，以截面计量模型进行样本分组回归。实证结果与理论研究完全一致——行政垄断制度对一个产业的创新与市场结构关系确实产生了关键影响。本书据此提出：忽略行政垄断的制度因素，可能是以往国内外关于创新与市场结构的实证研究出现结果不显著、不稳健，甚至互相矛盾的根本原因。

第六章的豪斯曼（Hausmann）检验发现了地区性行政垄断在计量经济模型中的内生性问题。为此，本书使用工具变量法对行政垄断的区域经济绩效进行实证检验。结果发现：由于地区性行政垄断这种地方官员行为在一定程度上内生于经济系统，以往常用的 OLS 估计会低估地区性行政垄断的危害，因而不完全适用于地区性行政垄断的实证研究。

目前，国内行政垄断理论主要停留在计量经济研究和法学研究层面，理论模型和实证检验相结合的经济学研究较少，全面剖析行政垄断在不同层面产生的多种经济绩效的文献也不多。本书在理论模型构建和实证研究方法上进行了多层次创新，并结合转轨时期中国市场环境和经济制度的现状与特色，从一些崭新的角度对行政垄断的经济绩效展开系统性研究。本书尝试对中国行政垄断理论进行补充和拓展，具有一定的理论价值。

垄断历来是产业组织理论的研究主题，但由于制度和历史上的差异，西方经济学界对行政垄断的研究有所欠缺。本书以产业组织理论框架及其经典模型研究具有中国特色的行政垄断制度，对于将行政垄断正式纳入产业组织研究领域，具有一定的学术价值。

　　本书不仅增进了学界对行政垄断及其经济绩效的理解，还为今后中国的《反垄断法》执法提供了一些理论依据和经验素材，对于行政垄断案件的判罚具有一定参考作用。本书的研究结果还表明，消除行政垄断是国有企业产权改革的关键前提，产权改革离不开行政垄断制度改革。该结论对于我国今后的改革具有一定现实意义和实用价值。

第二章　新中国行政垄断的制度
变迁与现状特征

新中国的行政垄断制度与我国曾经的计划经济模式密切相关。田圃德等（2007）根据行政垄断最初形成的情况，提出行政垄断早在市场经济诞生前便已出现。王俊豪和王建明（2007）认为，"行政垄断并非市场经济的必然产物，而是传统计划经济旧体制的残留形式"。新中国成立至今，行政垄断制度从诞生并几经变化，再到成熟，此过程中的历史事件纷繁复杂。要探寻行政垄断制度的经济绩效，首先研究其起源、发展历程以及现状特征，是很有必要的。

为此，本章在新制度经济学的分析框架上，以产权、制度变迁等新制度经济学理论工具，对新中国行政垄断的制度变迁历程进行经验研究，试图揭示出行政垄断制度的现状与特征。

第一节　制度变迁模型

作为一门经济学说，制度变迁理论是经济学者研究缺乏精确统计数据的经济史和制度演化的有力工具。埃格特森（Eggertsson，1993）指出：新制度经济学的理论框架属于新古典经济学范畴，在交易成本等新工具帮助下，理性人与理性选择假设依旧是新制度经济学研究的最佳方法。为贯彻这一纲领，本章以理性人假设为基本假设，假定所有社会参与者的行为都是基于利益最大化的理性选择。

根据理性人假设，本书发现：在1952年年底提出的过渡时期总路线引导下，政府对私营经济进行社会主义改造以符合国家利益；企业家为捍卫产权、保留经济利润，对经济国有化战略持负隅顽抗的态度成为他们的理性选择。

产权变迁与否及其带来的经济效用成为政府与企业家博弈的基本激励。为争取经济激励，政府试图改变原有经济制度，尤其是改变产权制度和实施行政垄断，以制度变迁带来最大的净收益；企业家则尽量努力维持制度现状，尽力保证自有产权的原始归属与完整性。

根据诺思（North，1990）的定义，组织指的是在生产中合作或者联合行动的一组参与者。在新中国成立初期的制度变迁中，组织主要有政府和企业。政府作为社会正式规则的制定者，是一个组合紧密的组织。由于企业之间存在协商交易成本和利益不一致性，企业自发组织起来共同行动的交易成本较高。因此，企业之间形成的经济组织，如行业协会、政治团体等组织组合相对松散。同时企业可以通过转变组织形式而提升效率。

根据克鲁格（Krueger，1993）的观点，制度变迁会创造出博弈的获胜者和失败者，博弈收益结果引起双方的新一轮行动，进而引起制度再次变迁，最终形成新的经济均衡。埃格特森（1993）把这种连续不断的制度变迁结构上升到新制度经济学的一般研究范式，并描绘出一个制度变迁的动力结构图（类似于图2－1）。本书认为：在建国初期的制度变迁中，政府与企业之间的博弈是多阶段的，制度变迁是动态连续的。因此，本章使用的制度变迁模型是动态的。

分析现有史料，本书发现中国的历史经验除满足克鲁格（1993）的动态制度变迁框架外，还符合科斯（Coase，1937）、张五常（Cheung，1968）和威廉姆森（Williamson，1985，1993）等人提出的制度变迁结构理论——制度变迁首先作用于参与者的组织形式，再形成经济绩效。但中国国情决定了当年的企业组织并非通过与政治组织共谋而作用于新制度（Krueger，1993；Rodrik，1993）。中国的企业家一般采取自发行动或组织政治团体的方式与政府进行协商，抵抗新制度以争取利益最大化。

以上是本章动态制度变迁模型的基本思路和架构。在此基础上，本书设定了一个动态制度变迁模型（见图2－1）。其中，产权、制度以及组织形式均是参与者在利益激励下做出的理性选择，可视为模型的内生变量。

阿尔斯通（2003）指出：在制度变迁的经验研究中，可以直接检验制度变迁原因、结果及其模型的数据、定量度量方法基本不可获得，且数据的可信度相对于历史纪录来说也较低。因此，使用历史事件的细节详情作案例研究是制度变迁研究的最基本方法。本章主要以历史案例进行经验研究，同时使用大量的历史数据做定量分析。

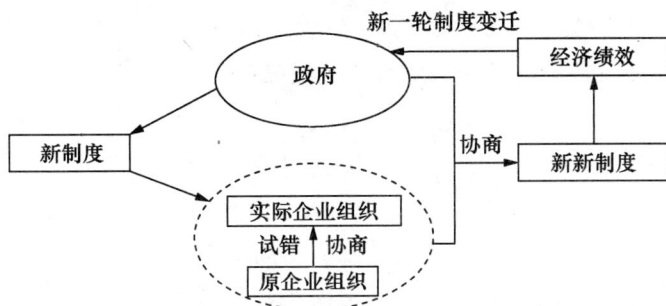

图 2 - 1　制度变迁模型

第二节　新中国行政垄断的制度变迁

一　第一阶段制度变迁：1949—1951 年

一般认为，经济国有化、计划经济体制、重工业化战略是社会主义国家成立初期新制度的核心。中国 1953 年正式宣布的过渡时期总路线无疑体现了这三位一体战略的重要性。其中又以国有化最为关键，因为经济国有化几乎是所有社会主义国家制定的第一项重大经济政策。它从根本上改变了原有经济制度，成为计划经济体制、重工业化战略的物质前提。

行政垄断来源于国家垄断，国家垄断概念源自苏联第一个全面实现国有化的行业（银行业）的国有化法令。1917 年 12 月 26 日，苏维埃政府颁布的《关于银行国有化的法令》宣布国内所有私有商业银行及其股份必须收归国有，并在最后一条规定"银行事业由国家垄断"。法令前半段专注于产权的国有化，而压轴条例所颁布的"国家垄断"实际上就是绝对的行政垄断——禁止所有私营和外资企业进入银行业。

根据现存的经济史料和法律文件，中国的经济国有化进程几乎与苏联模式一模一样，企业产权的收归国有必然伴随行政垄断的实施。经济国有化后，国有经济便受到行政垄断的保护。Tsapelik 和 Iakovlev（1991）较早发现：苏联大型国有企业植根于沙俄时期的大型寡头企业，并在计划经济和行政垄断保护下得到发展，这是苏联国有企业的来源与国有经济的生存模式。杨兰品（2005c）的观点与其类似："中国计划经济时期的行政垄断，其目的是迅速实现工业化。"行政垄断与国有经济、经济计划紧密结合，是所有苏联式计划经济的最大特色之一。

（一）政企协商与制度变迁

1949 年新中国成立后，开始建设一项意义重大的新制度——"新民主主义国家"。早在 1940 年，毛泽东在《新民主主义论》中指出：新中国的经济制度将是"大银行、大工业、大商业归这个共和国所有"、"国营经济是社会主义的性质，是整个国民经济的领导力量"、"但这个共和国并不没收其他资本主义的私有财产，并不禁止'不能操纵国民生计'的资本主义生产的发展"。毛泽东随后在 1945 年的《论联合政府》中提出："在现阶段上，中国的经济，必须是由国家经营、私人经营和合作经营三者组成的。"

为参与新民主主义国家的建设和迎接即将到来的政治协商，1945 年年底，中国企业家在重庆组建了一个政治团体——中国民主建国会。中国民主建国会成员大部分来自民族工商资本家和与之有联系的知识分子，主要代表工商资本家的利益。这时的企业组织形式以政治团体为主。

部分企业家作为民主建国会的党派代表，参加了 1949 年 9 月第一届中国人民政治协商会议，与中国共产党及其余七个民主党派①一起参与相当于临时宪法②的《中国人民政治协商会议共同纲领》（以下简称《共同纲领》）的立法工作，并选举出第一届中央人民政府。政协会议推举出来的 63 位新政府委员，民主党派和无党派人士占 27 位，4 位政务院（即国务院前身）副总理一半是民主党派人士，政务院所辖 34 个部委的正职有 14 个是民主党派和无党派人士。

关于私营经济与国有经济的关系，《共同纲领》第四章"经济政策"规定："中华人民共和国经济建设的根本方针，是以公私兼顾、劳资两利、城乡互助、内外交流的政策，达到发展生产、繁荣经济的目的。国家应在经营范围、原料供给、销售市场、劳动条件、技术设备、财政政策、金融政策等方面，调剂国营经济、合作社经济、农民和手工业者的个体经济、私人资本主义经济和国家资本主义经济，使各种社会经济成分在国营经济领导之下，分工合作，各得其所，以促进整个社会经济的发展"；

---

① 其余七个民主党派包括民主同盟、国民党革命委员会、民主促进会、农工民主党、致公党、九三学社和台湾民主自治同盟。

② 《共同纲领》规定："中国人民政治协商会议代表全国人民的意志。"

"凡有利于国计民生的私营经济事业，人民政府应鼓励其经营的积极性，并扶助其发展"。《共同纲领》同时指出，私营企业实现公私合营（即国家资本主义的高级形式）的可能性——"国家资本与私人资本合作的经济为国家资本主义性质的经济。在必要和可能的条件下，应鼓励私人资本向国家资本主义方向发展，例如为国家企业加工，或与国家合营，或用租借形式经营国家的企业，开发国家的富源等"。

（二）经济绩效演化

1949 年年底，解放战争尚未完全结束，全国各地市场疲软、销售萎缩，工商业生产锐减，工厂商店大面积歇业和倒闭。1949 年年末，私营工业企业仅剩下 13165 家，职工总人数 164.4 万，资产总值为 20.08 亿元（中国社会科学院和中国档案馆，1998），其中资本主义工业产值[①]占全国工业总产值的 73.4%，私营商业产值则占全国批发总额中的 76% 和零售总额的 85%（董志凯，1996）。1950 年年初，经济衰退造成中国工商业重镇上海有超过 20 万人失业，占总人口 600 万的 3% 以上（董志凯，1996）。

在《共同纲领》和新经济制度引领下，从 1950 年开始，中国经济发展态势出现明显扭转——私营经济高速发展。1950 年上半年，各大城市私营企业开业率不到歇业率的一半。到 1950 年下半年，私营企业开业率上升至歇业率的 3 倍以上（中国社会科学院经济研究所，1978）。1950 年和 1951 年的私营工业企业数量分别增长 8.1% 和 10.9%，职工数分别增长 10.5% 和 11.4%，净资产分别增长 5.1% 和 34.2%（中国社会科学院和中国档案馆，1998）。1950 年私营企业工业产值较上一年增长 7%，利润总额为 3.48 亿元；1951 年工业总产值为 101.18 亿元，增长率高达38.3%，利润总额为 8.17 亿元，较上一年翻一番多，增长 135%[②]（吴江，1982）。

1950—1951 年是新中国私营经济发展的第一个黄金时期。与此同时，政府开始在《共同纲领》的基础上对经济制度进行逐步调整，促使资本主义私营经济向国家资本主义（包括加工订购、统购统销的国家资本主义低级形式和公私合营的国家资本主义高级形式）转型过渡。从 1950 年

---

① 即《共同纲领》中的个体经济、私人资本主义经济和国家资本主义经济（公私合营、统购统销、加工订购等）。

② 1951 年经济高速增长的原因可能还包括抗美援朝的战争生产。

起，中央财政经济委员会（以下简称"中财委"）决定将煤炭、钢材、木材、水泥、纯碱、杂铜、机床、麻袋共 8 种产品列为关系国计民生的重要物资，实行集中管理，在全国各大区之间进行计划调拨。1950 年 12 月前后，政务院通过并颁布 1951 年版《私营企业暂行条例》。中财委于 1951 年 3 月对外正式发布《私营企业暂行条例施行办法》。1951 年年初，中央政府决定对主要农产品和棉纱实行有计划的统购统销。1951 年 2 月，中央政治局扩大会议提出"三年准备、十年计划经济建设"的设想。同时指出："今后的建设是有计划的建设。要力求使我们国家经济走上计划经济"；"全国的工业原料、必需品，要在三年之内控制起来，不然就不能进行有计划的建设"。同年 2 月，政务院下发《编制物资供应计划的方法》；5 月，中财委中央计划局试编出第一个全国性的年度计划《1951 年国民经济计划提要》。1952 年 1 月，中财委颁布新中国第一个比较系统的计划工作规章《关于国民经济计划编制暂行办法》。

在制度变迁作用下，1951 年年底，国家加工订货的工业总产值占资本主义工业总产值的 40%，公私合营企业占全国工业总产值的比重也从 1949 年的 3% 和 1950 年的 5% 上升到 1951 年的 7%（中国社会科学院和中国档案馆，1998）。经济绩效的结构性变迁为日后新一轮制度变迁——实施计划经济和全行业公私合营——做出过渡性铺垫。

二　行政垄断制度的初步形成

在 1949—1951 年推行的所有新经济制度中，1951 年版《私营企业暂行条例》及《私营企业暂行条例施行办法》显得尤为重要和特别。前者由政务院制定，后者是中财委为前者制定的实施办法（如果放在当今中国的法律体系，前者是行政法规，后者是部门规章，都具有正式的法律效力）。《私营企业暂行条例》第六条指出，其立法目的："为克服盲目生产，调整产销关系，逐渐走向计划经济，政府得于必要时制定某些重要商品的产销计划，公私企业均应遵照执行。"

《私营企业暂行条例》的重要性在于，第十一条规定，"为配合计划生产，为保护投资人利益，避免盲目发展，新创设的企业应依法令报经地方主管机关核准营业，方得筹设"，而且"本条例所称私营企业为私人投资经营从事营利的各种经济事业"。这意味着，新中国全行业的企业创设和市场准入从此受到行政机关的规制。

《私营企业暂行条例》特别之处在于，它的出现使中国行政垄断制度的形成先于经济国有化的完成。这是中国经济国有化进程与苏联的最大差别。十月革命后，苏联经济国有化历程大致分为如下几个阶段：先是在一个产业内国有化几家大中型企业，然后国有化一个地区的全部企业，再到全国范围内整个产业的全面国有化，最后宣布这个产业实施国家垄断——完成行政垄断的最终设置。反观中国，1951 年 3 月颁布的《私营企业暂行条例》及其施行办法标志着全行业行政垄断的形成，远早于 1956 年 6 月完成的工商业社会主义改造（经济国有化的全面完成）。

中财委制定并主管的企业创设核准制，实际在全行业设置了行业性行政垄断，它是现阶段由国家发改委主管的项目核准制的原型。而国家发改委的前身国家计划委员会正是由中财委下属的中央财经计划局于 1952 年改组而成。[①]

《私营企业暂行条例施行办法》出台后，或许是因为临时宪法《共同纲领》依然支持和鼓励私营经济发展，新制度并没有立刻对经济绩效产生显著影响。政府在核准私营企业创设时，也采取了较为宽容的态度。1951 年出现了私营企业创设的新高潮——全年私营工业企业数量的增长率高达 11%，比 1950 年的 8% 还高。

随后，1952 年年底提出的过渡时期总路线被 1954 年全国人大制定的《中华人民共和国宪法》（以下简称《宪法》）最终确立，新中国过渡时期总路线和总任务是社会主义工业化以及农业、手工业、资本主义工商业的社会主义改造。在"过渡时期"新经济制度引导下，政府对私营企业的态度发生明显逆转。行政机关依据《私营企业暂行条例》及其施行办法逐步收紧了新企业创设的核准申请，严格限制市场准入。1952 年和 1953 年全国新设立的私营工业企业数量分别为 2918 家和 1740 家（此数据系本书根据私营企业存量增加值加上当年参与公私合营的企业数量增加值计算所得），同比增长 2% 和 1%，相比于 1950 年和 1951 年的 8% 和 11% 出现大幅下滑。随着公私合营的加速发展，自 1954 年起，私营工业企业数量开始锐减，从 1953 年的最高峰 15 万家逐步减少至 1954 年的 13.4 万家和 1955 年的 8.9 万家，最后下降至 1956 年年底的 0.87 万家；

---

① 潘士远（2008）描述：在莫桑比克，企业家创设企业必须完成 19 道审批程序，至少等待 149 个工作日和花费 256 美元。其模型结论为，行政进入壁垒是无效的经济政策，政治精英为最大化他们的经济效用才会热衷于行政垄断。本书认为，莫桑比克的企业创设审批制与我国 1951 年版《私营企业暂行条例》规定的企业创始核准制较为相似。

私营工业产值从 1953 年的最高峰 131.1 亿元骤降至 1956 年年底的 0.3 亿元（中国社会科学院和中国档案馆，1998）。

三 第二阶段制度变迁：1952—1955 年

1952 年 1 月，中央政府发布《关于在城市中限期展开大规模的坚决彻底的"五反"斗争的指示》，要求全社会向违法资本家开展一场大规模的"反对行贿、反对偷税漏税、反对盗骗国家财产、反对偷工减料和反对盗窃经济情报"运动。1952 年 11 月，国家计划委员会正式成立，并在 1953 年开始实施第一个五年计划。1952 年年底，毛泽东提出关于过渡时期总路线的初步设想。[1] 1953 年 2 月，中央政府发出《关于建立计划机构的通知》，提出各中央一级国民经济部门和文教部门必须迅速加强计划工作，逐步建立基层企业和基层工作部门的计划机构，以保证各社会经济成分按比例发展。1953 年 6 月，中共中央根据统战部的调查，起草了《关于利用、限制、改造资本主义工商业的意见》，并在当月中共中央政治局扩大会议上明确提出过渡时期的总路线——"党在过渡时期的总路线和总任务，是要在十年到十五年或者更多一些时间内，基本上完成国家工业化和对农业、手工业、资本主义工商业的社会主义改造"。同年 9 月，过渡时期总路线正式向全国公布。1954 年 2 月，《中共中央关于建立与充实各级计划机构的指示》提出，各大行政区、各省市、县人民政府必须设立独立的计划委员会。1954 年 9 月，政务院颁布《公私合营工业企业暂行条例》，规定"合营企业受公方领导"、"社会主义成分居于领导地位"、"合营企业应当遵守国家计划"。

新制度明显对经济绩效产生重大作用。首先是公私合营工业的兴起。1954 年年末，公私合营企业的工业总产值已由 1951 年的 8 亿元增长到 50.9 亿元，区间增幅高达 536%；净资产和总资本分别为 20.78 亿元、14 亿元，3 年间分别增长 337.5%、326.8%。新增的公私合营企业大多数来自改造后的私营企业，从而导致私营企业的减少。私营企业工业总产值、净资产、总资本、职工总数从 1954 年开始下降，年度降幅分别为 21.2%、33.2%、29.5%、19.5%（中国社会科学院和中国档案馆，

---

① 1952 年 9 月，毛泽东在中共中央书记处的一次会议上提出：中国现在就要开始用 10 年到 15 年的时间，基本上完成向社会主义的过渡，而不是 10 年以后才开始社会主义过渡。此后，毛泽东几次强调"从现在逐步过渡到社会主义去"的重要思想。资料来源：http://www2.zzu.edu.cn/mzd/4-4B.htm 和鲁振祥（2006）。

1998）。其次是公私合营商业逐步占据主导地位。1952 年，国营和合作社商业占批发比重的 63%，占零售比重的 42%；1954 年年底，国营和合作社商业占零售比重已上升到 68%，资本主义商业占批发比重仅为 10.2%（1950 年为 76%）（吴江，1982）。最后是农产品流通业于 1954 年年底基本完成国家掌控。

在这一阶段的制度变迁中，政府与企业组织之间的协商主要发生在1954 年 9 月召开的第一届全国人民代表大会和同年 12 月的"全国扩展公私合营工业计划会议"。

1954 年第一届全国人民代表大会制定并通过的《宪法》提出，"国家在过渡时期的总任务"是"从中华人民共和国成立到社会主义社会建成，这是一个过渡时期。国家在过渡时期的总任务是逐步实现国家的社会主义工业化，逐步完成对农业、手工业和资本主义工商业的社会主义改造"。由于人大与政协在体制上的差异，企业家不再代表民主建国会，而只能以个人身份参与人大协商。这是企业组织形式在制度变迁中的重大变化。

1954 年 12 月，"全国扩展公私合营工业计划会议"在北京举行，会议达成共识——1955 年公私合营的扩展计划是 2508 家企业、产值 17 亿元、职工约 20 万人；1956—1957 年的扩展计划为 1.5 万家企业、产值54.53 亿元、职工约 60 万人。

在历时一个多月的会议前半段，部分企业家代表（主要是上海、天津、沈阳等地的代表）陆续反映：私营工业受到国营企业和加工订购、统购统销等方面的制约，生产经营困难相当严重，可能会致使日后的扩展合营计划难以实施。

针对企业家提出的私营企业困难，中央提出了"统筹兼顾，全面安排"的公私合营方针。在"全国扩展公私合营工业计划会议"期间（1954 年 12 月 30 日至 1955 年 1 月 5 日），陈毅主持召开有 63 名工商界政协委员参加的座谈会，广泛听取企业界的意见。4 次座谈会共 150 余人次参加，工商界政协委员发言的有 25 人，集中反映当时私营工商业的困难和企业家的意见、诉求。12 月 31 日，陈云根据中央决定在会上作题为《解决私营工业生产中的困难》的报告，为私营工业生产提出明确的调整方案，并提请第二次全国省、市计划会议研究决定。会议最后一天，由陈云代表中共中央和国务院报告了国家在社会主义改造中调整工商业、公私关系的方针政策，由曾山、吴波、许涤新分别就加工订货、税收及公私合营工作中若干具体政策问题进行解答。随后，中共中央于 1955 年 2 月召开全国财经工作会议，进一步研究私营企业的困难，落实政府之前与企业界达成的协商决定。

通过这一轮的协商，政府对公私合营计划做出一定程度的调整和让步，安定了企业家情绪，缓和了政府同企业界的关系。

但 1955 年夏季农业合作化高潮的到来，打乱了企业与政府在前一阶段协定好的新制度安排，推动了工商业的全行业公私合营。不少大中城市部分行业在 1955 年下半年骤然出现全面公私合营，如上海锻造行业在 1955 年 6 月实行全面公私合营（范守信，1990）。同年 11 月，国务院发布《农业生产合作社示范章程（草案）》和《告全国工商界书》，号召工商界"认清前途，把自己的命运同国家的前途结合在一起，积极地接受社会主义改造"。

四 第三阶段制度变迁：1956—1978 年

1955 年 11 月，中共中央召集各省、市、自治区党委代表参加"资本主义工商业改造会议"，讨论并通过《中共中央关于资本主义工商业改造问题的决议（草案）》（以下简称《决议（草案）》）。《决议（草案）》指出："我们对于资产阶级，第一是用赎买和国家资本主义的方法，有偿地而不是无偿地，逐步地而不是突然地改变资产阶级的所有制；第二是在改造他们的同时，给予他们以必要的工作安排；第三是不剥夺资产阶级的选举权，并且对于他们中间积极拥护社会主义改造而在这个改造事业中有所贡献的代表人物给以恰当的政治安排"。1956 年 2 月，中央政治局对《决议（草案）》作个别修改，并追认为正式决议。决议正式提出："全行业公私合营，在 1956 年和 1957 年，争取达到 90% 左右，并且准备在第二个五年计划期间内，争取逐步地基本上过渡到国有化"。11 月 25 日《人民日报》发表社论《有准备、有步骤地推动私营工商业实行全行业公私合营》。12 月 1 日中华全国供销合作总社在北京召开"全国第三次农村私商改造工作会议"，计划在年底促使社会主义商业在农村市场占绝对优势。12 月 14 日《人民日报》发表社论《进一步开展对城市私营商业的社会主义改造工作》。12 月 21 日，第五次全国手工业生产合作会议在北京召开，会议提出在两年内基本完成手工业合作化。

制度的突变使私营企业的经营业绩急转直下。1955 年，全国有 18 万家私营商店转为公私合营商店和合作商店。1955 年年底，资本主义工业占全国工业总产值的比重下降至 16%，私营商业只占全国零售额的 18%，加工订货产值已经占到资本主义工业全部产值的 82%，加入农业生产合作社的农户比重由当年 6 月底的 14% 猛增到 60% 以上。截至 1955 年年底，上海棉纺、毛纺等 23 个产业，北京面粉、电机等 5 个产业，天津橡胶、针织等 8 个产业，杭州、无锡、自贡各一个产业实现了全面公私合营（范守信，1990）。根据 1955 年 11 月 19 日的新华社报道，全国已有半数私营商业纳入各种形式的国家资本主义轨道，社会主义商业和国家资本主义商业已占零售总额的 3/4，其中国营零售商业占 52%，私营商业仅剩下 25%。

1956 年 1 月 1 日，北京市资本主义工商业者率先提出全行业公私合营的申请，到 1 月 10 日，全市已然完成全行业的资本主义企业公私合营（高化民，1999）。同年 1 月 1 日，上海绒线行业也申请全面公私合营。到 1 月 20 日，上海全市的所有商业均完成了全面公私合营（吴基民，2006）。1956 年 1 月 15 日，北京市各界 20 万人在天安门广场举行庆祝社会主义胜利联欢大会。会后全国各地起而效尤。到 1 月底，上海、天津、广州、武汉、西安、重庆、沈阳等大城市以及 50 多个中等城市相继在全行业内完成公私合营改造。与此同时，中共中央发出《关于对公私合营企业私股推行定息办法的指示》，把公私合营和定息制度结合起来。企业家从此失去对生产资料的支配权，产权只起到在一定时期内领取定息的凭证作用，同时还失去了对企业的经营管理权和人事调配权（高化民，1999）。1956 年 2 月，国务院推出三项政策（《国务院关于在公私合营企业中推行定息办法的规定》、《国务院关于私营企业实行公私合营的时候对财产清理估价几项主要问题的规定》和《国务院关于目前私营工商业工业的社会主义改造中若干事项的决定》），给予公私合营企业以经营优惠，力图使原私营企业股东信心得以保持。

1956 年 1 月，全国范围内完成公私合营改造的工业企业有 5.54 万家，全国 118 个大中城市的资本主义工业在一个月内实现了公私合营（中国社会科学院和中国档案馆，1998）。截至 1956 年 6 月，除西藏等少数民族地区外，全国的私营企业已基本实现全行业公私合营。1956 年年底，占全国企业数量 99.6%、总产值 99.16% 和职工总数 99% 的原私营工业企业被改造为公私合营企业；占全国企业数量 82.12%、产值 82.2% 和职工总数 85.1% 的原私营商业企业被改造为国营商店、合作社、公私合营企业、合作商店、合作小组（吴江，1982）。

此后，政府通过赎买、和平改造等方式，逐步将国家资本主义高级形式的公私合营企业最终转化为全民所有制企业或国营企业。

1957 年至改革开放前夕，《中国统计年鉴》等统计资料不再统计私营和公私合营的工业企业数据。至此，全国各地的私营工业企业、商业、手工业彻底被全民所有制和集体所有制企业取代，中国彻底完成全面的经济国有化。[①]

不断的制度协商与经济绩效转变带来了资本家的社会身份转变。据1957 年年底统计数据，民主建国会会员被选为第一届全国人大代表的有 70人，成为第二届政治协商会议全国委员会委员的有 65 人；还有国务院正副部长 7 人、高等院校校长 2 人、副省长 7 人，担任北京、上海和天津三大城市副市长 4 人及正副局长 24 人，省正副厅长 35 人（高化民，1999）。

本书没有在中国找到类似于苏联政府宣布某某产业"国家垄断"的正式法令，但全行业公私合营、政府赎买以及 1951 年版《私营企业暂行条例》的正式生效，标志着中国彻底完成经济国有化和全行业行政垄断的设置。加上频繁的群众运动，私有产权和私营企业最终被完全隔绝在经济系统之外。从 1956 年至改革开放前，全行业行政垄断成为中国 20 多年的社会正式制度。

五 第四阶段制度变迁：改革开放后的渐进转轨

（一）制度变迁和经济绩效演化：1978—1988 年

1957—1978 年，全国私营企业数量几乎为零，个体经济也"只剩下个体工商户 15 万户，其中大都是修自行车，修鞋子的，几乎没有什么工业产值"，"甚至连自留地、自负盈亏、家庭副业都不允许"（晓亮，2008）。

1978 年 12 月，十一届三中全会将党的工作重心转到以经济建设为中心，在农村推行家庭联产承包制，鼓励发展个体经营和家庭经营。1980年 8 月，中共中央召开"全国劳动就业工作会议"宣布："鼓励和扶持个体经济适当发展，一切守法的个体劳动者应当受到社会的尊重。"1981 年6 月，十一届六中全会通过的《关于建国以来党的若干历史问题的决议》

---

① 1967 年中央政府要求在大中城市的集市贸易中进一步开展以国营商业代替私商小贩的工作，由粮食和商业部门做好统一调度和安排。1968 年 1 月，"中央文革小组"指示要全面取缔无证商贩和手工业户。这标志着新中国私营企业的最终彻底消亡。

指出："国营经济和集体经济是我国基本的经济形式，一定范围的劳动者个体经济是公有制经济的必要补充。"1981年7月，国务院在《关于城镇非农业个体经济若干政策性规定》指出："个体经营户在必要时，经工商行政管理部门批准，可以请一至两个帮手；技术性较强或者有特别技艺的，可以带两三个，最多不超过五个学徒。"1982年，十二大报告提出："在农村和城市，都要鼓励劳动者个体经济在国家规定的范围内和国家工商行政管理下适当发展，作为公有制经济的必要的有益的补充。"1982年12月，第五届全国人大五次会议通过的新修订《宪法》第十一条规定："在法律规定范围内的城乡劳动者个体经济，是社会主义公有制经济的补充。国家保护个体经济的合法权利和利益。"

　　一系列制度变迁和重大政策出台，鼓励了农村和城镇的个体手工业、商业发展，为个体和私营经济打开20多年来的发展"禁区"。据国家工商总局资料，1979年年底，全国私营企业增至10.78万户，从业人员为183.89万人（晓亮，2008）。1981年、1982年，个体工商业户（当时的统计资料把私营企业统计在个体工商户上）已分别增至96.1万户、150.4万户，从业人员有121.9万人、184万人。个体经济从业人员从1978年的15万人发展到1982年的135.9万人，四年增长9倍。其中1982年的城镇个体工商业户数、从业人员和资金数同1980年比较，分别增长1.39倍、1.46倍和5.55倍。1982年的农村个体工商业户数、从业人员和资金数分别比1981年增长4.57倍、0.51倍和0.94倍（王庆菊，2009）。

　　私营经济改革逐步开展，全行业行政垄断开始放松。1986年年底，中共中央、国务院在北京召开中央农村工作会议，对私营经济问题进行了讨论。次年1月，中共中央在《关于把农村改革引向深入》中指出："在一个较长时期内，个体经济和少量私人企业的存在是不可避免的……应当采取允许存在，加强管理，兴利除弊，逐步引导的方针。"1987年10月，十三大报告开始使用私营经济这个概念，并对其性质、地位和作用作出相关说明，同时指出："实践证明，私营经济一定程度的发展，有利于促进生产，活跃市场，扩大就业，更好地满足人们多方面的生活需求，是公有制经济的必要的和有益的补充"；"目前，全民所有制以外的其他经济成分，不是发展得太多了，而是还很不够。对于城乡合作经济、个体经济和私营经济，都要继续鼓励它们发展"。1988年，第七届全国人民代表大会第一次会议通过《中华人民共和国宪法修正案》，修订后的《宪法》第

11 条规定"国家允许私营经济在法律规定的范围内存在和发展，私营经济是社会主义公有制经济的补充"。

在 1988 年版《宪法》引导下，政府开始取消针对私营企业和私营经济的全行业行政垄断。政府在 1988 年颁布了一项极为关键的新经济制度——1988 年版《中华人民共和国私营企业暂行条例》及其施行办法。该法令取代 1951 年版《私营企业暂行条例》及其施行办法，成为新中国成立以来私营企业和私营经济发展的一条重要分水岭，也是改革开放后中国正式取消全行业行政垄断的重要标志。

1988 年版《私营企业暂行条例》及其施行办法指出："私营经济是社会主义公有制经济的补充。国家保护私营企业的合法权益。"它明确规定私营企业可以相对"自由"进入的产业领域——"私营企业可以在国家法律、法规和政策规定的范围内，从事工业、建筑业、商业、饮食业、服务业、修理业和科技咨询等行业的生产经营"。必须经过审批才可进入的产业领域为："申请从事资源开采、建筑设计、施工、交通运输、食品生产、药品生产、印刷、旅店、外贸、计量器具制造等行业生产经营的私营企业，应当按照国家有关规定提交有关部门的审批证件"。禁止经营的产业领域为："不得从事军工、金融业的生产经营，不得生产经营国家禁止经营的产品"。

而且，新法令只要求："申请开办私营企业，必须持有关证件向企业所在地工商行政管理机关办理登记，经核准发给营业执照后，始得营业"，不再是旧法令的"报经地方主管机关核准营业"。相对于"核准"制，"登记"制使私营企业的创设变得容易起来。

相比 1951 年版《私营企业暂行条例》，新法令明确了私营企业可以进入和不得进入的产业。部分产业中的行政垄断制度被取消，标志着 30 多年来的全行业行政垄断被正式取消，是新中国行政垄断制度的一次重大变革。

1988 年下半年起，各地工商行政管理局开始对私营企业予以登记注册，核发营业执照。1987 年全国个体工商业仅有 419.5 万户，从业人员 537.8 万人。短短一年后，个体工商业（含私营企业）户数增长到 920.1 万户，从业人员 1438.3 万人，增幅分别为 119.3% 和 167.4%。1988 年年底，私营企业自 1956 年以来首次实行单独统计，当年统计出来的私营企业数量就有 22.5 万家，从业人员多达 360 万人，占个体户与私营企业总从业人数的 25% 以上（陆学艺，2003）。

1988 年版《私营企业暂行条例》及其施行办法打破了实施 30 多年的全行业行政垄断，使私有产权进入部分产业和市场的权利得到法律法规保护，使私营企业创设重新成为合法行为。此举直接导致 1988 年的私营企业登记注册热潮，中国私营经济发展由此进入新中国成立后的第二次黄金时期。

（二）1989 年至今的制度变迁历程

1992 年 10 月，十四大报告提出："在所有制结构上，以公有制包括全民所有制和集体所有制为主体，个体经济、私营经济、外资经济为补充，多种经济成分共同发展，不同经济成分还可以自愿实行多种形式的联合经营"。1997 年 9 月十五大报告提出："以公有制为主体、多种所有制经济共同发展，是我国社会主义初级阶段的一项基本经济制度"；"个体、私营等非公有制是社会主义市场经济的重要组成部分，应当继续鼓励、引导，使其健康发展"。1999 年 3 月第九届全国人大二次会议通过《中华人民共和国宪法修正案》，把《宪法》第十一条中关于个体经济、私营经济是社会主义公有制的补充的条款，修改为"在法律范围内的个体经济、私营经济等非公有制经济，是社会主义市场经济的重要组成部分"。

2002 年 11 月十六大报告提出："根据解放和发展生产力的要求，坚持和完善公有制为主体，多种所有制共同发展的基本经济制度"；"必须毫不动摇地鼓励、支持和引导非公有制经济的发展。个体、私营等各种形式的非公有制经济是社会主义市场经济的重要组成部分，对充分调动社会各方面的积极性，加快生产力发展具有重要作用"。2004 年 3 月，第十届全国人大二次会议审议通过《中华人民共和国宪法修正案》，将第十一条"国家对个体经济、私营经济实行引导、监督和管理"修改为"国家鼓励、支持和引导非公有制经济的发展，并对非公有制经济依法实行监督和管理"，将第十三条"国家保护公民的合法收入、储蓄、房屋和其他合法财产的所有权"修改为"公民的合法的私有财产不受侵犯"。

2003 年 10 月十六届三中全会通过的《中共中央关于完善社会主义市场经济体制若干问题的决定》提出："放宽市场准入，允许非公有资本进入法律法规未禁入的基础设施、公用事业及其他行业和领域"。2004 年国务院颁布《国务院关于投资体制改革的决定》，提出"彻底改革现行不分投资主体、不分资金来源、不分项目性质，一律按投资规模大小分别由各级政府及有关部门审批的企业投资管理办法。对于企业不使用政府投资建设的项目，一律不再实行政审批制，区别不同情况实行核准制和备案制"（围绕该行政规范性文件建立的"项目核准制"是当今我国行政垄断制度的核心，下一节将对此展开分析）。

2005 年，国务院出台《国务院关于鼓励支持和引导个体私营等非公有制经济发展的若干意见》，正式提出："允许非公有资本进入法律法规未禁入的行业和领域。"2007 年 10 月十七大报告指出："坚持和完善公有制为主体、多种所有制经济共同发展的基本经济制度，毫不动摇地巩固和发展公有制经济，毫不动摇地鼓励、支持、引导非公有制经济发展，坚持平等保护物权，形成各种所有制经济平等竞争、相互促进新格局。"2010 年国务院出台《国务院关于鼓励和引导民间投资健康发展的若干意见》，再次提出"鼓励和引导民间资本进入法律法规未明确禁止准入的行业和领域"。

在转轨时期的中国，私营企业有权自由进入"法律法规未禁入"的任何产业，此项权利受到法律法规保护。换而言之，全行业行政垄断在中国彻底消失，取而代之的是在部分产业保留行政垄断的新制度。

六 转轨时期中国行政垄断制度现状

（一）转轨时期新行政垄断制度的形成

改革开放前，1951 年版《私营企业暂行条例》和"统购统销，统收统支"的指令性经济计划构成我国实际上的行政垄断制度。中国一直没有正式颁布关于"国家垄断"的法令，也缺乏系统的"行政法"体系，这一时期的行政垄断制度似乎还不够成熟。

随后的 1988 年版《私营企业暂行条例》明确划分私营企业必须经过审批才能进入的以及完全禁止进入的产业领域。改革开放初期至 2003 年，各级投资主管部门对私营企业的市场准入实施"行政审批制"。此期间的投资审批制是"不分投资主体、不分资金来源、不分项目性质，一律按投资规模大小分别由各级政府及有关部门审批的企业投资管理办法"（摘自《国务院关于投资体制改革的决定》），而项目行政审批的主要法律依据是国务院各部委发布的"有关企业投资项目审批管理的规定"（摘自《企业投资项目核准暂行办法》）。

在《行政许可法》的基础上，国务院先后颁布《国务院关于投资体制改革的决定》及其附件《政府核准的投资项目目录》和行政法规《指导外商投资方向规定》，在原有制度的基础上建立了"项目核准制"。国家发改委也相应地制定出部门规章《企业投资项目核准暂行办法》、《外商投资项目核准暂行管理办法》以及《外商投资产业指导目录》，对相关制度进行配套完善。

《国务院关于投资体制改革的决定》规定："对于企业不使用政府投资建设的项目，一律不再实行审批制，区别不同情况实行核准制和备案制。其中，政府仅对重大项目和限制类项目从维护社会公共利益角度进行核准，其他项目无论规模大小，均改为备案制"；"企业投资建设实行核准制的项目，仅需向政府提交项目申请报告，不再经过批准项目建议书、可行性研究报告和开工报告的程序。政府对企业提交的项目申请报告，主要从维护经济安全、合理开发利用资源、保护生态环境、优化重大布局、保障公共利益、防止出现垄断等方面进行核准。外商投资项目和境外投资项目的核准办法另行制定，其他各类企业在中国境内投资建设的项目按本办法执行"。

《政府核准的投资项目目录》明确划分实施核准制的重大项目和限制类项目产业范围。而且《政府核准的投资项目目录》所列项目包括"企业不使用政府性资金投资建设的"的投资项目，即私营企业的投资项目。《政府核准的投资项目目录》规定以下产业中的投资项目必须经各级"投资主管部门"核准——农林水利（含农业、水库等水事工程）、能源（含电力、煤炭、石油、天然气）、交通运输（含铁道、公路、水运、民航）、信息产业（含电信、邮政等）、资源加工（含钢铁、有色金属、石化、化工、化肥、水泥、稀土）、机械制造（含汽车、船舶、轨道交通车辆）、轻工（含纸浆、燃料乙醇、制盐）、烟草、航空航天、城建交通（含轨道交通、道路桥梁）、社会事业（含教育、卫生、文化、广播电影电视、旅游等）、金融（含印钞、造币、钞票纸），等等。

《国务院关于投资体制改革的决定》指出，"对于外商投资项目，政府还要从市场准入、资本项目管理等方面进行核准"。《指导外商投资方向规定》规定："《外商投资产业指导目录》和《中西部地区外商投资优势产业目录》是指导审批外商投资项目和外商投资企业适用有关政策的依据。"国家发改委为此制定了部门规章《外商投资项目核准暂行管理办法》、《外商投资产业指导目录》。这些行政法规和部门规章构成了针对外资企业的行政垄断制度，第五章对其展开研究。

《指导外商投资方向规定》规定：不属于鼓励类、限制类和禁止类的外商投资项目，为允许类外商投资项目；允许类外商投资项目不列入《外商投资产业指导目录》。即只要《外商投资产业指导目录》没有进行规制的产业，外资企业可以不经核准或审批就进行投资。

相比于改革开放前的全行业行政垄断，由以上法规政策构成的转轨时期行政垄断制度只针对部分产业。

（二）行政垄断制度的执行部门

对于项目核准的实施主体"投资主管部门"，《企业投资项目核准暂行办法》做出明确界定："国务院投资主管部门是指国家发展和改革委员会；地方政府投资主管部门，是指地方政府发展改革委（计委）和地方政府规定具有投资管理职能的经贸委（经委）。"在一些法律法规的授权下，其他行政机关也可以实施行政垄断，如工业和信息化部在农药原药、多晶硅等产业拥有项目核准或行政审批权。商务部、环保部、水利部、农业部、卫生部、人民银行、工商局、林业局、旅游局、粮食局、能源局、烟草专卖局、海洋局、民用航空局、邮政局、食品药品监督管理局、中医药管理局、煤矿安全监察局等行政机关，也拥有相关产业的项目核准权或行政审批权。

行政垄断还可以几家部门联合设置。国务院办公厅 1999 年第 38 号文件转发经贸委、计委等八部门[①]联合制定的文件指出，除中石化和中石油外，其他企业一概不得从事成品油的批发业务。国务院办公厅 2001 年第 72 号文件转发经贸委等五部门[②]的文件指出，中石化和中石油拥有石油产品零售的专营权（王晓晔，2009a）。

总体而言，以发改部门、经贸部门为首的投资主管部门是中国现阶段掌握行政垄断权力、依据相关制度实施行政垄断的主要行政机关。

（三）行政垄断制度的合法性

在项目核准制下，私营企业和外资企业不得未经审批就在《政府核准的投资项目目录》、《外商投资产业指导目录》指定的产业进行投资。一旦企业有所违反，"国土资源、环境保护、城市规划、质量监督、证券监管、外汇管理、安全生产监管、水资源管理、海关等部门不得办理相关

---

① 其余 6 个部门为国家的环保总局、人民银行、财政部、公安部、工商总局、质量技监总局。

② 其余 5 个部门为经贸委、工商总局、质量技监总局、公安部、建设部。

手续，金融机构不得发放贷款"（《企业投资项目核准暂行办法》第二十二条），"对于不符合产业政策和行业准入标准的项目，以及不按规定履行相应核准或许可手续而擅自开工建设的项目，要责令其停止建设，并依法追究有关企业和人员的责任"（摘自《国务院关于投资体制改革的决定》），"擅自开工建设的项目，以及未按项目核准文件的要求进行建设的项目，一经发现，相应的项目核准机关应立即责令其停止建设，并依法追究有关责任人的法律和行政责任"（《企业投资项目核准暂行办法》第二十七条）。

2004 年施行的《行政许可法》进一步赋予项目核准制以合法性。《行政许可法》第十二条规定："涉及国家安全、公共安全、经济宏观调控、生态环境保护以及直接关系人身健康、生命财产安全等特定活动"、"有限自然资源开发利用、公共资源配置以及直接关系公共利益的特定行业的市场准入"、"企业或者其他组织的设立"等事项，行政机关可以设定"行政许可"。该法还规定：地方性法规和地方政府规章可以设定行政许可，也可以对上位法（如法律、行政法规以及部门规章）设定的行政许可作出具体规定。在我国现行的"行政法"体系中，对企业创设和市场准入进行核准，是行政机关的合法行政权力。[①]

投资主管部门和地方政府的项目核准行为成为符合法律（法律的效力高于行政法规和部门规章等）的"行政许可"行为。在相关法律（具体见第七章与附录 2、附录 3）以及《国务院关于投资体制改革的决定》、《政府核准的投资项目目录》、《企业投资项目核准暂行办法》、《指导外商投资方向规定》、《外商投资项目核准暂行管理办法》和《外商投资产业指导目录》的赋权下，行政机关有权在几乎任何产业实施行政垄断。

转轨时期的中国行政垄断制度脱胎于 1951 年版《私营企业暂行条例》的"企业创设核准制"，通过 1988 年版《私营企业暂行条例》和《国务院关于投资体制改革的决定》等法规政策逐步走向成熟，最终以成文的行政法规、部门规章等为法律载体，形成一套"项目核准制"。转轨时期的中国行政垄断制度正式成型。

渐进转轨使我国大部分产业不再受行政垄断权力的规制，企业可以相对自由地进入"法律法规未禁入"的产业。但在一些行政机关指定的产

---

① 关于行政垄断的制度法律体系研究将在第七章和附录展开。

业，行政垄断制度依旧存在，甚至变得更成体系和成熟高效。任何企业进入这些产业投资项目，都必须经投资主管部门或地方政府核准。

第三节 激进转轨与渐进转轨的行政垄断制度改革差异

经济转轨前，国有企业生产和行政垄断是东欧和中国计划经济模式共有的基本特征。东欧在激进转轨中，国有企业产权改革是其中关键一环（Sachs and Pistor，1997；罗兰，2002）。伴随国有企业改革，东欧国家不约而同地制定了严厉的反行政垄断法律，试图通过制度给所有企业带来公平和自由的竞争环境。中国则一直没有制定强制性私有化法案和制度性的反行政垄断措施，而是逐步允许个体、私营经济进入部分产业，进行"增量"式改革。直到 1992 年，中国正式通过股份制改革进入"最深层次"① 的制度改革领域——国有企业产权改革。

以俄罗斯、乌克兰、匈牙利以及保加利亚为例，这些国家通过立法与司法，对行政垄断做出极为严厉的禁止性规制。俄罗斯 1990 年出台的《竞争法和限制商品市场的垄断活动法》规定：行政权力机关采取的任何旨在限制、阻止或排除竞争的行为，都会受到反垄断法的约束，政府不能制定任何关于限制竞争的法令与政策，甚至不能设置或授权任何关于限制竞争的政府机构；一旦政府官员违反该法，俄联邦反垄断局将依法追究其民事、刑事责任。俄联邦反垄断局分别在 1994 年、1997 年和 1998 年查处了 881 件、1400 件、1737 件行政垄断案件，大概占全部垄断案件的 1/4（郭连成和刁秀华，2007；郭宗杰，2005a）。乌克兰 1992 年出台的《禁止垄断和企业活动中不正当竞争行为法》的一项重要内容就是反行政垄断，它严厉禁止政府使用行政权力限制市场竞争。该法第六条明令禁止政府及相关机构出于限制竞争的目的，在某个经济领域限制新企业的创设。乌克兰还颁布了《反垄断委员会法》，规定"反垄断委员会"具有高于其他行政机关的权力。该反垄断委员会仅在 1994 年就查处了 22 起行政垄断案件，其中包括国家铁路管理局限制私营企业进入货物运输市场的行政进

---

① Kornai（2000）认为，国有企业的产权私有化是转轨经济中最深层次的制度改革。

入壁垒案件（王晓晔，1998）。匈牙利反垄断机构"竞争局"有权依据1990年出台的《禁止不正当竞争法》直接向法院对实施行政垄断的行政机关提起法律诉讼。保加利亚也于1991年完成了《保护竞争法》的立法。这些转轨之初出台的反行政垄断法律剥夺了本国政府原有的行政垄断权力，彻底否定一切行政垄断的合法性。

2008年《反垄断法》正式生效至今，我国的行政垄断案件数量很少。其中由法人或个人对行政机关提起反行政垄断诉讼的案件寥寥无几，原告胜诉的案件更是几近于无（甚至看不到这方面的相关记录）。最为典型的两个案例是"北京市四家企业诉国家质检总局"和"浙江省名邦税务师事务所诉余姚市政府"①。北京兆信信息技术有限公司等四家防伪标识企业和名邦税务师事务所不约而同地于2008年8月1日（《反垄断法》生效的当天）分别起诉国家质检总局和浙江省余姚市政府。

北京四家防伪标识企业认为，国家质检总局于2007年12月发布的《关于贯彻〈国务院关于加强食品等产品安全监督管理的特别规定〉实施产品质量电子监管的通知》违反了《反垄断法》关于行政垄断的条款。然而，《行政复议法》规定："对国务院部门或者省、自治区、直辖市人民政府的具体行政行为不服的，向做出该具体行政行为的国务院部门或者省、自治区、直辖市人民政府申请行政复议。对行政复议决定不服的，可以向人民法院提起行政诉讼；也可以向国务院申请裁决，国务院依照本法的规定做出最终裁决。"即依据《行政复议法》，法人或个人对国务院各部委的行政垄断行为提起诉讼前，必须先经过行政复议。最后，北京市中级人民法院依据《行政诉讼法》规定的三个月行政诉讼期限，以"超过法定起诉期限"为由，驳回原告的起诉申请，不予受理该案。浙江余姚的行政垄断案件虽然被余姚市中级人民法院受理，但原告和被告于开庭前夕达成和解协议，名邦税务师事务所遂于同年9月16日撤诉。

司法机关在判处中国第一宗行政垄断案件中，不援引《反垄断法》的法律条文，而是沿用"行政法"条文驳回原告的起诉。这很可能是因为《反垄断法》第五十一条特别指出：裁决行政机关的法律责任时，其他法律和行政法规的法律效力都高于《反垄断法》，"上级机关"应依照

---

① http：//mnc. people. com. cn/GB/7611169. html，　http：//finance. sina. com. cn/g/20080804/06485162286，shtml、http：//www. caijing. com. cn/2008－08－05/110002570. html.

"其他法律、行政法规"处理行政垄断案件。即《反垄断法》规定：在行政垄断案件中，其他法律和行政法规适用优先。

我国现行"行政法"体系（包括《行政诉讼法》、《行政复议法》、《行政许可法》、《国家赔偿法》、《行政处罚法》、《行政监察法》等）与《反垄断法》存在很多立法冲突，反行政垄断的司法操作自然十分困难（更为具体的理论分析将在第七章展开）。除了以上两个案例，本书再也没有发现行政垄断案件被公开审理或被媒体报道的记录，我国反行政垄断要走的路还很长。

以上横向对比表明，中国式渐进转轨与东欧式激进转轨之间存在显著差异，行政垄断制度改革滞后是渐进转轨区别于激进转轨的主要特征。由于渐进的路径依赖和已然开始的股份制改革，中国似乎不可能在短期内修订《反垄断法》和"行政法"体系，并制定出严厉的反行政垄断条款，也就不可能全面禁止行政垄断，更不可能实施激进的国有企业产权私有化改革。

第四节　行政垄断与国有经济、市场经济

通过经济史分析发现：行政垄断的制度变迁历程与国有经济发展史基本同步，行政垄断制度与国有经济存在很强的共生关系。

由于行政垄断对国有经济的重要意义，东欧诸国在实施"大爆炸"式激进转轨时，国有企业私有化与反行政垄断同步进行。激进转轨国家从大力实施行政垄断数十年不变，一下跳跃到经济制度的另一个极端——严厉反对行政垄断。根据罗兰（2002）的统计，所有激进转轨国家在转轨之初都会改革行政垄断制度，允许私有产权和私营企业进入各行各业。在激进转轨中，国有企业产权改革与反行政垄断是相辅相成、不可割裂且互为一体的新制度体系。

事实证明，如果以经济增长和社会稳定作为标杆，激进转轨看似失败，中国式渐进转轨显得相对成功。罗兰（2002）认为，中国的成功经验归因于渐进式改革，局部而渐进的增量式改革使中国走向繁荣富强的道路。在渐进转轨取得极大成功的同时，路径依赖将迫使我国必须长期坚持渐进的改革发展道路。渐进转轨要求我们必须坚持"公有制为主体、多

种所有制经济共同发展的基本经济制度"，国有企业和行政垄断制度的改革自然也是渐进的。

因此，国有经济和行政垄断制度将在中国今后很长一段转轨时期内保持稳定和长期共存。只要国有经济保持主体地位，行政垄断就不会消失。只要存在行政垄断，国有经济的主体地位就可以很容易地保持下去。

渐进转轨还导致一种独特的经济形态——行政垄断与市场经济紧密结合。该经济形态从未出现在资本主义国家和苏联式计划经济国家，而只会在渐进转轨国家出现。在苏联式计划经济中，企业不在市场中进行竞争和生产，消费者也不在市场中满足需求，国家有行政垄断却没有市场经济。资本主义国家反其道而行之，其市场经济发达却没有行政垄断。在渐进转轨国家，社会主义市场经济已不再是计划生产与分配，政府干预必须以市场机制为基础，价格形成、供求均衡主要由市场机制决定。同时部分产业的行政垄断制度维持不变。渐进转轨给社会带来一个几乎前所未有的经济形态——行政垄断与市场经济长期共存。

对于现阶段的社会主义市场经济，行政垄断在国有企业与市场机制之间发挥着极其重要的保护、衔接与过渡作用。[①] 在今后很长一段时期内，行政垄断制度将是拥有"主体"地位的国有经济与市场经济稳定结合的重要保障，是我国现阶段基本经济制度的关键一环。

总之，只要我国现阶段的"公有制为主体"基本经济制度和渐进转轨战略不变，行政垄断就会长期存在，它是中国转轨时期特有的经济制度。

行政垄断、国有经济与市场经济长期稳定共存，是转轨时期中国经济制度的一大特色。以至于有经济学和法学者不约而同地提出："行政垄断作为我国转型时期特有的经济现象和当前我国垄断的主要形式"（于良春和杨骞，2007）；"目前我国盛行的行政垄断既非市场经济初级阶段的共有现象，也非现代市场经济的共同特点，而是世界经济史中的一个特例"（薛克鹏，2007）。

---

① 在这一问题上，徐士英（2008）将行政垄断比喻为"政府干预与市场运行之间的防火墙"。

第五节 小结

本章对新中国行政垄断制度和国有经济的发展史进行经验研究，尝试揭示行政垄断的制度变迁历程及其现状与特征。本章主要结论如下：

（1）改革开放以来的渐进转轨使我国大部分产业不再受到行政垄断的规制，企业可以相对自由地进入"法律法规未禁入"的产业。但在一些行政机关指定的产业，行政垄断制度依旧存在，甚至变得更成体系和成熟高效。任何企业进入这些产业投资项目，都必须经过投资主管部门或地方政府核准。

（2）中国现阶段的行政垄断制度主要以《国务院关于投资体制改革的决定》、《政府核准的投资项目目录》、《企业投资项目核准暂行办法》、《指导外商投资方向规定》、《外商投资项目核准暂行管理办法》以及《外商投资产业指导目录》等行政法规和部门规章为法律载体，以项目核准制为主要表现形式。各级发改、经贸等投资主管部门是掌握行政垄断权力、依据相关制度实施行政垄断的主要行政机关。

（3）行政垄断的制度变迁历程与国有经济发展史基本同步，行政垄断制度与国有经济存在很强的共生关系。因此，国有经济和行政垄断制度将在中国今后很长一段转轨时期内保持稳定和长期共存。只要国有经济保持主体地位，行政垄断就不会消失。只要存在行政垄断，国有经济的主体地位就可以很容易地保持下去。

（4）渐进转轨还导致一种独特的经济形态——行政垄断与市场经济紧密结合。该经济形态从未出现在资本主义国家和苏联式计划经济国家，而只会在渐进转轨国家出现。

（5）行政垄断、国有经济与市场经济长期稳定共存，是转轨时期中国经济制度的一大特色。

下文将构建数理模型进行理论研究，寻找行政垄断制度的经济绩效。研究这项制度的具体作用，以有助于找到行政垄断的更深层次成因。

第三章　行政垄断对产业经济与市场结构的影响[①]

时至今日，行政垄断已发展成"我国经济生活中主要的垄断形式"（王晓晔，1999）、"广泛存在的现象"（于立，载余东华和于华阳，2008）、"最为严重的垄断形式"（姜方利，2007），也是"我国转型时期特有的经济现象和当前我国垄断的主要形式"（于良春和杨骞，2007），甚至是"一切垄断的根源"（陈学云和江可申，2008）。

行政垄断制度具有很鲜明的中国特色。就时代背景而言，行政垄断产业在改革开放后建立起市场，行政垄断与市场经济紧密结合。就调控对象而言，行政垄断不像利率工具、货币政策等宏观调控手段作用于整个国民经济，而是如产业政策作用于特定产业。关于这项中国特色经济制度，发掘其经济绩效是本书的重点与难点。

为探究行政垄断对产业经济与市场结构的影响，本章通过理论模型研究行政垄断在产业层面的经济绩效。

第一节　行政垄断与自由竞争

一　行政垄断的模型设定方法

现代经济学的各种理论模型都会涉及关于制度的变量。比如索洛、内生增长等宏观经济增长模型的储蓄率和人口增长率，前者由关于消费、投资的各类课税制度所决定，后者受中国的计划生育政策、美国20世纪中期以前的宽松式移民政策等社会正式或非正式制度的影响。又如凯恩斯模

[①] 本章的部分内容已发表在《中国工业经济》2011年第6期的"创新竞争与垄断内生——兼议中国反垄断法的根本性裁判准则"上。

型的个人所得税率，生命周期模型和托宾 Q 模型里的利率，国际贸易理论的出口退税率、关税率，产业组织理论中的政府规制价格上限，这些都是主流经济学关于制度的代理变量。

本书可否参照上述"主流"办法，把行政垄断模拟成一个制度变量，将其置入即将构建的理论模型中研究行政垄断的经济绩效？答案是否定的。因为，前文列举的制度变量是直观的、可大可小的实数值，行政垄断变量却是一个取值空间只有"是"或"否"、"1"或"0"的状态值。对于一个产业及其市场，行政垄断存在与否，就是这个制度变量的表现形式，其大小难以合理量化。企业提出进入产业市场的核准申请后，进入事件会否发生，完全取决于行政机关。企业能否通过核准的概率，甚至不是一个随机变量，行政机关及其负责人拥有完全的决定权。

当市场没发生企业进入事件，行政垄断不会对经济运行产生直接影响，它只提供限制新企业进入的市场信号。行政垄断关注更多的是，规制未来可能发生的不确定事件和行为。只有当企业尝试进入某个产业并遭遇核准失败后，行政垄断变量才对产业及市场发生直接作用。数理模型因而难以给行政垄断制度变量赋予每时每刻可观察大小的数值刻度。

经典的产业组织模型和一般动态模型会将一个产业内在位企业数量设为固定的外生变量。该经典假设与行政垄断干预产业经济运行的现实表现较为相符。既然在位企业数量受政府及其行政权力的控制，那么企业数量自然外生于市场运行和经济系统，成为外生变量。而外生于市场的行政机关可被视为决定外生变量（在位企业数量）大小的博弈虚拟参与者——自然。

行政垄断的对立形态是允许企业自由进入市场的自由竞争，行政垄断规制下产业的对立形态是竞争性产业。在本书定义的竞争性产业中，企业可以自由进入或退出产业，行政权力不能掌控企业总量的变化。行政垄断与自由竞争的根本差异在于，前者体现了外生制度对产业发展和市场运行产生的强制性影响。

本章的行政垄断模型将把在位企业数量设定为一个由政府（自然）决定的外生变量，除非人工更改在位企业数量，否则该外生变量在行政垄断模型中不会随经济动态运行而内生变化。自由竞争模型则会自动产生新进入市场的企业。

二　企业自由进入和退出市场：自由竞争之基本特征

在自由竞争市场中，企业是否进入或退出市场，完全取决于企业家的自由决策和行为。"自由进入和退出市场"是亚当·斯密描述的经济在理想状态下市场的基本特征之一。如果价格高于零利润，潜在生产者将进入市场；如果价格降低至零利润后仍继续下跌，生产者则自动脱离市场。这是"看不见的手"和价值规律行之有效的关键，更是市场的基本特征。根据国内流行的微观经济学教科书（萨缪尔森和诺德豪斯，1999；高鸿业，2003；曼斯费尔德，2003；阿诺德，2004；曼昆，2009），学界将同时满足以下假设的市场称为"自由市场"。一是企业自由进入和退出市场；二是同质品市场；三是市场的完全信息；四是生产要素的自由流动。① 随着不完全竞争理论的发展，学界把这个处于理想状态的自由市场也称作"完全竞争市场"或"完全市场"。

有鉴于此，本书将满足"企业自由进入和退出市场"假设的市场定性为自由竞争市场，允许企业自由进入和退出的产业就是竞争性产业。本书为竞争性产业建立的模型即为自由竞争模型。

另外，行政垄断产业不满足"企业自由进入和退出市场"的基本假设，产业中的市场准入受行政权力的外生干预。本书为行政垄断产业建立的模型即为行政垄断模型。

由于影响企业决策的因素众多且行为具有不确定性，以往的经济学模型在设定"企业自由进入和退出"时困难重重。下面将展开关于自由进入和退出市场的企业决策行为的理论分析，为构建理论模型打下了基础。

（一）自由竞争第一基本假设

考察企业进入和退出决策行为的传统方法是以静态的古诺模型或斯塔克尔伯格模型作比较静态分析。这方面的代表性文献包括坦登（Tandon，1984）、克莱珀（Klepper，1996），近期的有 Chen 和 Ross（2000）、Gerlach（2004）。此类研究假定潜在进入企业数量固定，甚至只有 1 家。在经济全球化和资本相对自由流动的当今世界，潜在进入者可以来自国内也可以来自国外，可以来自上下游产业也可以来自风险投资者，以至于潜在进入者总量固定的假设缺乏说服力。

---

① 这里剔除了完全竞争市场的一个常见假设——"有许多卖方企业"。因为界定"许多"企业，就与企业自由的进入和退出行为存在一定程度的逻辑矛盾。即使供求均衡时的市场只有一家零经济利润的企业，企业数量也不会增长至"许多"。而且既然企业的进出自由，是追随价值规律的结果，那么在位企业数量的多少就是市场机制的内生结果，而不应该是自由竞争市场的外生前提假设。

随着博弈论兴起，学界开始使用动态博弈、序贯博弈等方法构建动态模型，借此对企业进入和退出决策行为进行研究。经典文献有 Spence（1977）、Dixit（1980）、Fudenberg 和 Tirole（1985）、Eaton 和 Ware（1987）、Bolton 和 Farrell（1990）、Levin 和 Peck（2003）。近期，Pesendorfer（2005）使用动态博弈的马尔可夫均衡解，分析不同市场结构下企业的进入与兼并行为。这部分动态博弈文献有一个共同特征——假定潜在进入企业总量无限。借鉴以上思路得：

基本假设 1：自由竞争市场中的潜在进入企业总量无限。

（二）自由竞争第二基本假设

古典经济学认为，价格的下降趋势和负利润（亏损）是在位企业退出市场的主因，价格的上涨趋势和利润则导致潜在生产者进入市场。现实中的企业往往会在总产量、价格和利润急速上升时进入市场，而在总产量、价格快速下滑和出现亏损时退出市场。Londregan（1990）使用数理模型解释了企业的现实理性行为满足以上经典假设的原因和机制。本书据此得：

基本假设 2：自由竞争市场中企业进入和退出的意愿与决策主要受市场价格、总产量、利润的影响，价格、总产量或利润上升会刺激潜在生产者进入市场，亏损（利润小于 0）使在位企业退出市场。

（三）自由竞争第三基本假设

个人的决策行为具有不确定性，市场同样会面临随机的外生冲击，所以不确定性影响企业的进入和退出行为。为研究企业进入和退出行为的不确定性，Green 和 Majumdar（1975）、Deshmukh 和 Chikte（1976）最早进行过尝试。

Green 和 Majumdar（1975）把企业数量的动态演化过程设定为马尔可夫随机过程，结果显示，市场均衡价格及产量的演化过程随之成为随机过程，且市场达成的马尔可夫均衡稳定。Deshmukh 和 Chikte（1976）、Inaba（1978）分别把价格和市场需求的动态随机变化过程设定为马尔可夫随机过程，应用古典经济学关于企业进入意愿与价格、需求正相关的基本假设（本书的自由竞争第二基本假设），模拟了企业进入与退出市场的动态行为。两篇文章异同之处在于：前者的连续模型设定当期价格决定下一期的企业数目，而后者的离散模型则设定当期总需求决定下一期的企业数目；价格或总需求上升会导致潜在企业于下期进入产业，价格或总需求下降会导致在位企业于下期退出产业。

在这些开创性研究基础上，关于企业进入和退出的马尔可夫随机过程研究逐渐兴起。[①] Deshmukh 和 Winston（1977，1979）、Lippman（1980）、Matthews 和 Mirman（1983）、Dixit（1989）[②]、Kandori（1991）、Lambson（1992）、Hopenhayn（1992）、Hopenhayn 和 Rogerson（1993）、Ericson 和 Pakes（1995）、Olley 和 Pakes（1996）等文献继续拓展了马尔可夫随机过程模型在企业进入决策方面的应用。近期也出现多篇代表性文献，包括 Jovanovic 和 Rousseau（2002）、Aw 等（2003）、Murto（2004）、Ferreira 和 Dufourt（2006）、Aguirregabiria 等（2007）。这些数理模型将价格、总需求、利润、边际成本、生产效率或其他涉及企业生产决策的市场绩效变量马尔可夫过程化，把企业进入或退出决策与随机过程关联起来，求解产业市场的动态随机均衡。本书据此提出：

基本假设3：自由竞争市场中每时每刻的市场进入者数量是一个服从一定分布规律的随机变量。

（四）自由竞争第四基本假设

马尔可夫过程具有良好的数学性质，动态经济模型使用马尔可夫随机过程和马尔可夫均衡（Markov Perfect Equilibrium），能大大简化不确定性环境下的动态均衡分析。马尔可夫过程的"已知现在的条件下，将来和过去无关"数学性质将导致这样的结果：倘若价格变量是马尔可夫过程，那么"现在"这个时间点的价格在某种概率下决定下一期价格，企业下一期的进入和退出决策与"现在"之前的价格历史路径无关。

这种假定有两大缺点：一是不符合理性人假设。因为理性人的选择判断会被历史事件所影响，理性人的行为会根据事物变化趋势而做出反应。[③] 马尔可夫过程的只有"现在"（当期时间点）影响到"未来"（下期时间点）数学性质不符合理性人假设。二是企业的退出行为不可能满

---

① 还有学者使用随机动态规划进行研究，如 Jovanovic（1982）、Jovanovic 和 Lach（1989）建立动态规划模型研究企业进入与退出的时机选择问题。遗憾的是，此类模型完全没有考虑企业之间的市场竞争（产量和价格竞争）。

② Dixit（1989）用一个价格增长的布朗运动模型来考察企业进入与退出问题。布朗运动实际也是马尔可夫过程特殊形式（扩散过程）。

③ 理性预期（Rational Expectation）学派的研究能很好地印证本书这个观点，该学派认为：理性人针对某个经济现象（例如市场价格）进行预期的时候，会最大限度地利用所有的历史和当前信息进行决策。

足随机过程的马尔可夫性。因为市场中每时每刻的在位企业数量都是有限的，当期退出的企业数目必定依赖于还未退出的在位企业存量，即"过去"不仅影响着"现在"还会影响"未来"。

为此，本书有针对性地在马尔可夫随机过程基础上，模型化企业自由进入和退出市场的不确定性行为，据此提出：

基本假设4：在自由竞争市场中，新进入企业的出现概率取决于当期某一市场绩效变量的变化趋势，而不是变量本身；退出企业的出现概率除取决于当期该市场绩效变量外，还受到在位企业存量的影响。

第二节　理论模型

基于以上分析，本节将构建一个动态的创新与产量竞争模型[①]，研究行政垄断和自由竞争对一个产业的经济运行和动态发展所产生的影响，提炼出行政垄断制度在产业层面的具体经济绩效。

一　需求方

假设一个产业内所有企业生产同质品。建立需求方效用函数：

$$U = a(1 - e^{-r})Q_r - Q_r^2/2 \qquad (3.1)$$

相对于消费者总收入，消费单一产品没有预算约束。根据价格等于产品边际效用 $P = \mathrm{d}U/\mathrm{d}Q_r$ 的一阶条件，逆推反需求函数：

$$P_r = a(1 - e^{-r}) - Q_r \qquad (3.2)$$

---

①　动态的创新与产量竞争研究最早由 Scherer（1967a）开始，该文首创性地把创新与古诺模型融合在一起，假设创新会导致产品质量上升，从而拉动市场需求的动态增长，以至于每期市场均衡下的企业市场份额都在发生变化。在这经典的动态产业经济模型中，创新会打破产业市场的静态均衡，推动着产业经济的动态发展；创新投入越大市场结构企业就越分散，得出熊彼特假说不成立的结论。随后，Loury（1979）建立一个多参与者的创新竞争模型，假设首先研发成功的企业获得专利，而创新竞争失败的企业将一无所获，前者赢得整个动态博弈的所有收益。但Loury 得出与 Scherer（1967a）相反的结论，市场结构越集中产业总创新越大，因此熊彼特假说成立。在该文基础上，Dasgupta 和 Stiglitz（1980b）、Futia（1980）、Lee 和 Wilde（1980）、Gilbert 和 Newbery（1982）、Reinganum（1982，1984，1985）、Fudenberg 和 Tirole（1985）、Vickers（1986）、Katz 和 Shapiro（1987）、Isaac 和 Reynolds（1988）、Stadler（1991）、Judd（2003）都先后进行了模型拓展。这些模型假设企业通过创新行为改良传统产品、发明新产品，用产品差异化创造"新市场"，进而刺激市场总需求。所以，创新竞争是价格竞争及产量竞争外的"第三竞技场"。模型的动态均体现在企业对创新专利的争夺——抢先研发成功的企业获得更多经济利润。

U 为需求方效用，$Q_r \geqslant 0$ 为产品总消费量，$a > 0$ 为非负的保留效用，$P_r > 0$ 为市场价格，e 是自然对数的底。$r > 0$ 代表产品的技术含量或者说创新水平。

从（3.1）式、（3.2）式可以看出，产品的创新水平 r 产生刺激需求效应，对消费者效用 U 产生积极作用，从而增大整个产业的市场总需求 Q_r。参考赫尔普曼（Helpman，1998）的"通用技术（General Purpose Technology，其含义是一种被消费者广泛接受并领导市场需求的产业主导技术）"[①] 理论，模型假设一个产业的产品技术含量 r 的大小由某个"技术领导企业"的创新行为决定。技术领导企业的技术具有先进性与主导性，被市场广泛认可，从而成为领导该产业市场的代表性技术。

在现实中，微软公司开发的 Windows 操作平台可视为软件产业的通用技术。由于 Windows 的市场占有率很高，其他软件开发商的程序设计必须与 Windows 平台衔接。微软自己也会在 Windows 平台上设计应用软件，例如 Internet Explorer 网页浏览器、Msn 通讯软件、Office 文档处理软件等。其他企业只能跟随 Windows 的版本升级（通用技术的进步）不断更新软件程序，以至于成为技术模仿者。以网页浏览器为例，国内市场占有率较高的腾讯 TT、遨游、搜狗、360 等浏览器的基本程序内核实际上都是微软的 Internet Explorer。

用反需求函数（3.2）对 r 求导，得：

$$dP_r/dr = a - Q_r - P_r \tag{3.3}$$

当 r 固定，消费者效用 U 具有 $dU/dQ_r > 0$、$d^2U/dQ_r^2 < 0$ 的性质；当产量 Q_r 固定，$dU/dr = ae^{-r}Q_r \geqslant 0$，$d^2U/dr^2 = -ae^{-r}Q_r \leqslant 0$。消费量、产品技术含量对于消费者效用有积极作用，但边际效用递减。当 $r \to +\infty$ 时，$U = aQ_r - Q_r^2/2$。这意味着产品的创新水平 r 对效用 U 的拉动作用并非无限。（3.3）式表明，价格 P_r、消费量 Q_r 越高，产品创新 r 对市场价格的激励能力越低。

二　技术模仿企业

本模型的基本框架使用古诺竞争（产量竞争）。参与市场竞争的理性

---

① 关于产业通用技术的概念，学界叫法不尽相同，但实质上是一致的。具体文献参见：Martin（1984）、Foster（1986）、Jovanovic 和 Rob（1990）、Rosen（1991）、Klepper 和 Simons（2000）、Klepper（2002）、Moser 和 Nicholas（2004）、Crafts（2004）。

企业追求利润最大化，创新投入与产量均是企业的自主决策变量。假设所有博弈参与者可以即时获悉市场中每家企业的产量、创新投入以及市场价格等信息，即模型满足完全信息假设。

假设企业生产的边际成本递增，企业目标函数为利润最大化：

$$\max_{x_i, q_i} P_r q_{i,r} - (c_i + e^{-x_{i,r}}) q_{i,r}^2 - x_{i,r} \tag{3.4}$$

s. t.　　$q_{i,r} \geq 0$，$x_{i,r} \geq 0$

$q_{i,r}$ 是当产品创新水平等于 r 时第 i 家企业的产量，c_i 为企业 i 的生产成本属性，$x_{i,r}$ 为企业 i 的创新投入。$i \in 2, 3, \cdots, n$，n 是产业内在位企业总数量，总产量为 $Q_r = \sum_{i=1}^{n} q_{i,r}$。企业产量与产业总产量不受全社会生产投入要素的资源制约。

$(c_i + e^{-x_{i,r}}) q_{i,r}^2$ 是企业 i 的生产总成本。创新投入 $x_{i,r}$ 越大，$e^{-x_{i,r}}$ 越小，企业的单位生产成本 $(c_i + e^{-x_{i,r}}) q_{i,r}$ 和边际生产成本 $2(c_i + e^{-x_{i,r}}) q_{i,r}$ 越低。

企业 i 是技术模仿企业，其创新 $x_{i,r}$ 具有成本节约效应。$x_{i,r}$ 是生产技术、资源配置、组织形式等成本节约型创新，即生产流程创新。技术模仿者只从事生产流程创新以节约成本。

遵照熊彼特"创新模仿是相对容易"思路和阿罗（Arrow，1962）的模型传统，本书不考虑专利制度，假设技术模仿企业 i 的技术模仿成本为零。技术领导企业 1 的产品创新为整个产业带来免费的通用技术，其创新行为存在正外部性和溢出效应即技术外溢效应。

技术模仿成本间接体现在潜在进入企业为模仿技术而耗费的进入等待时间。模仿技术需要时间，潜在进入者因而不能一下子全部进入产业市场，从而给技术模仿者带来机会成本和经济损失。

由于不考虑专利制度，技术领导企业的长期经济利益受到损害。但只要在技术模仿企业的利润函数（3.4）中减去专利费或模仿（违法）成本，并在技术领导企业的利润函数中加入专利费变量，即可使模型转化为有偿技术溢出和非零模仿成本。由于本书研究对象不是技术溢出或专利制度，为避免模型的复杂化，本书作模仿成本为零的抽象与简化。

三　技术领导企业的长期收益

模型假设，通用技术为企业 1 所独有，它是技术领导企业。企业 1 的创新行为可以使产品技术含量和市场总需求增加，肩负推动整个产业技术进步的职责。其创新行为是刺激需求型创新，即产品创新[1]（Product Innovation）。

技术领导企业 1 的目标函数为：

$$\max_{q_{1,r}, T} \int_0^T \left[P_r q_{1,r} - (c_1 + e^{-r}) q_{1,r}^2 - r \right] \mathrm{d}r \qquad (3.5)$$

s. t.　$\mathrm{d}P_r/\mathrm{d}r = a - Q_r - P_r$，$P_0 = 0$，$Q_0 = q_{1,0} = 0$

$q_{1,r}$ 是企业 1 的产量。$r \geqslant 0$ 是其创新投入，是整个产业的通用技术。假设所有企业对收益的时间贴现因子 $\beta = 1$，远期收益与当期收益对企业产生的效用一致。假设技术领导企业 1 的创新兼具流程创新（成本节约）和产品创新（刺激需求）的效应[2]。沿袭阿曼（1962）、Flaherty（1980）的基本思路[3]，模型不考虑所有创新行为的投入与产出转换问题，即创新投入与技术成果之间不存在时间间隙和效率损失。创新投入能够直接作用于生产成本和市场需求，创新投入即等于创新产出。

模型假设，技术领导企业 1 必须保持通用技术的持续进步，否则将失去技术领导地位，被逼退出市场，迫使消费者转向技术含量更高的替代产品，致使整个产业消亡。为此，技术领导企业 1 的创新投入 r 是一个在真

---

①　Scherer（1967a）和 Loury（1979）研究的均是刺激需求型创新（产品创新），此后，Dasgupta 和 Stiglitz（1980b）、Futia（1980）、Lee 和 Wilde（1980）、Gilbert 和 Newbery（1982）、Reinganum（1982，1984，1985）、Fudenberg 和 Tirole（1985）、Vickers（1986）、Katz 和 Shapiro（1987）、Isaac 和 Reynolds（1988）、Stadler（1991）、Judd（2003）继续拓展了产品创新模型。根据熊彼特（2008）提出的五大类创新——新产品、新市场、新生产技术、新的原材料渠道、新企业组织形式（前两类创新主要刺激市场需求，后三类创新主要节约生产成本），以上成果仅考虑到刺激市场需求的创新，而忽略了创新的成本节约效应。

②　为综合研究节约成本型和刺激需求型创新（即流程创新和产品创新），Levin 和 Reiss（1988）首次尝试在一个动态产量竞争模型中同时考察两种创新行为及其效应，但无奈该模型的构建及分析却使用静态框架和比较静态法。Nelson 和 Winter（1974，1978）借用一个描述生态系统动态演化的生态系统模型，研究创新在产业演化中的重要推动作用。Jovanovic（1982）对 Nelson 和 Winter（1974，1978）的产业演化理论进行拓展，论证了在位大企业在创新与盈利方面的经验优势，同时发现在位者的比较优势会随时间流逝而逐渐缩小。Klepper（1996，2002）进一步拓展产业演化模型，使之兼顾创新的成本节约效应和需求刺激效应，为构建动态产业经济模型开辟了一条新途径。Klepper 等人（Gort and Klepper，1982；Klepper and Graddy，1990；Cohen and Klepper，1992，1996）的产业演化模型最终使产业生命周期理论实现了较彻底的数理化、模型化，为产业生命周期学说奠定理论基础。尽管产业演化理论成功构建起包含两种创新效应的动态产业经济模型，但反过来又忽略了企业之间的市场竞争（产量或价格竞争）。更重要的是，产业演化模型源于生态系统模型，它的很多基本假设并不完全符合古典经济学。

③　Flaherty（1980）假设企业投入资金进行研发创新，立马可以节约生产成本，创新行为与成果之间不存在时间和效率上的损失。

实时间上只能增长、不能减少的变量，产业的通用技术 r 在 $[0,T]$ 区间单调递增。为保持技术领导地位，企业 1 虽然不得抑制通用技术 r 的进步趋势，却可以控制 r 的最高水平 $T \geqslant 0 - r = T$ 时企业 1 退出市场。变量 T 为企业 1 创新投入 r 的极大值。

根据目标函数（3.5），企业 1 必须在 r 的递增区间 $[0,T]$ 内，求总收益的最优动态路径，以实现长期收益最大化。假设当 r 上升至 T_0，企业 1 的当期利润 $m_{1,T_0} = P_{T_0}q_{1,T_0} - (c_1 + e^{-T_0})q_{1,T_0}^2 - T_0 < 0$，长期总收益开始负增长，这时理性的企业 1 必将退出市场。技术领导企业利润的消失意味着：产业技术和产品创新的水平发展到极限，新产品即将上市，产业自动消亡。T_0 为企业 1 目标函数（3.5）关于 T 的最优解。技术模仿企业的产量 $q_{i,r}$、创新投入 $x_{i,r}$ 也随产业通用技术 r 动态变化，整个市场的动态纳什均衡沿着 r 这条"时间轴线"演化。

比较（3.4）式、（3.5）式可知，技术领导企业 1 与技术模仿企业的生产函数、成本函数很相似，二者唯一区别是前者可以最大化长期收益，实现利润函数（3.5）的积分形式，技术模仿企业只能最大化当期收益（3.4）式。技术领导企业 1 能够最大化长期利润，得益于其在动态博弈中的"占先优势"。"占先优势"最早用于解释斯塔克尔伯格序贯博弈模型。在斯塔克尔伯格模型中，领导企业首先选择产量，跟从企业随其后动，领导企业因而可以根据跟从企业的最优反应函数来最大化自身收益。领导企业在斯塔克尔伯格—纳什均衡中，能获取比在静态古诺竞争中更多的收益，这就是所谓的占先优势。

本模型假设技术模仿企业跟随技术领导企业的技术提升步伐，以即时市场信息（Q_r，P_r 等）最大化当期收益。技术领导企业就会像斯塔克尔伯格模型中的"领导企业"一般思考与决策：先求出技术模仿者的静态最优反应函数，以之代入自身目标函数（3.5），求出动态最优产量路径。斯塔克尔伯格模型的占先优势通过领导企业先行动而获得，本模型的占先优势则以企业 1 的技术领导地位和通用技术研发而实现。企业 1 独自付出产品创新的努力，掌握着产业通用技术 r，最终获取动态市场竞争中的"占先优势"。

为求解模型，本书还进行如下处理——以市场需求方的反需求函数（3.3）作为动态最优化问题的约束条件，以便运用最优控制理论求解模型。根据最优控制理论可知 T 值大小对（3.5）式的最优解路径没有影响。

四　考察自由竞争中的企业进入和退出

以上是行政垄断模型和自由竞争模型共用的基本架构。二者区别在于，行政垄断模型不考虑市场内生的随机的企业进入和退出事件。行政垄断模型把企业数量 n 设定为固定的外生变量。而自由竞争模型必须内生化和模型化企业进入和退出市场的自由行为。下文根据"企业自由进入和退出产业市场"的四条基本假设，设计自由竞争模型。

根据基本假设 2、假设 3、假设 4，假设潜在进入企业会根据市场价格变化趋势而做出进入决策，每期新进入企业的数量和个体特征 c_i 分别具有服从正态分布和均匀分布的随机性。

当价格有上涨趋势时：

$$\Pr_r\big[\,\Delta n_r = 0 \mid \lim_{\varepsilon \to 0^+} P'_-\,(r-\varepsilon) > 0\,\big]$$

$$= \Pr_r\big[\,\Delta n_r < 1 \mid \lim_{\varepsilon \to 0^+} P'_-\,(r-\varepsilon) > 0\,\big]$$

$$= \int_{-\infty}^{1} \frac{1}{\sqrt{2\pi}} e^{\frac{-(t-\mu)^2}{2\sigma^2}} dt \tag{3.6}$$

$$\Pr_r\big[\,\Delta n_r = m \mid \lim_{\varepsilon \to 0^+} P'_-\,(r-\varepsilon) > 0\,\big]$$

$$= \int_{m}^{m+1} \frac{1}{\sqrt{2\pi}} e^{\frac{-(t-\mu)^2}{2\sigma^2}} dt \tag{3.7}$$

当价格有下跌或保持稳定趋势时：

$$\Pr_r\big[\,\Delta n_r = 0 \mid \lim_{\varepsilon \to 0^+} P'_-\,(r-\varepsilon) \leqslant 0\,\big]$$

$$= \Pr_r\big[\,\Delta n_r < 1 \mid \lim_{\varepsilon \to 0^+} P'_-\,(r-\varepsilon) \leqslant 0\,\big]$$

$$= \int_{-\infty}^{1} \frac{1}{\sqrt{2\pi}} e^{\frac{-(t+\mu)^2}{2\sigma^2}} dt \tag{3.8}$$

$$\Pr_r\big[\,\Delta n_r = m \mid \lim_{\varepsilon \to 0^+} P'_-\,(r-\varepsilon) \leqslant 0\,\big]$$

$$= \int_{m}^{m+1} \frac{1}{\sqrt{2\pi}} e^{\frac{-(t+\mu)^2}{2\sigma^2}} dt \tag{3.9}$$

通用技术 $r \in [0, +\infty)$ 为随机变量族 $\{\Delta n_r\}$ 的指标集。$\Pr_r(\cdot)$ 为概率转换函数，Δn_r 为当指标参数等于 r 时（可理解为第 r 期）进入市场的新企业数量，即由新企业进入引起的 n 变量的增加值。$m \in N$（N 为自然数集）。随机变量 $\Delta n_r \in Z$，即整数集 Z 为随机变量 Δn_r 的状态空间，且 Δn_r 的分布函数服从标准差为 σ、$\dot{P} > 0$ 时均值为 $\mu > 0$、$\dot{P} \leqslant 0$ 时均值为 $-\mu$

的正态分布。$P'_-(\cdot)$是价格对 r 的左导数，$\lim\limits_{\varepsilon \to 0^+} P'_-(r-\varepsilon)$ 是无限趋近于指标点 r 左边的价格左导数，即 r 点之前的价格变化趋势，参数 $\varepsilon \in R$。模型满足基本假设 1——潜在进入企业数量无限，因此每期新进入的企业数量 Δn_r 与当前企业总数 n 不相关。

（3.6）式、（3.7）式表明，当价格 P 有上涨趋势时，市场出现新企业的概率期望值为 $E(\Delta n_r) > 0$，即该产业会在这一概率下出现新的进入企业。新企业数量 Δn_r 的概率服从标准差为 σ、$\dot{P} > 0$ 时均值为 $\mu > 0$、$\dot{P} \leqslant 0$ 时均值为 $-\mu$ 的正态分布。（3.8）式、（3.9）式表明当价格 P 正在下降时，市场会在概率 $E(\Delta n_r) > 0$ 下出现新企业，但该概率比 $\dot{P} > 0$ 时的 $\int_{-\infty}^{1} \dfrac{1}{\sqrt{2\pi}} e^{\frac{-(t-\mu)^2}{2\sigma^2}} dt$ 要小。当所求出的新进入企业数量 Δn_r 不为整数，将其四舍五入换算成整数。

（3.6）式至（3.9）式使用价格 $\dot{P}$（价格 P 的左导数）作为转化概率中的关键变量，同时假设 Δn_r 服从正态分布。通过软件编程可以将 $\dot{P}$ 改为利润、产量等变量之左导数（增量），也可以改变 Δn_r 的分布概率及相关参数（如 μ、σ），这也是检验模型稳健性的主要办法。

根据古典经济学的经典理论和基本假设 2、假设 4，模型假定在位企业将根据自身利润小于零（亏损）作为退出市场的决策基准①，得：

$$m_{i,r} < 0 \text{ 或 } q_{i,r} \leqslant 1 \Rightarrow \lim\limits_{\varepsilon \to 0^+} q_{i,r+\varepsilon} = 0 \tag{3.10}$$

参数 $\varepsilon \in R$，$m_{i,r}, q_{i,r}$ 分别为企业 i 在通用技术等于 r 时的当期利润和产量。模型假设：当期利润 $m_{i,r}$ 小于零，企业 i 马上退出市场；当产量 $q_{i,r}^*$ 小于等于 1，其最优创新投入 $x_{i,r}^* \leqslant 0$，企业 i 的生产最优化（3.4）已不能够出现，也将退出市场。

（3.6）式至（3.10）式的设定使自由竞争模型满足基本假设 1 至假设 4。

五　均衡求解

根据最优控制理论，定义汉密尔顿（Hamilton）方程（λ 是汉密尔顿乘子）：

---

① 除了利润，模型还能以其他变量作为企业退出市场的决策标准。这可以通过软件编程来实现。

$$H(r,P_r,q_{1,r}) = P_r q_{1,r} - (c_1 + e^{-r})q_{1,r}^2 - r + \lambda(a - Q_r - P_r) \quad (3.11)$$

一阶最优条件：

$$\partial H(r,P_r,q_{1,r})/\partial q_1 = P_r - 2(c_1 + e^{-r})q_{1,r} - \lambda = 0 \quad (3.12)$$

Euler 方程：

$$\partial\lambda/\partial r = -\partial H(r,P_r,q_{1,r})/\partial P = \lambda - q_{1,r} \Rightarrow \lambda = e^r + q_{1,r} \quad (3.13)$$

联立（3.12）、（3.13），解微分方程①，得企业 1 产量的最优反应函数：

$$R_1(Q_{-1,r},r,n) = q_{1,r}^* = (a - ae^{-r} - e^r - Q_{-1,r})/(2 + 2c_1 + 2e^{-r}) \quad (3.14)$$

$q_{1,r}^*$ 为企业 1 的最优产量路径，$Q_{-1,r}$ 为除去企业 1 之外的总产量。$\partial^2 H(r,P_r,q_{1,r})/\partial q_{1,r}^2 = -1 - 2c_1 - 2e^{-r} < 0$ 表明（3.5）式的二阶条件成立，因此企业 1 的长期收益存在唯一极大值。企业 1 的最优反应函数（3.14）的经济含义是，当企业 1 创新投入大小为 r，要实现长期利润最大化必须使当期产量 $q_{1,r}$ 满足（3.14）。

接下来，根据 Kuhn – Tucker 条件求解企业 i 的静态目标函数（3.4）。联立一阶条件 $\partial(P_r q_{i,r} - (c_i + e^{-x_{i,r}})q_{i,r}^2 - x_{i,r})/\partial x_{i,r} = 0$ 与 $\partial(P_r q_{i,r} - (c_i + e^{-x_{i,r}})q_{i,r}^2 - x_{i,r})/\partial q_{i,r} = 0$，得企业 i 创新的最优反应函数（3.15）和产量的最优反应函数（3.16）：

$$x_{i,r}^* = \ln(q_{i,r}^{*2}) \quad (3.15)$$

$$R_i(Q_{-i,r},r,n) : q_{i,r}^* = a - ae^{-r} - Q_{-i,r} - (1 + 2c_i)q_{i,r}^* - 2/q_{i,r}^* \quad (3.16)$$

通用技术等于 r 时，$x_{i,r}^*$ 为企业 i 的最优创新投入，$q_{i,r}^*$ 为最优产量。$q_{i,r}^*$ 是关于 r、c、a 的函数 $q_{i,r}^* = f(r,c_1,c_i,a)$，函数 $f(\cdot)$ 的形式将随企业数量 n 而变化，关于 n 取不同值时的模型均衡留待下文讨论。同时假设（3.4）式的二阶条件 $\partial^2(P_r q_{i,r} - (c_i + e^{-x_{i,r}})q_{i,r}^2 - x_{i,r})/\partial q_{i,r}^2 = -2c_i + 2q_{i,r}^{*-2} \leq 0 \Rightarrow c_i \geq q_{i,r}^{*-2}$ 成立②，保证（3.16）为（3.4）式的极大点。

求解由（3.14）式、（3.16）式 n 条最优反应函数组成的方程组，即可得模型的纳什均衡点。企业之间、企业与消费者之间同时实现纳什均衡——每个参与者选择了自己的最优策略，无一参与者可以独自行动而增加收益。

---

① 解微分方程时，所有常数项的取值为 0。

② 在数值模拟时，外生参数取值应满足相关外生假设。

第三节 行政垄断的经济绩效

根据 Debreu（1952）、Glicksberg（1952）、Fan（1952）的连续收益无限博弈的纳什均衡存在证明方法，本模型的策略空间（q,x 的取值空间）为欧氏空间的非空紧凸集，每个参与者的收益函数即是连续且严格拟凹函数，所以模型存在纯策略纳什均衡。上述经典的一般均衡存在性证明研究表明，本模型存在解析解[①]。

企业数量 n 取值不同，模型均衡的解析解也将不同。自由竞争模型中 n 的动态演化路径一个随机过程，因此如果不对参数进行赋值，则无法求出自由竞争模型完整的、确切的解析解。例如，自由竞争模型的 T 变量的均衡解 T_0 是无法给出一个确切的解析解，因为不确定性导致每时每刻（r 轴线上各点）的 n 都是未知的。只有进行数值模拟才可求出 T_0，而且每次数值模拟的 T_0 都大小不一（详见下文各图）。

（3.16）式为二次函数，（3.14）式、（3.16）式组成一个非线性方程组，n 越大均衡解越复杂。限于计算机技术与算法，求出模型在 n 取值范围内的解析解极为困难。本书为此使用动态经济模型的普遍分析办法——数值模拟分析法。数值模拟会赋予模型各参数项以实值，通过计算机程序运算，求出模型的动态数值解路径，以模型运算结果进行理论分析。相关研究包括陈昆亭和龚六堂（2006）、林忠晶和龚六堂（2007）、吴利学（2009），等等。

当然，数值模拟结果也可被视为模型解析解的一个特例。

一 参数赋值与基本运算结果

数值模拟使用 Matlab7.1 软件编程及运算。首先对模型参数赋予初始值，设 $n=15$，$a=10000$，$c_1=0.25$，$c_2=0.9$，$c_3=0.85$，$c_4=0.8$，$c_5=0.75$，$c_6=0.7$，$c_7=0.65$，$c_8=0.6$，$c_9=0.55$，$c_{10}=0.5$，$c_{11}=0.45$，$c_{12}=0.4$，$c_{13}=0.35$，$c_{14}=0.3$，$c_{15}=0.25$。

行政垄断模型假设企业数量 n 由始至终为固定的外生变量，即 n 值固定不变，除非通过计算机程序人工在某一期改变其大小。

---

① 本模型构建在闭环信息结构上，所实现的均衡为闭环均衡。

　　自由竞争模型假设当期新进入企业的生产成本属性 c_i 为服从 $[0, 1]$ 均匀分布的随机变量。每期新增企业数量 Δn_r 的数学期望 $\mu = 0.5$，标准差 $\sigma = 1$，Δn_r 四舍五入取整数。亏损导致企业退出，在位企业的利润一旦出现负值，则马上退出市场；当技术领导企业 1 退出市场，整个产业的演化发展和动态博弈终止。

　　模型设定的 P_r 为连续函数，r 也为连续值。但计算机程序一般会对变量（如 r）作离散处理，以逼近连续函数 P_r。为此，本书将 $\lim\limits_{\varepsilon \to 0^+} P'_r (r - \varepsilon)$ 近似为相邻两期价格的变化 $P_{r-1} - P_{r-2}$，将 r 变为离散值。计算机程序把 r 指标点间隔设为 0.03。间隔大小可在程序中随意改变，会对 n 的变化频率产生影响，但不引起模型运算结果的质变。间隔越小，P_r 越逼近连续函数。间隔过小则使计算机绘图上的标识过密，图示不清。最后假设自由竞争市场 $r \leqslant 0.2$ 时没有企业进入和退出（$n = 15$），主要用于赋予系统的初始价格趋势。

　　在进行 200 次计算机运算并更改外生参数大小检验稳健性[①]后，本书发现：自由竞争模型的运算结果会出现随机变化，但不会发生质变；行政垄断模型的运算结果也是稳定的。所以，本模型具有一定的稳健性。部分运算结果见本节各图及附录。由于计算机算法和程序的限制，本节各图并不是同一次运算的结果。

　　模拟结果显示，由于自由竞争模型在 $r \in [0, T]$ 区间内 n 的动态演化是随机的，每次数值模拟结果都会出现不同的 n 演化路径。这是本书无法给出自由竞争模型完整、确切解析解路径的根本原因。

　　图 3-1 至图 3-4 的模型运算结果表明，无论是自由竞争模型还是行政垄断模型，边际生产成本由始至终是决定企业市场份额大小的主要因素。成本参数 c_i 越低就能占到越高的市场份额，该结论与传统的古诺模型以及现有产业组织理论一致。

　　图 3-5 至图 3-6 显示，在产业发展初期，企业产量 $q^*_{i,r}$ 在流程创新

---

　　① 为检验模型的稳健性，计算机程序将新进企业数量的期望值 μ 改为 0.2（"附录"图1）。将（3.6）式至（3.9）式中的转化概率关键变量由 $\overset{\bullet}{P}$ 分别更换成总产量变化趋势 $\overset{\bullet}{Q}$（"附录"图2）和总利润变化趋势（"附录"图3），即当潜在进入企业观察到总产量和总利润有上升趋势便试图进入产业。"附录"图1-3的运算显示，以上参数调整均不造成模型运算结果的质变。综合判断，本模型结果稳健。

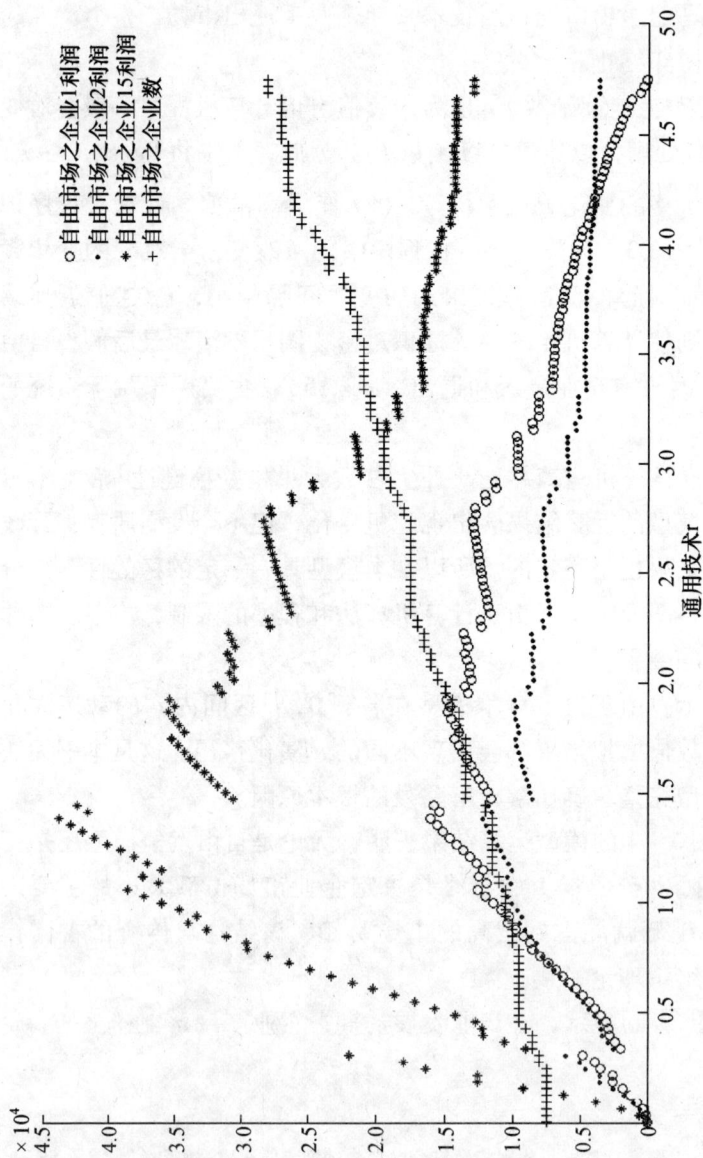

图 3 - 1 自由竞争市场企业利润演化路径①

————————————

① 为在图 3 - 1 中显示所有变量序列,企业数量扩大 500 倍。

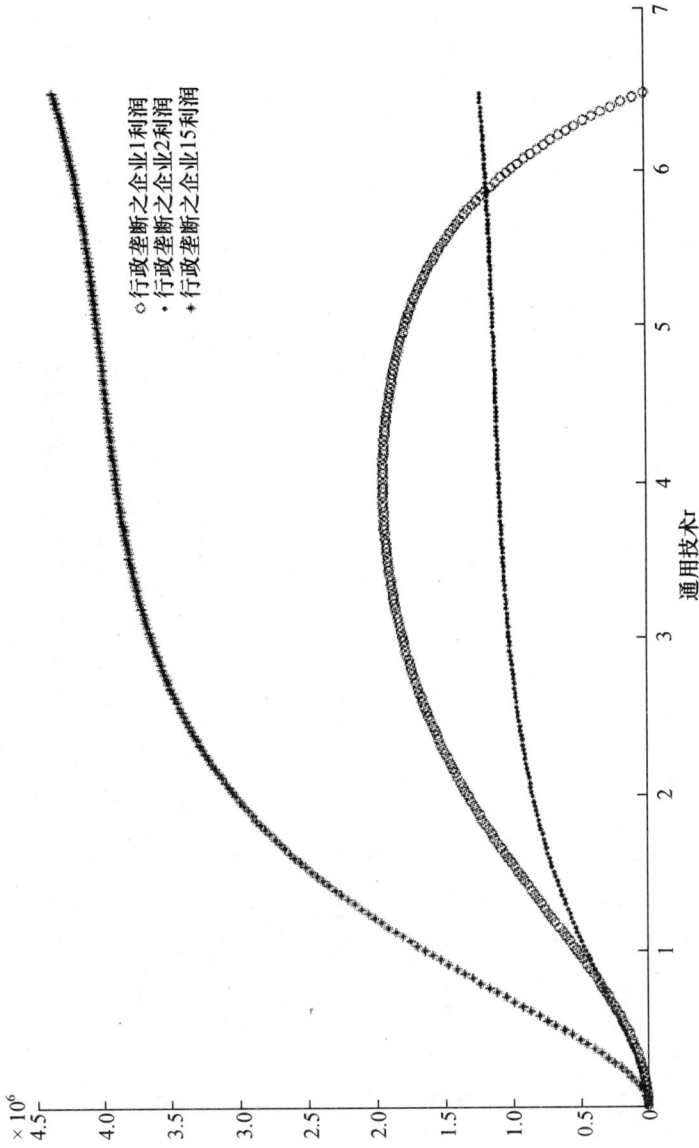

图 3－2　行政垄断企业利润演化路径

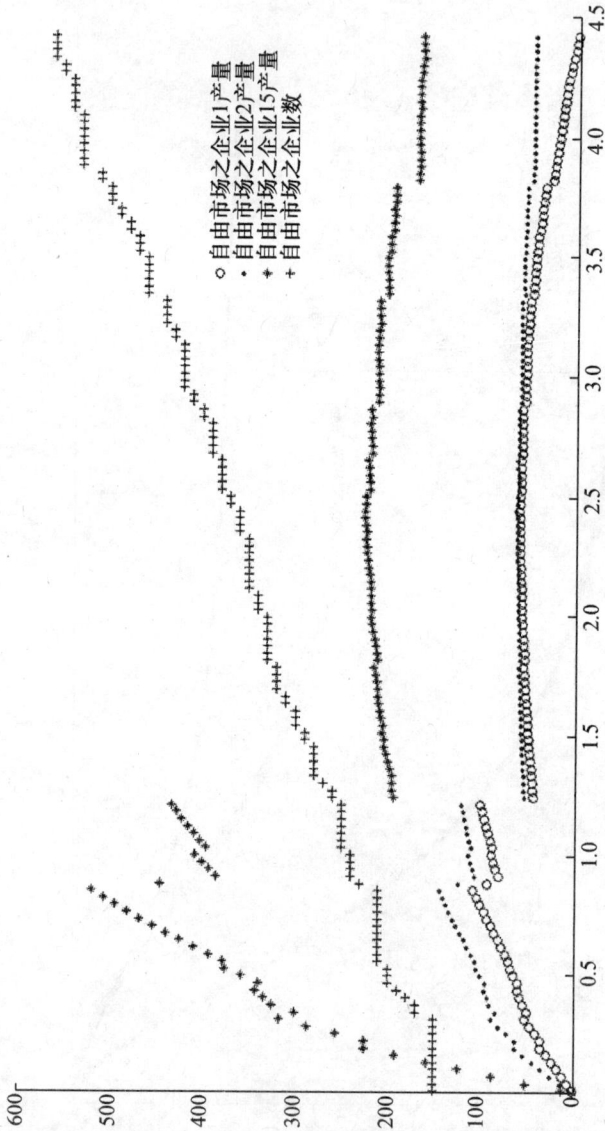

○ 自由市场之企业1产量
· 自由市场之企业2产量
＊ 自由市场之企业15产量
＋ 自由市场之企业数

图 3 - 3　自由竞争市场企业产量演化路径①

① 为在图 3 - 3 中显示所有变量序列,企业数量扩大 10 倍。

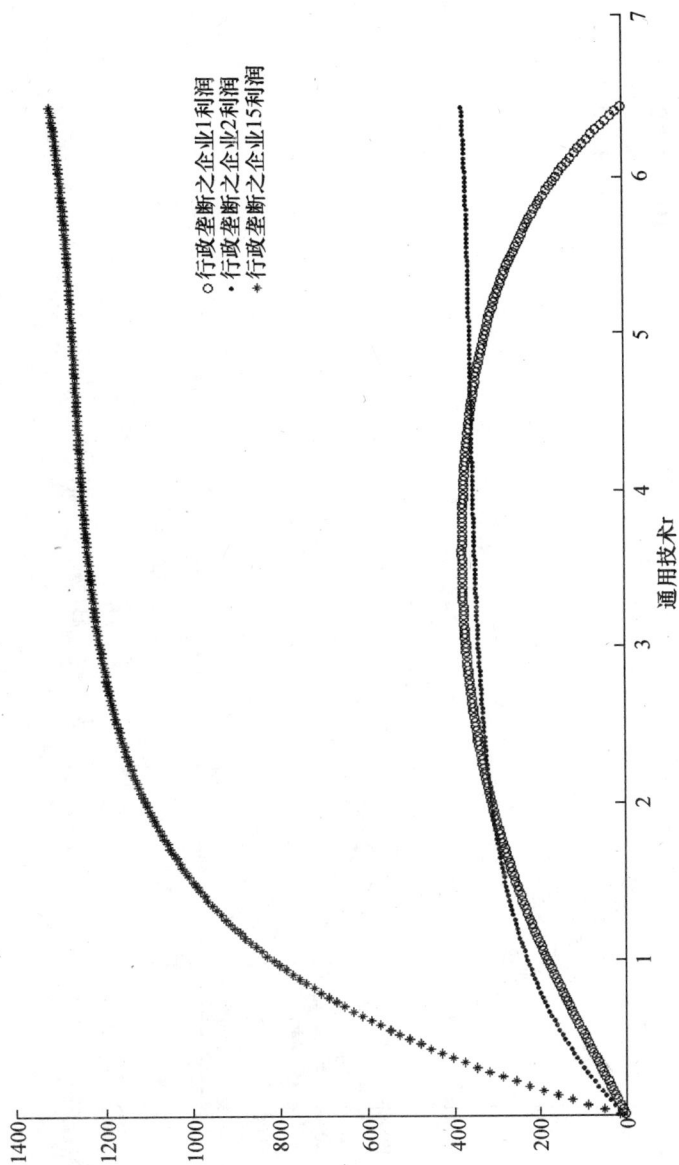

图 3 - 4　行政垄断企业产量演化路径

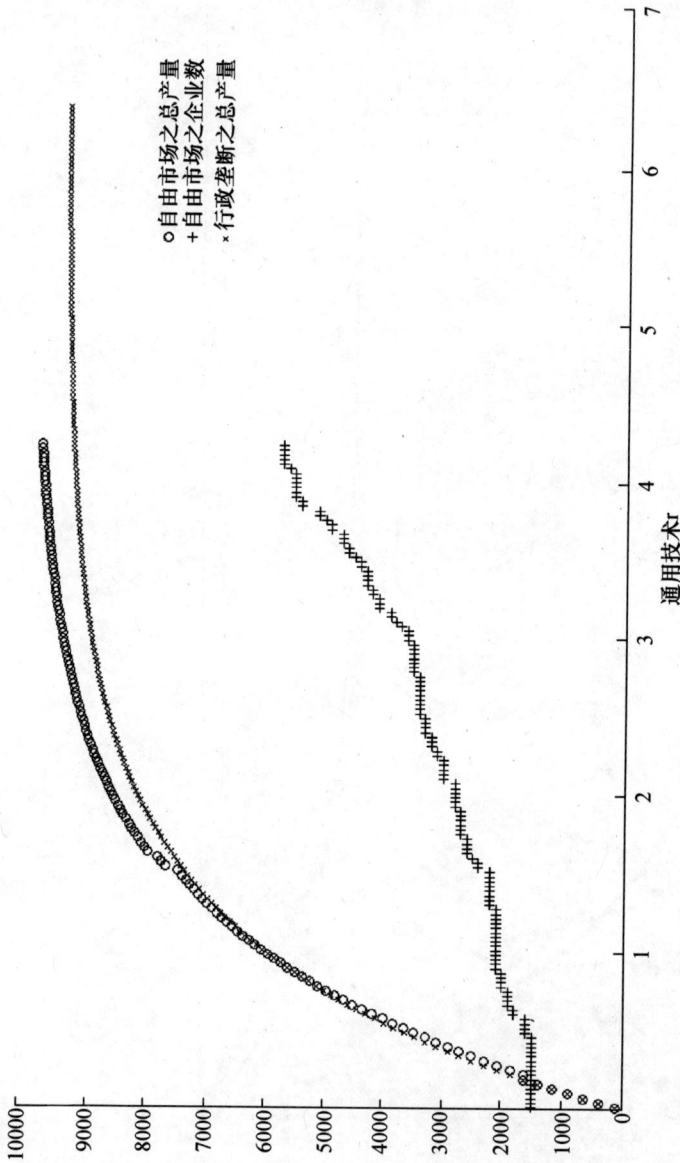

图 3－5　总产量演化路径①

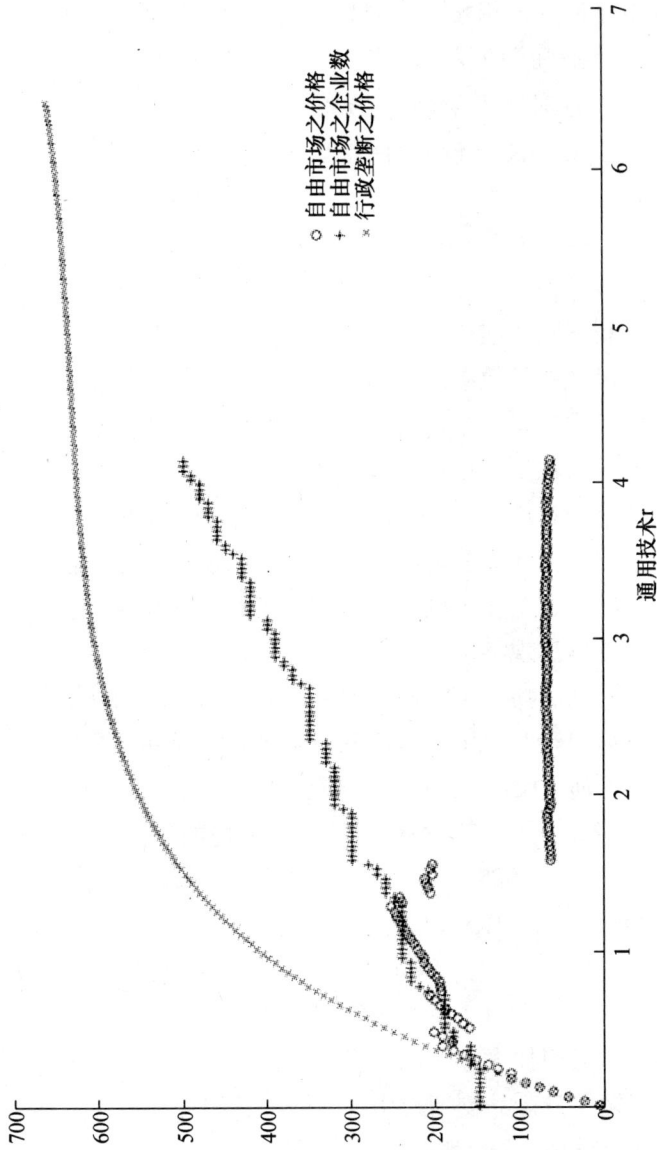

图 3 - 6 价格演化路径

$x_{i,r}$的成本节约效应下不断增大，市场总需求 Q_r 也在产品创新 r 的推动下迅速增大。流程创新和产品创新的效应加总，使总消费量 Q_r 和价格 P_r 在产业发展初期（约在图 3－5 至图 3－6 的 r≤2 段）快速上升。

进入产业成熟期，通用技术刺激总需求的边际效用慢慢变小，见反需求函数（3.2）。产业随即步入总产量 Q_r 增长缓慢的产业成熟期（约在图 3－5 的 r＞2 段）。这时流程创新 $x_{i,r}^*$ 节约成本的边际效应较小，每家企业的产量不再快速上涨，总产量 Q_r 保持稳定，价格 P_r 也趋于稳定（见图 3－6 的 r＞2 段）。

图 3－1 至图 3－4 表明，技术领导企业 1 的创新投入 r 对抢占市场份额、增大利润有明显积极作用，但边际效用递减。产业达到一定技术水平后，企业 1 产量和利润的演化路径出现拐点，转而下降。该拐点在自由竞争市场中位置随机，在行政垄断产业中位于 r≈4。

尽管作为技术领导者，企业 1 的产量和利润拐点比技术模仿企业出现的要早。其根本原因在于：模型假定技术模仿成本为零，技术领导企业的产品创新刺激着市场总需求 Q_r 和价格 P_r，对技术模仿者产生显著正外部性。在不考虑专利制度和专利费的前提下，技术模仿企业无偿分享技术领导者的产品创新成果。企业 1 创新行为存在正的溢出效应，以致技术领导者的产量和利润过早出现拐点。

技术领导者的利润拐点意味着：如果缺乏专利制度的有效保护，长期担任技术领导者承担产业通用技术研发，对企业来说并不是好事。如此一来就不难理解：为何 20 世纪末 IBM 公司会开放热卖中的 IBM 架构微型计算机的硬件技术制式，允许其他企业为 IBM 架构的微型计算机制造零部件；为何微软公司会于 2008 年 4 月 1 日（Windows 诞生的第 25 年）开放 Windows 操作系统的源代码，却完全不影响新一代 Windows7 系统的研发和销售。技术领导企业通过产品创新 r 的努力，迅速抢占较高的市场份额。产业进入成熟期后，为避免自身经营过早出现利润拐点，技术领导企业倾向于开放产业通用技术 r，允许甚至诱导技术模仿企业参与通用技术的研发，从而减轻自身产品创新行为的正外部性与溢出效应。

利润拐点还意味着，技术领导企业有激励去抑制产业通用技术的进步，因为减缓技术进步可以避免利润拐点的过早出现。该结论与斯旺（Swan，1970）、基奇（Kitch，1977）、吉尔伯特和纽伯里（Gilbert and Newbery，1982）等学者的研究一致——企业对自己研发或别人研发的先进技术专利实施"冬眠"战略。企业成功申请或购买到一项技术专利后，却不将之投入生产，也不授权其他企业使用。国内又称为"专利沉睡"（寇宗来，2006）。技术领导企业"冬眠"先进的技术专利，使产业通用技术 r 进步减缓，以免利润拐点过早出现。

二　行政垄断与产业生命周期

随着产品创新对总需求的激励作用和流程创新成本节约效应的进一步减小，产业生命周期步入衰退期。自由竞争中的技术领导企业 1 会在 $r \in$ [4,5]出现亏损（见图 3 - 1、图 3 - 3、图 3 - 5 至图 3 - 6），行政垄断产业中的企业 1 会在 $r \approx 6.5$ 时出现亏损（见图 3 - 2、图 3 - 5 至图3 - 6）。技术领导者失去继续经营的激励，产业通用技术 r 停止进步，技术含量更高的替代产品随之出现，产业生命周期戛然而止[①]。

在相同参数设定下经过多次运算，本书发现：竞争性产业约在 $r \in$ [4,5]消亡，行政垄断产业约在 $r \approx 6.5$ 消亡，行政垄断产业的 T_0 总是比竞争性产业的大。

命题 3 - 1：行政垄断规制下的产业生命周期比自由竞争市场的长。

本书与以往产业演化模型及产业生命周期理论相似，得出以下结论：每个产业自有其不可逆转、不可克服、从幼稚至成熟再到衰退直至消亡的有限生命周期。本书建立的是一个同质品市场模型，产业消亡意味着该产品被社会淘汰，新产品、新产业自然而然地出现，以满足消费者更新和更高的需求。

我们可以从很多历史案例检验这个结论。青铜时代的铜制农具、兵器的设计、生产技术总在不断进步，但随着铁器时代的来临，青铜农具和兵器产业最终未能摆脱消亡的命运。蒸汽机曾经推动第一次工业革命的生产力大发展，其热效率、功率值等技术指标也在不断改良，但最终内燃机还是取代蒸汽机。计算机移动存储设备从最初的纸质介质——打孔纸带发展到磁性介质——软盘。尽管软盘的技术水平越来越高——体积越小而容量越大，但它最终还是被光介质存储设备取代。

创新既是产业发展的原动力，也是导致产业灭亡的根本动因。旧产业

[①]　如果加入专利制度和专利费，技术领导企业的亏损便不会出现如此之早，产业生命周期也会延长不少。但即使允许企业 1（在政府补贴下）出现亏损，无论自由竞争市场还是行政垄断产业都会在 $r \in$ [12,14]出现企业利润总额小于零的事件。产业的衰退乃至最后消亡的命运，无论如何都会出现，产业生命周期总是有限的。

灭亡后腾出的消费者需求，必然会推动另外一些具有替代作用的新产品和新产业的出现。创新在促使每个产业走向灭亡的同时，又不断催生着新产业，整个国民经济就在这种动态的产业新老交替和产品优胜劣汰中波动发展。本模型能很好地解释熊彼特的"创造性破坏"过程，并表达创新是经济发展及周期波动原动力这一思想。

长寿对于人类似乎是一件好事，但对于产业发展和国民经济则不然。行政垄断延长了产业生命周期，延缓了新产品的投产和新技术的发明。"创造性破坏"过程变得呆板而迟滞，经济发展的动态活力因而受到损害。正如老年人多、出生率低的长寿社会必然出现人口结构老龄化问题而丧失社会活力一般，行政垄断损害着经济发展的原动力，抑制着自由竞争与市场机制的活力。

该结论能很好地解释第二次世界大战后美国和日本的经济发展路径差异。由于固有的政府干预经济传统，日本政府对 20 世纪五六十年代的支柱产业，如钢铁、汽车、家电、船舶等产业实施强力行政干预，扶植少数寡头企业迅速做大做强，从而延长了上述产业的生命周期。而美国的这些传统产业没有政府扶持，不可避免地步入衰退期甚至没落、消亡。与此同时，美国的自由竞争市场使社会资本把目光投向 20 世纪六七十年代刚刚兴起的信息技术，信息经济由此注定在美国迅速兴起和蓬勃发展。行政干预却使日本在计算机软硬件、信息技术等新技术、新产业的发展中远远落后于崇尚自由竞争的美国。

市场这只"看不见的手"会赋予每个产业以一个合理的生命周期，市场也总会比政府先一步发现即将取代旧产品、旧技术的新兴产业。如果一个国家妄图以外生的行政干预取代市场，以行政垄断压制自由竞争，或许它会不可避免地重蹈日本覆辙。

更严重的是，行政垄断下的社会生产不可避免地出现产品老化、技术世代更替缓慢的现象。苏联企业曾经数十年如一日地生产质量不高而结构单一的消费品。中国不也以一件"的确良"、一双解放鞋、一部凤凰自行车风靡几十年？可以说，这样的历史无一例外地发生在大力实施行政垄断的苏联式计划经济国家。而改革开放不仅给中国带来了产量，还有不断更新换代的产品和不断提高的公民生活水平。

三　行政垄断与价格、利润

对比图 3 - 6 的企业数量 n 和价格 P, 演化路径可发现：每当有新企业进入市场，竞争加剧对价格上涨产生压制作用。这就是自由竞争带来的市场活力——在位企业数量增多，市场竞争加剧，使价格下降和总产量提高。[①]

根据图 3 - 6，行政垄断产业的价格水平远远高于竞争性产业。图 3 - 7 表明，由于高价格，行政垄断保护下的在位企业获得比参与自由竞争的企业多得多的总利润。本书据此得出：

命题 3 - 2：在市场经济中，行政垄断会导致更高的市场价格，并使在位企业攫取更多经济利润。

行政垄断导致的高利润还会使企业丧失更新产品和研发技术的动力。在位企业有激励延缓产业通用技术的进步，延长产业生命周期，从而在更长时间内攫取超额利润。由于行政垄断带来高利润，新产品、新技术替代旧产品、旧技术的"创造性破坏"过程变得缓慢而滞后，这同样是行政垄断产业生命周期漫长（如命题 3 - 1 所示）的主要原因。

无论是在行政垄断产业还是在竞争性产业，消费者与企业都会在市场中实现帕累托最优。相对于自由竞争，高价格、高利润是行政垄断的经济绩效，也是市场机制运行的内生结果，还是理性的消费者与企业共同选择出来的纳什均衡。

至于本书开篇那个引人入胜的问题——电信、石油、汽车等产业的高价格和高利润是否由行政垄断造成，答案已经昭然若揭。在当今中国，行政垄断与市场经济紧密结合，受保护的国有企业攫取了比自由竞争中的企业多几倍的利润（见图 3 - 7）。

命题 3 - 2 与以往的实证研究结果完全一致。"行政垄断与行业利润之间确实存在着正向关系"，"并不是企业高效率导致了高额利润"（丁启军，2010a）。国有企业的"主要利润来源高度依赖于个别行业的行政垄断，而非国有企业技术创新水平的普遍提高"（罗党论和刘晓龙，2009）。行政垄断的保护使国有企业获得大量垄断利润（严海宁和汪红梅，2009）。

回到第二章的制度变迁研究，高价格、高利润的独特市场绩效可以让人们加深对行政垄断成因的理解。行政垄断阻止私营企业进入市场，市场

---

① 企业数量 n 越大，市场越趋于完全竞争，总产量则越高，这是古诺模型的一个重要结果，也是古典经济学的核心思想。本模型与之完全吻合。

价格自然提高，国有企业因而获得额外利润。国企上缴的利润是社会主义国家成立初期实现重工业化和经济高速增长的物质保证。更重要的是，没有行政垄断也就没有计划经济体制和国有经济。即使一个产业可以轻松实现国有化，但如果政府没有实施行政垄断或宣告"国家垄断"，私营企业必将重新参与竞争，从而打乱中央乃至地方的经济计划部署，甚至动摇国有经济的主体地位。一旦国有企业的高利润不能得到保证，"剪刀差"自然无法施展，重工业化战略也就无从谈起。

行政垄断制度在苏联式计划经济的形成和运行中发挥着不可或缺的核心作用，所以，过勇和胡鞍钢（2003）才会提出行政垄断是计划经济的基本特征。

相对于社会主义国家成立初期的经济国有化、重工业化战略以及经济计划，行政垄断制度由于其隐蔽性，往往隐藏在难以被发现的角落。例如，在苏联的《关于银行国有化的法令》中，行政垄断条款仅是该法令全文的最后一句话"银行事业由国家垄断"。中国行政垄断制度的形成，与1956年突然发生的大规模公私合营运动以及新中国成立后历次运动交织在一起，也很容易被人们忽略。

时至今日，我国国有企业依然是国有资产，国有企业上缴的利润和税收依然占据各级政府财政总收入的一大部分。政府是委托人，是"父亲"，国有企业及其经营者是代理人，是"儿子"——科尔奈提出的"父爱主义"至今仍然适用（Kornai，1983）。在国际金融风暴扫荡的2008年，中国大陆却诞生了34家世界500强企业，其中33家是国有企业。这些国企总共赚取了15512.4亿美元的营业收入和935.3亿美元的利润，33家企业占据了全部世界500强企业总利润的11.4%。作为一个发展中国家，国有企业（尤其是大型国有企业）对中国经济的重要性以及行政垄断的关键作用不言而喻。

国有经济占据国计民生的经济命脉，一旦出现长期亏损甚至破产，其后果是不可想象的。为在市场这只"看不见的手"中保证国有经济的"主体"地位，行政垄断制度及其带来的高价格和高利润必不可少。行政垄断甚至说得上是"以公有制为主体、多种所有制经济共同发展的基本经济制度"的关键环节。

为什么在转轨时期的中国，行政垄断会长期存在？首先是因为行政垄断制度与国有经济的共生性，其次是高价格和高利润的经济绩效。这是第二章和第三章共同给出的答案。[①]

高价格牺牲了消费者利益，却换来企业利润。看似有失必有得，甚至还刺激着企业的生产经营积极性。这种"转移支付"是有效率的吗？下一节将分析整个产业的社会总福利（消费者剩余和企业总利润之总和），以回答这个关乎"国计"和"民生"的问题。

四 行政垄断与社会福利

如图 3-7 和图 3-8 所示，行政垄断以牺牲消费者剩余为代价，换取高额的企业利润。行政垄断造成消费者剩余的减少，远多于企业总利润的增加。由于大幅损害消费者剩余，行政垄断最终损害了一个产业的社会总福利。图 3-9 的阴影部分告诉我们：行政垄断这种以邻为壑的政府干预是没有效率的。因为供给方增加之效用（企业总利润）弥补不了需求方之损失（消费者剩余），相比于竞争性产业，行政垄断产业的社会总福利下降了[②]。据此，本书得出：

命题 3-3：行政垄断会同时损害一个产业的社会总福利、消费者剩余和总消费量。

图 3-5 显示，行政垄断还会导致"低消费"现象——整个市场的产品总消费量比竞争性产业低。行政垄断带来的低消费和高价格，正是苏联式计划经济国家无一例外地出现"短缺经济"的主要原因，也是中国现阶段内需不足的客观原因之一。

行政垄断是一项外生于市场的经济制度，对于社会总福利和总产量，它的效率似乎不高。与命题 3-3 较为吻合的实证研究包括——于良春和张伟（2010）发现，行政垄断对电力、电信、石油、铁路运输等产业造成巨大的效率损失；姜付秀和余晖（2007）测算出行政垄断在 1997—2005 年给 6 个产业造成巨额的福利损失（738 亿—3748 亿元）；丁启军和伊淑彪（2008）估算出行政垄断在各行各业中造成的经济效率损失额度；于良春和牛帅（2009）、杨秀玉（2009）分别针对电力和电信产业进行福

---

① 此外，过勇和胡鞍钢（2003）曾指出："政府为保护本部门或本地区所属企业的利益"而实施行政垄断，这在渐近转轨国家比较容易出现。本书将此归纳为"社会利益部门化"、"国家利益地方化"。这同样是导致行业性行政垄断和地区性行政垄断在当今中国长期存在的主要原因之一。

② 从图 3-5 可知，社会总福利下降的一个直接原因是，行政垄断造成总产量 Q_r^* 增速下滑。

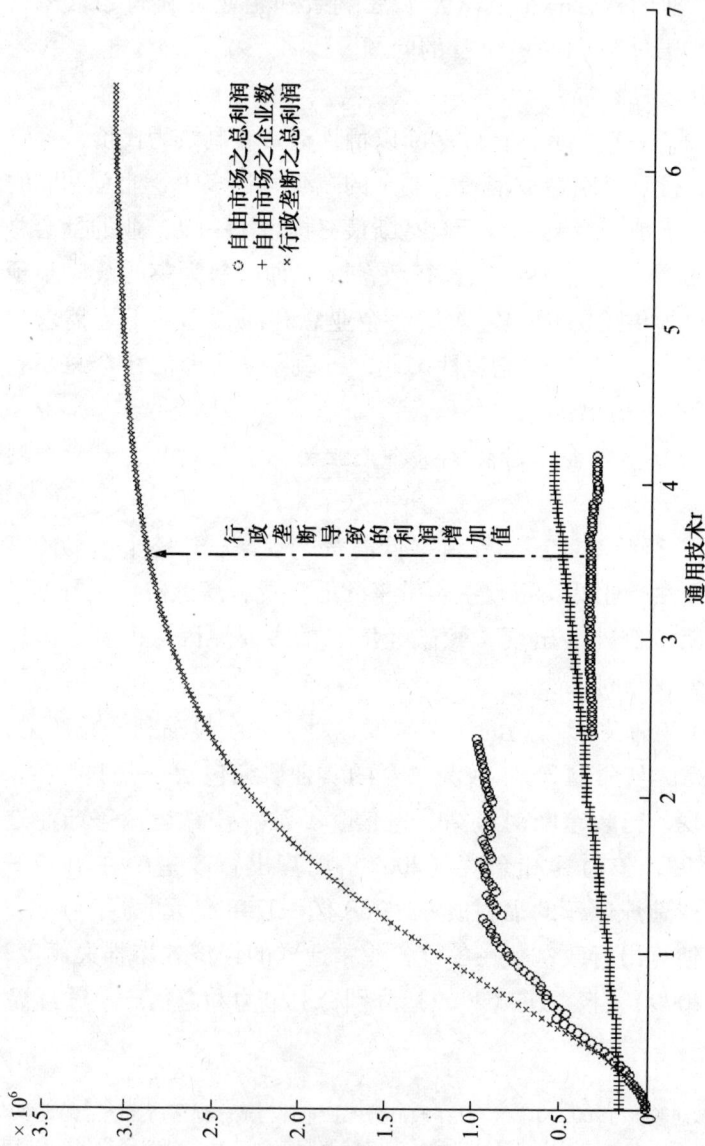

图 3 - 7 总利润演化路径①

○ 自由市场之总利润
+ 自由市场之企业总数
× 行政垄断之总利润

通用技术τ

行政垄断导致的利润增加值

× 10⁶
3.5
3.0
2.5
2.0
1.5
1.0
0.5
0

1   2   3   4   5   6   7

① 为在图 3 - 7 中显示所有变量序列,企业数量扩大 10000 倍。

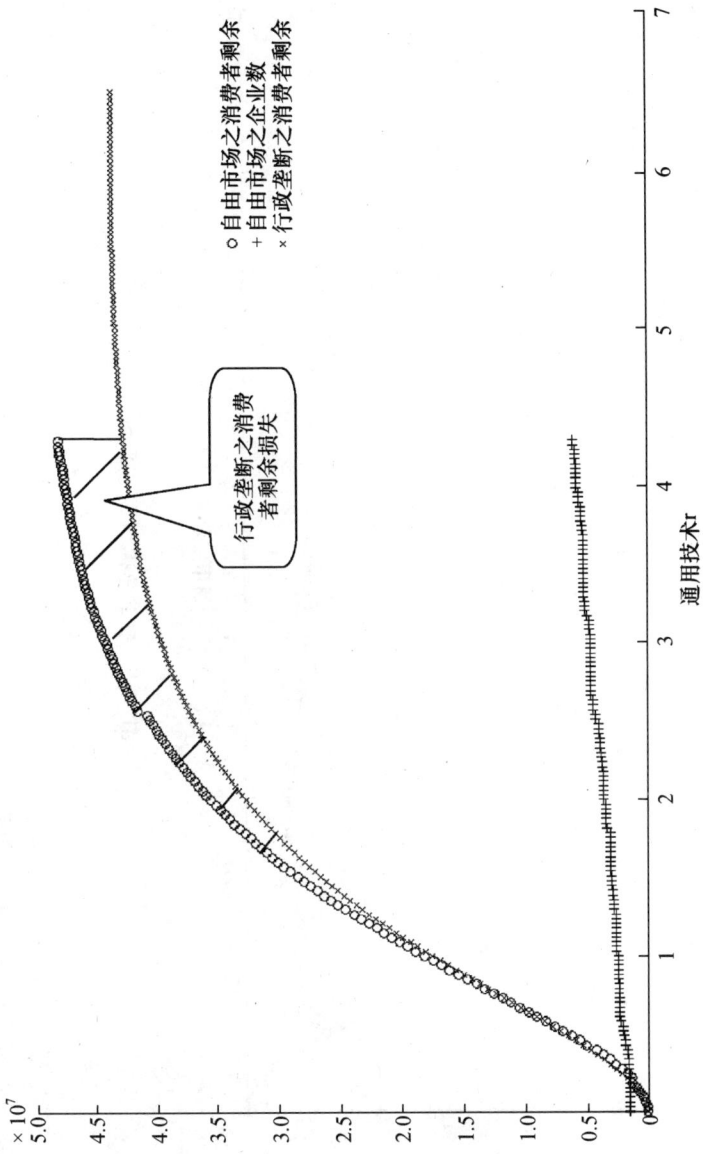

图 3 - 8 消费者剩余演化路径①

---

① 为在图 3 - 8 中显示所有变量序列, 企业数量扩大 10 万倍。

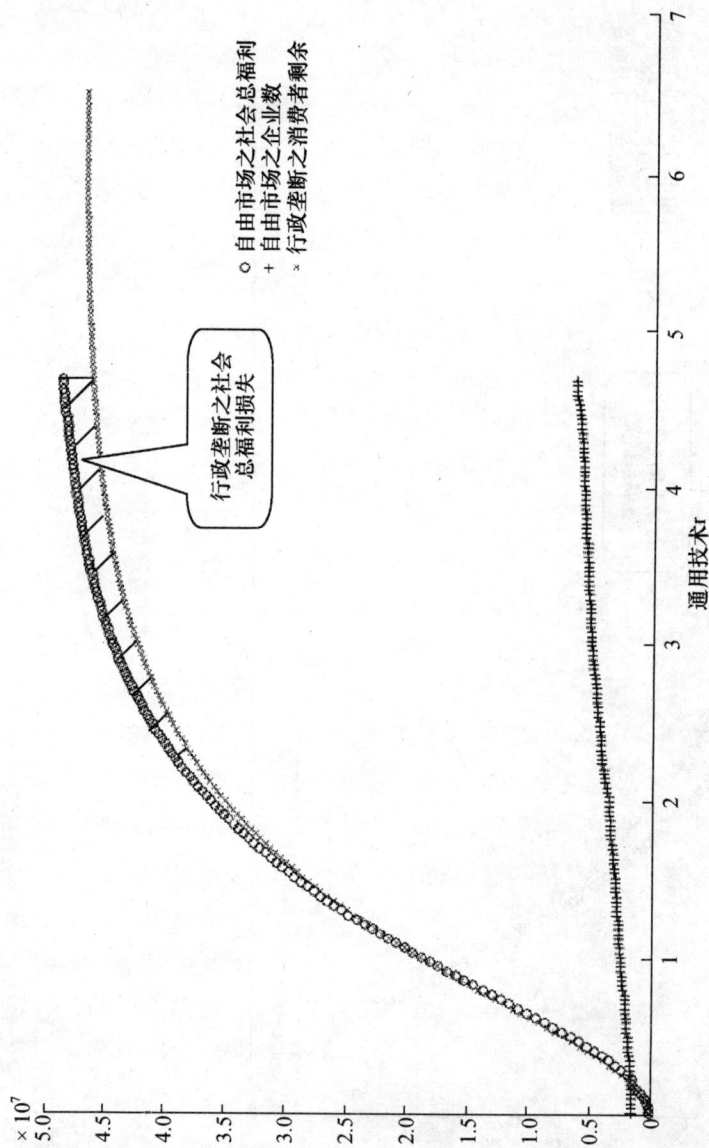

图例：
○ 自由市场之社会总福利
+ 自由市场之企业数
× 行政垄断之消费者剩余

行政垄断之社会
总福利损失

通用技术 r

图 3 - 9　社会总福利演化路径①

---

① 为在图 3 - 9 中显示所有变量序列，企业数量扩大 10 万倍。

利损失测算。

回到普罗大众的现实生活，试想一下：假如中国消费者在每月收到薪水后必须立刻在银行账户中扣除当月的固定电话费、互联网费、移动电话费、水电燃气费、烟草消费、汽油及汽车购置费、住房按揭月供、均摊下来的每月医疗费用①等"行政垄断支出"，试问这时工资账户还会剩下多少真正可支配的收入？如果接受近年来热议的教育产业化观点，将幼儿园、中小学、高等院校视为行政垄断下的教育产业供给方，缴纳学费、"自愿捐资助学费"、"奥林匹克培训费"后的居民口袋，又会剩下多少"消费者剩余"？如果您是城市居民，还必须考虑每天的交通费用和路桥费用。如果您是在城市务工的农村居民，一样得预先存好每年春运交付给"黄牛"的费用。

如果您是在农村务农的农民，或许会因不需要负担这些"行政垄断支出"而自觉幸运。然而，农民每年收获的部分粮食同样须在国家粮食最低收购价和临时收储价格调控下，卖给粮所、粮站或持有"粮食收购许可证"的粮食收购企业，圈养的部分牲畜也只能在政府指导价格的调控下卖给持"牲畜屠宰许可证"的商贩或屠宰场，同时农药、化肥价格在行政干预下却高得惊人。农村和农民离不开农业的买方和卖方行政垄断。不幸的是，与卖方行政垄断相反，买方行政垄断必然导致农产品低价格和农民低利润。幸运的是，这种付出并非没有收获，农业的买方行政垄断造就了一家属于中国自己的世界500强企业——中粮集团。2008年中粮集团以264.5亿美元和5.0亿美元的营业收入和利润，昂首挺进世界500强行列。2009年，中粮集团营业收入小幅下滑1.3%，但令人欣慰的是，其利润却上升至6.3亿美元，同比增幅26%。不过，这也从一个侧面反映出，假如我国试图以财政转移支付而非市场机制来解决"三农"问题，改革和发展的步伐显然快不了，因为"三农"与行政垄断制度密切相关。

在行政垄断产业，卖方（买方）行政垄断使消费者生活中的点点滴滴无不与之戚戚相关。在石油、电力、电信、金融、汽车、公用事业和粮食等行政垄断产业（均是《政府核准的投资项目目录》、《外商投资产业指导目录》重点规制的产业），中国石化、中国石油、中海油、国家电

---

①　房地产业实质上也是一个市场准入受行政权力严格规制的产业，下文有所论述。医药产业受到的行政干预力度也很强，大部分医院依旧是事业单位，在卫生部、发改委等行政机关规制下，整个产业的行政进入壁垒很强。

网、南方电网、华能集团、神华集团、中国国电、中国移动、中国电信、中国联通、五大国有银行、中国人寿保险、中国人民保险、中铁集团、中国铁建、中国交通建设、中国建总、一汽、上海汽车、东风汽车、中粮集团等国有企业凭借高额的营业收入和惊人的利润总量成为 2010 年世界 500 强，而中国消费者在这些领域的支出明显过高（粮食消费除外）。

这样的现实足以印证命题 3 – 2 和命题 3 – 3 揭示出来的浅显道理——行政垄断导致高价格、高利润和低消费者剩余。而且，事实更胜于理论的雄辩。

五 行政垄断与创新

图 3 – 10 表明，随技术进步和产业发展，竞争性产业与行政垄断产业的创新总量 $(r + \sum_{i=2}^{n} x_{i,r}^{*})$ 均会单调递增。其不同之处在于，行政垄断产业的总创新增长边际递减，竞争性产业的总创新增长比前者快得多，且非边际递减。

根据图 3 – 11 可知，在自由竞争市场中，创新的水平指标"单位产量创新" $[(r + \sum_{i=2}^{n} x_{i,r}^{*}) / Q_{r}^{*}]$，代表产品的平均技术含量），随通用技术 r 进步 而先递减后递增，呈"U 形"曲线态势。单位产量创新在行政垄断产业中则单调递减。

因此，行政垄断制约产业创新水平和产品技术含量的增长，致使社会损失大量的创新成果与技术进步（见图 3 – 10 的阴影部分和图 3 – 11）。本书据此得出：

命题 3 – 4：行政垄断会损害产业的创新总量和单位产量创新，抑制整个产业的技术进步。

行政垄断虽然损害了社会总福利和消费者剩余，但损失比重相对较低（见图 3 – 8 和图 3 – 9，阴影面积较小）。一个产业的创新和技术进步却受行政垄断的严重负面影响——整个产业的动态创新累积量下降超过 60%（图 3 – 10 的阴影面积），同时迫使产品的平均技术含量从自由竞争的递增转向单调递减（见图 3 – 11）。因此，行政垄断严重损害了一个产业的创新水平和技术进步。

命题 3 – 4 与以往研究成果一致。周其仁（2004）提出，"所有垄断的类型当中，只有强制地限制了市场准入，才真正妨碍技术进步和经济效

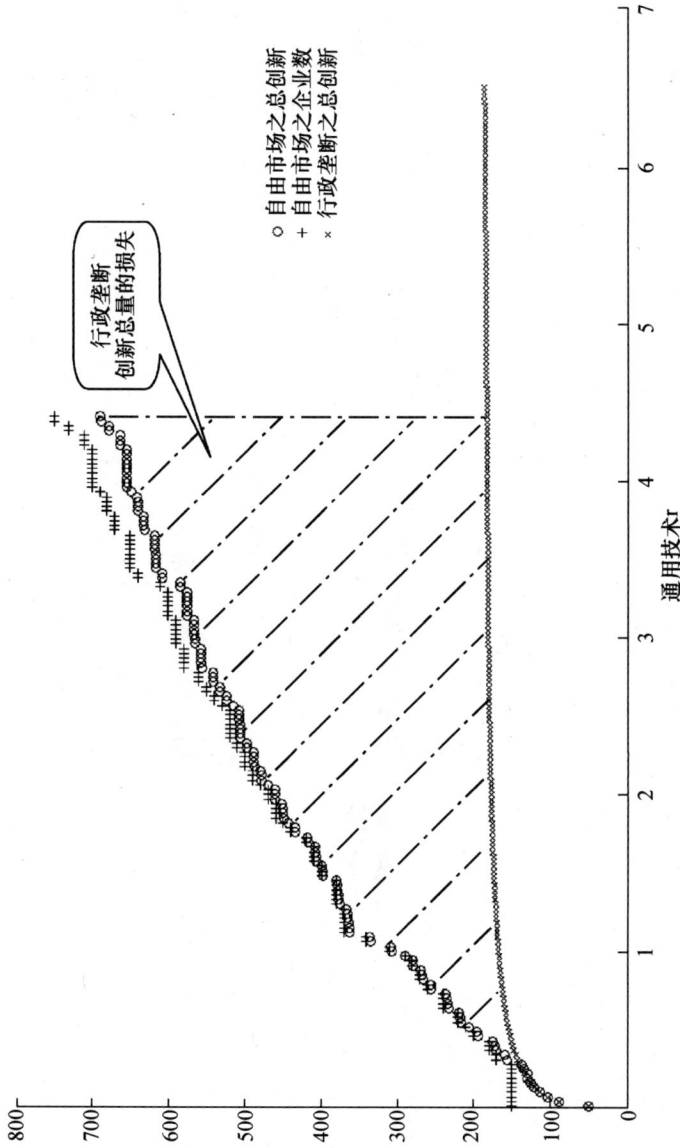

图 3 - 10　总创新演化路径①

---

① 为在图 3 - 10 中显示所有变量序列，企业数量扩大 10 倍。

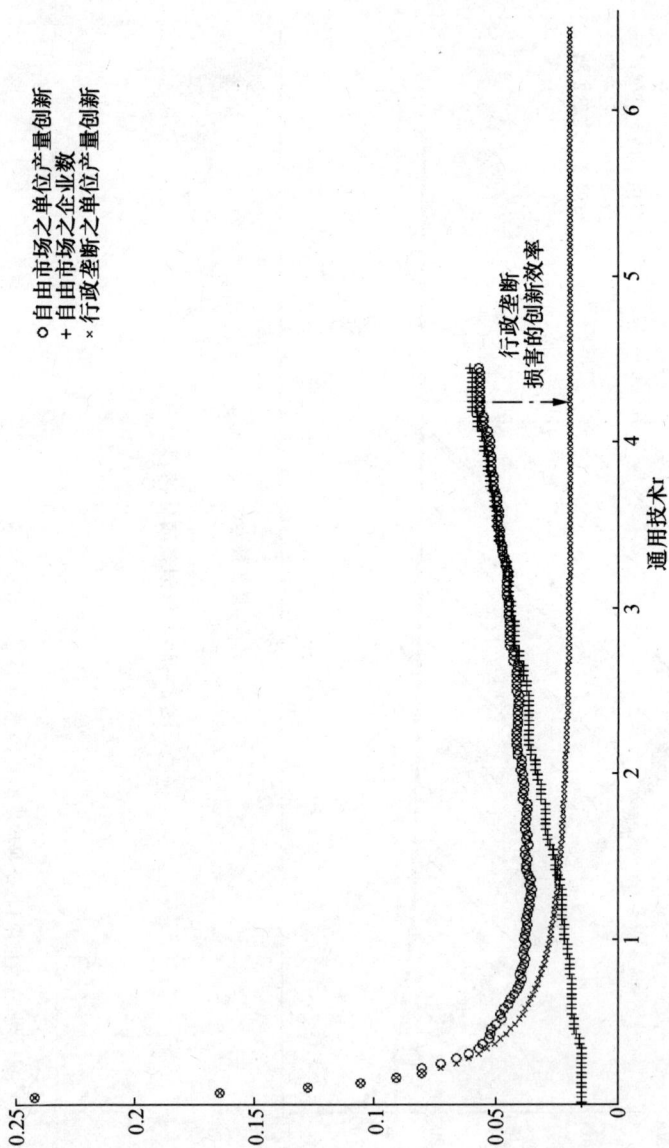

图 3 - 11　单位产量创新演化路径①

○ 自由市场之单位产量创新
+ 自由市场之企业数
× 行政垄断之单位产量创新

通用技术

行政垄断
损害的创新效率

① 为在图 3 - 11 中显示所有变量序列,企业数量除以 1000。

率";"必须对我国的行政垄断行业,实施全面的、根本的改革"。严海宁和汪红梅(2009)发现"行政垄断的保护使得国有企业获得了大量垄断利润,却严重地阻碍着我国企业技术创新水平的提升"。

这是一个发人深省的结果。历史经验表明,创新是人类经济发展的原动力,科技进步是评判社会文明的基准标杆之一。而行政垄断却损害对经济社会发展至关重要的创新与技术进步。

六 行政垄断、社会福利与市场结构

本章模型使用产业组织学通用的市场集中度指标——"赫芬达尔—赫希曼指数"[简称"赫芬达尔指数"或 HHI,计算公式为 HHI = 10000 × $\sum_{i=1}^{n} (q_{i,r}^*/Q_r^*)^2$],作为反映市场结构集中程度的指标。该指数越大,表明产业的市场结构越集中,市场的垄断程度越高。

图 3-12 显示,自由竞争的随机性使以赫芬达尔指数为代表的市场集中度的演化过程出现较多不连续的跳跃点。新企业的出现一般会使市场集中度下降,但如果新进入企业拥有较强的成本优势(成本参数 c_i 较小),HHI 也有可能上升。随机的进入冲击造成市场集中度的上下波动,进而导致市场结构的变化趋势不单调。但从总的趋势而言,赫芬达尔指数呈现一定程度的递减规律。在自由竞争市场中,技术进步和产业发展会使市场结构趋于分散,使产业的垄断程度趋于下降。

行政垄断产业则恰恰相反。如图 3-13 所示,随通用技术 r 的进步,市场集中度在递减至一定拐点后单调递增,呈"U 形"曲线形态。从长远看,产业的市场结构内生地趋于集中,市场集中度(垄断程度)越来越大,甚至出现加速递增现象。本书据此得:

命题 3-5:随着技术进步和产业发展,行政垄断规制下的市场结构会内生地趋于集中,市场集中度(垄断程度)越来越高。

图 3-13 显示,行政垄断产业的市场集中度会在 $r \geqslant 3.2$ 区间单调递增。本书以赫芬达尔指数为横轴,以社会总福利为纵轴作图 3-14。结果发现,当 $r \geqslant 3.2$ 时社会总福利关于赫芬达尔指数单调递增,但增速边际递减,并收敛于一定水平。在行政垄断产业的成熟期,市场集中度与社会总福利正相关,产业的垄断程度越高社会总福利越大。结合图 3-5、图 3-8、图 3-13 可知,$r \geqslant 3.2$ 时市场集中度与总产量、消费者剩余均正相关。

因此,在行政垄断产业,市场结构越集中越好,在位企业的垄断势力

越大越好。本书据此得出：

命题3-6：在行政垄断规制下的产业，市场内生的垄断程度（市场集中度）提升与社会总福利合意，在位企业的垄断势力越大越好。

命题3-5、命题3-6告诉我们：一旦实施行政垄断制度，企业做大做强，产业的垄断程度越来越强，是产业发展和市场运行的必然内生结果，而且这种市场内生的垄断与社会总福利合意。在"公有制为主体、多种所有制经济共同发展的基本经济制度"中，行政垄断产业内的国有企业通过合法经营做大做强，既可有效提高生产力、消费者剩余以及社会总福利，更是社会主义市场经济动态发展的内在要求。这意味着，转轨时期中国行政垄断产业及所有在位企业都应该通过合法经营发展壮大，力争成为大型寡头企业，这与社会福利和经济发展的合意方向一致。

总之，在我国现阶段的社会主义市场经济中，政府做大做强受行政垄断保护的国有企业，是符合社会福利、有利于生产力发展的重要举措，是市场机制与技术进步的内在要求。

但命题3-5、命题3-6在自由竞争中不成立。从图3-9、图3-10和图3-12不难看出，竞争性产业的市场集中度（垄断程度）与社会总福利存在一定负相关关系。自由竞争下的市场结构越分散越好，中小企业和激烈竞争有利于提高社会福利。

既然行政垄断产业中的市场内生垄断越强越好，那么政府是否可以通过行政干预外生地促进市场结构集中和产业垄断，以提高社会总福利？为此，本书假设行政干预外生地减少了在位国有企业的数量，使 n 由原来的15变为5。运算结果见图3-15。

模型结果显示：政府外生地提升市场集中度，会使社会总福利、总创新等市场绩效指标大幅下降。图3-15的政策含义在于，一旦政府以行政命令迫使国有企业兼并，以市场外生的方式做大做强国有企业，就会损害社会福利和技术进步。不尊重市场的行政兼并命令是不可取的。当然，市场内生的国企做大做强和外生的行政命令式兼并，在现实中很难准确区分（比如中国移动、网通与铁通，中国电信与联通的企业合并案例）。

七　行政垄断、创新与市场结构：熊彼特假说的理论分析

本节将研究行政垄断、创新以及市场结构三者之间的关系。关于创新

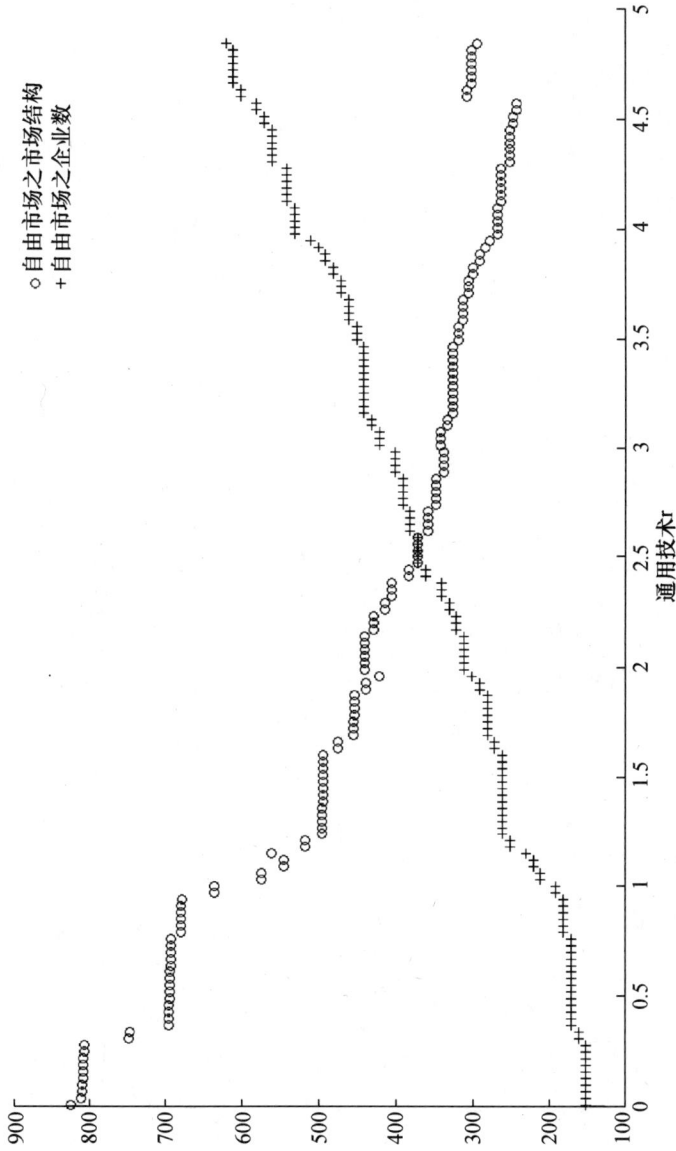

图 3－12　自由竞争市场之市场结构演化路径①

① 为在图 3－12 中显示所有变量序列，企业数量扩大 10 倍。在产业成熟期，市场会随机出现赫芬达尔指数较大的状态（见图 3－16 至图 3－19）。为标示清晰，部分赫芬达尔指数大于 1000 的点图 3－12 没有标出。

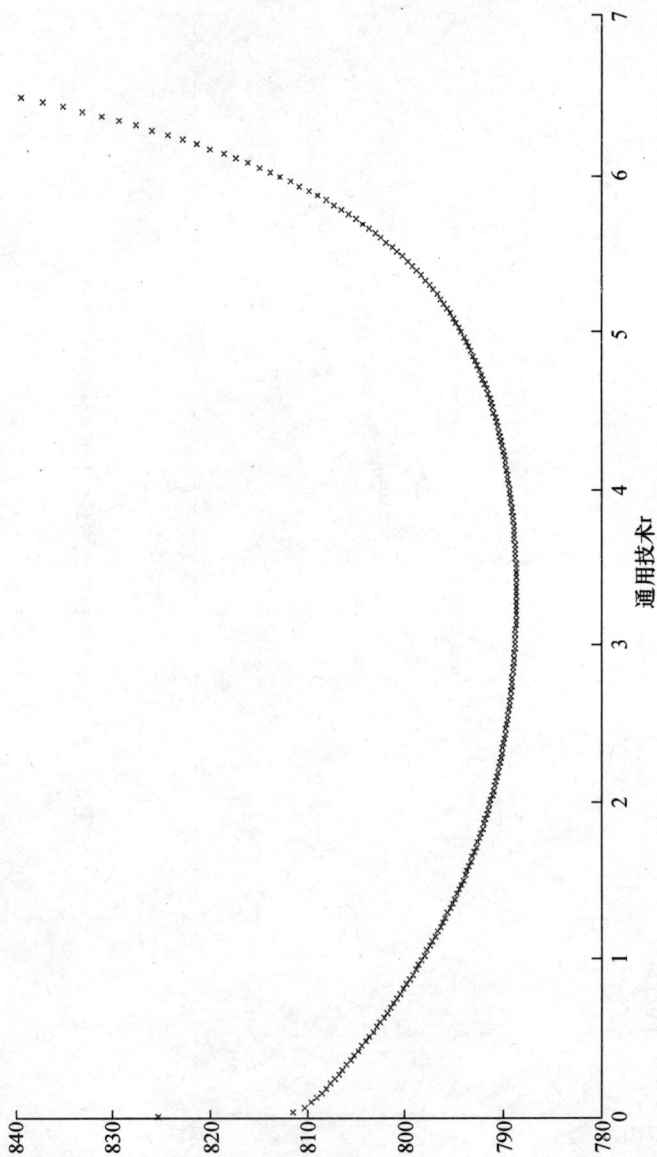

图 3 - 13 行政垄断之市场结构演化路径

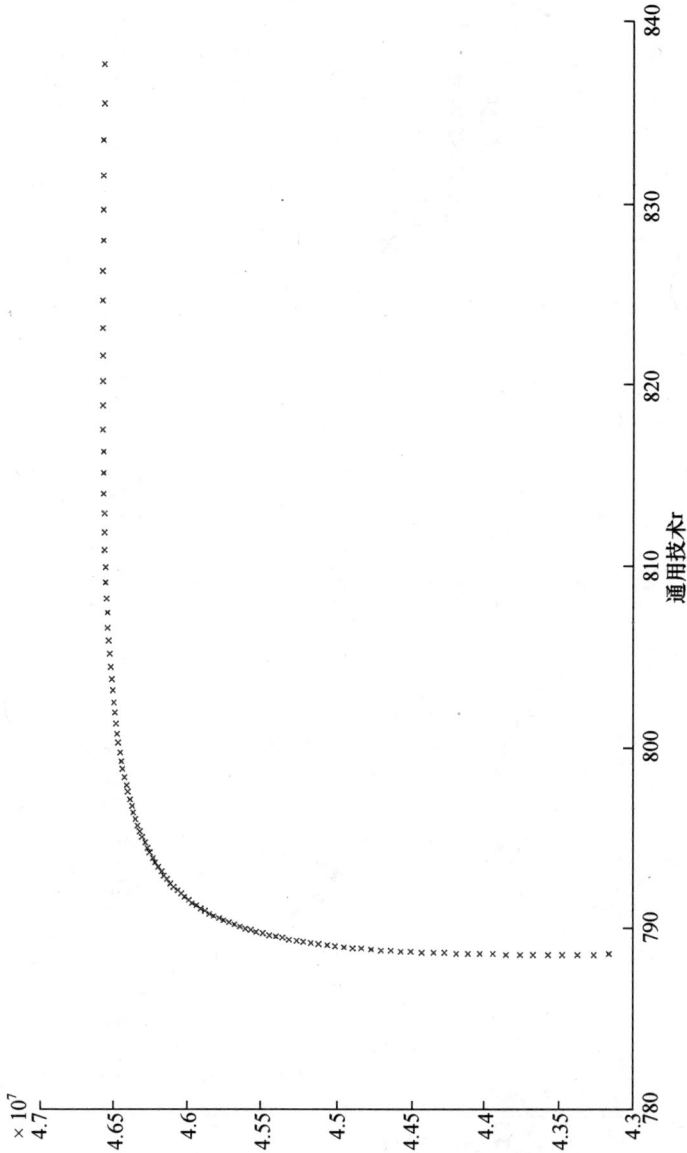

图 3－14 行政垄断下 $r \geq 3.2$ 的市场结构与社会总福利

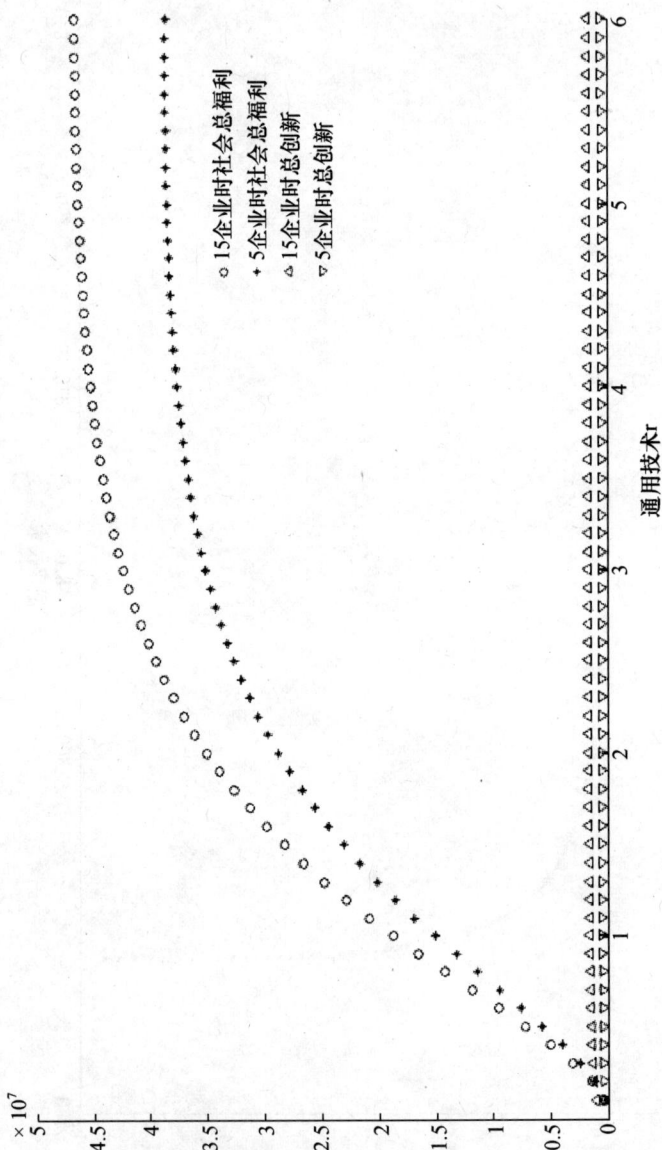

图 3 – 15　行政命令式兼并的社会总福利和总创新演化路径

与市场结构，人们会很容易联想起熊彼特假说——越垄断越创新①。对于熊彼特假说是否客观存在，研究成果的分歧引发了一场持续数十年的激烈争论。据本书不完全统计，20 世纪 60 年代至今已有八位来自不同领域的诺贝尔经济学奖获得者和数十位知名经济学家通过撰文投身到这场争论②。关于这场西方经济学界大讨论的简要概述可参见 Subodh（2002）、吴延兵（2007a）。

为什么熊彼特假说会引起如此旷日持久的激烈争议？这是因为西方学者意识到：一旦熊彼特假说成立，人类社会追求的核心生产力——创新（技术进步）——与垄断相辅相成，市场集中度越大，技术进步就越快，垄断、大型企业与社会生产力的发展方向一致。随着市场结构内生地趋于集中，大型企业的垄断势力越强，大企业家的经济权力越大，为维护西方社会自由、民主、公平的虚伪价值观，政府国有化大型企业成为一个不可避免的社会趋势。西方国家只有这样才能兼顾规模经济和技术创新。如果熊彼特假说不成立——创新与自由竞争相辅相成，充满"原子式"企业的自由竞争市场才是社会合意的理想经济稳态，社会自然不会出现市场内生的生产资料集中和经济国有化需求。

在西方经济学者眼中，熊彼特假说是否成立已成为一个决定经济形态最终走向的核心问题。自熊彼特假说提出以来，西方经济学界不断尝试给出此问题的最终答案。但数十年来的理论探索和实证研究结果众说纷纭，支持和反对熊彼特假说的文献莫衷一是。本理论模型尝试再次研究熊彼特假说，然后在下一章进行实证检验。

（一）自由竞争与熊彼特假说

在自由竞争市场，本书以市场集中度指标（赫芬达尔指数）为横轴，以总创新和每单位产量创新为纵轴，分别作图 3 - 16 至图 3 - 19。结果表明：创新的总量指标——总创新与市场结构没有显著的规律关系；创新的

---

① 在熊彼特（Schumpeter, 1950）的原话中，他只提及大企业而没有采用市场集中度等市场结构指标，因为在产业组织理论不发达的年代，他还没意识到大企业的存在实质上意味市场结构的更集中与更高的垄断程度。在以往的理论与经验研究中，中外学者或采用企业规模，或采用市场结构来考察熊彼特假说，因此我们认为两种方法描述或考察熊彼特假说是等价的。

② 根据本书的粗略统计，曾对熊彼特假说进行相关研究的八位诺贝尔经济学奖获得者分别是研究微观经济的阿罗（1962）、斯蒂格利茨（1980a）、斯彭斯（1981），新制度经济学的威廉姆森（1965），新古典学派的基德兰和普雷斯科特（Kydland and Prescott, 1982），内生增长理论鼻祖卢卡斯（1988）和新贸易理论的克鲁格曼（1979）。

水平指标——单位产量创新与市场结构也是如此；创新与垄断之间并非正相关关系，二者还呈现出一定的负相关关系。在自由竞争市场，总创新与市场结构呈现类似于"倒 U 形"的曲线关系（见图 3 - 16 和图 3 - 18），单位产量创新与市场结构则呈现一定的负相关关系（见图 3 - 17 和图 3 - 19）。

（二）行政垄断与熊彼特假说

本书接着以同样办法考察行政垄断产业中创新与市场结构的关系。附图 4 和附图 5 显示，总创新、单位产量创新与市场结构的关系分别是两条平滑曲线，但二者之间的关系不明显。本书发现，要分解通用技术 r 的区间段才能获悉其中规律。

在行政垄断产业发展初期 $r < 3.3$，总创新与垄断负相关（见图 3 - 20）。随着技术进步与产业发展，总创新与垄断在 $r \geqslant 3.3$ 区间转而变为正相关（见图 3 - 21）。从整个产业生命周期来看，总创新与市场结构的动态关系先是负相关，而后转化至正相关，即总创新与垄断呈"U 形"曲线形态。

在行政垄断产业的发展初期 $r < 3.3$，单位产量创新与垄断正相关（见图 3 - 22）；在产业成熟期 $r \in [3.3, 4.8]$，二者之间的关系转而变为负相关（见图 3 - 23）；而在产业衰退期 $r > 4.8$ 又重新转为正相关（见图 3 - 24）。随产业发展和技术进步，单位产量创新与垄断的关系不断动态变化。在产业生命周期的后半段 $r \geqslant 3.3$，单位产量创新与垄断呈"U 形"曲线形态（见图 3 - 25）①。

因此从长远来看，行政垄断产业中的熊彼特假说成立。本书据此得：

命题 3 - 7：熊彼特假说在企业可以自由进入和退出的竞争性产业中不成立，而在行政垄断规制下的产业中成立。

（三）熊彼特假说的再思考

关于生产力发展（技术创新）和生产资料集中（市场结构集中），熊彼特在其晚年写的一篇文章《在社会与经济中的共产主义宣言》（*The Communist Manifesto in Sociology and Economics*）中指出："'生产的不断变革'是在任何时刻不断地淘汰、毁灭生产及其产业结构的推动力，这意味

---

①　根据附图，a 值的改变完全不影响行政垄断产业中创新与市场结构的关系。因此模型关于行政垄断产业中熊彼特假说成立的结论是稳健的。

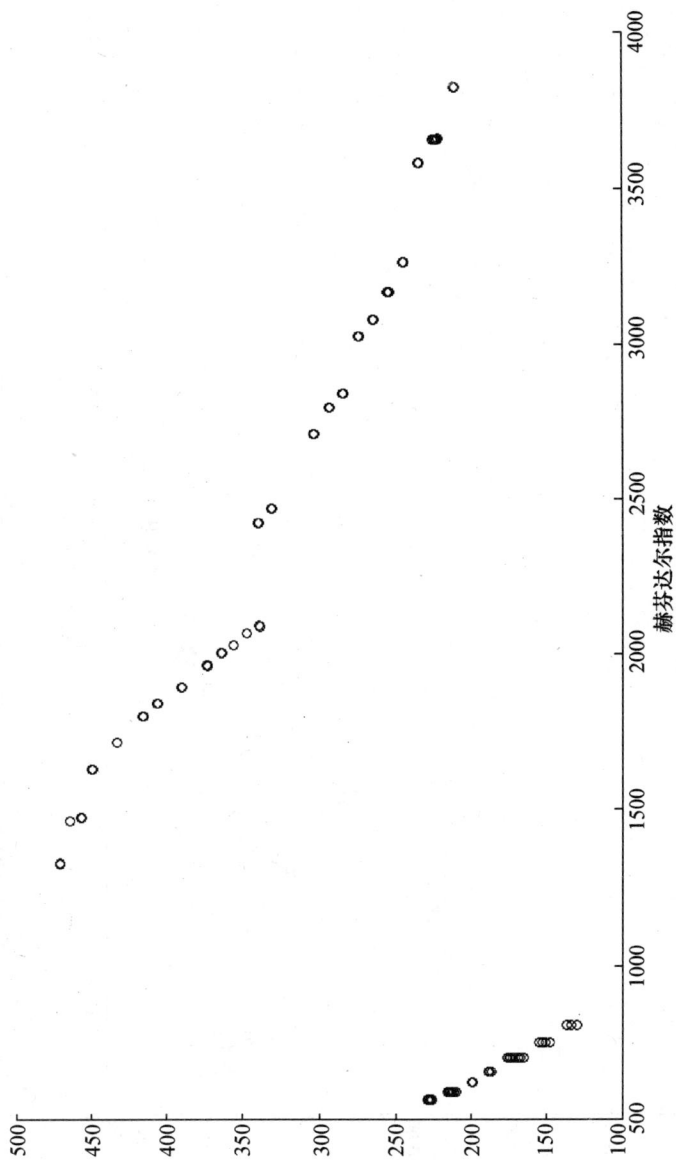

图 3 – 16 自由竞争之市场结构与总创新关系 1

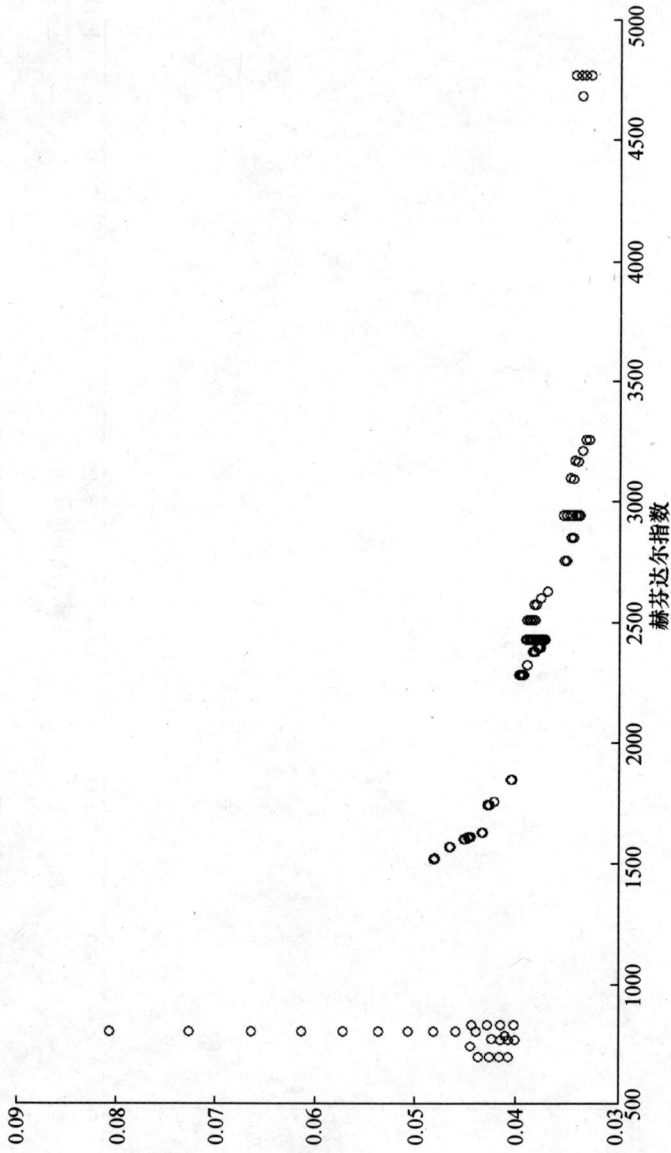

图 3 - 17　自由竞争之市场结构与单位产量创新关系 1

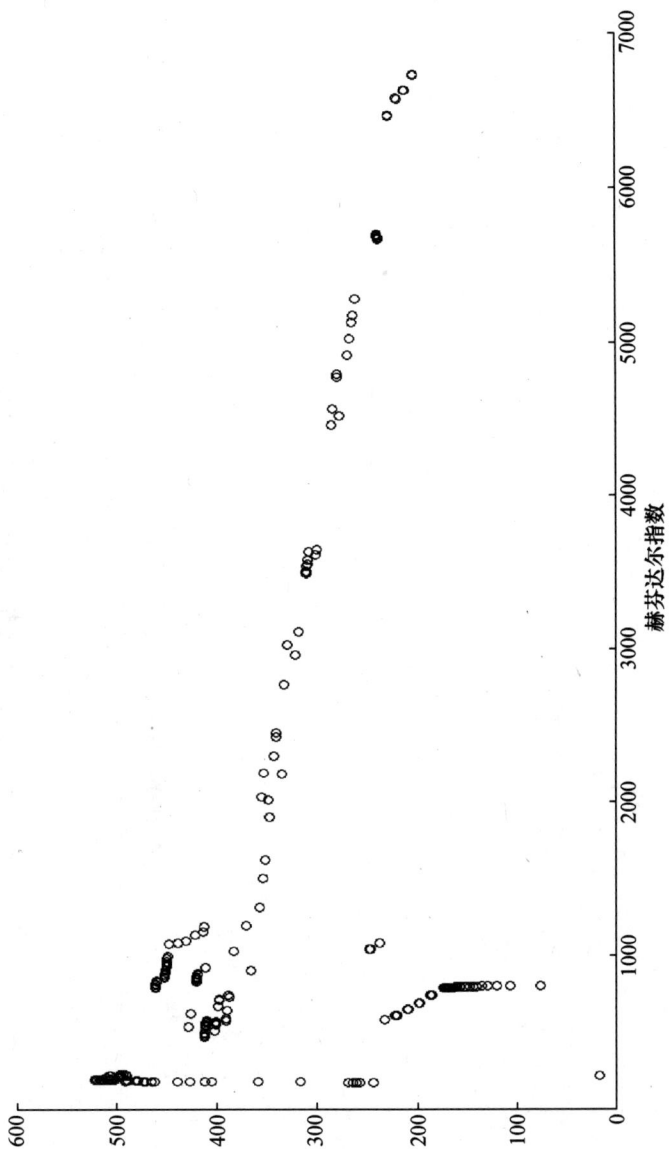

图 3－18 自由竞争之市场结构与总创新关系 2

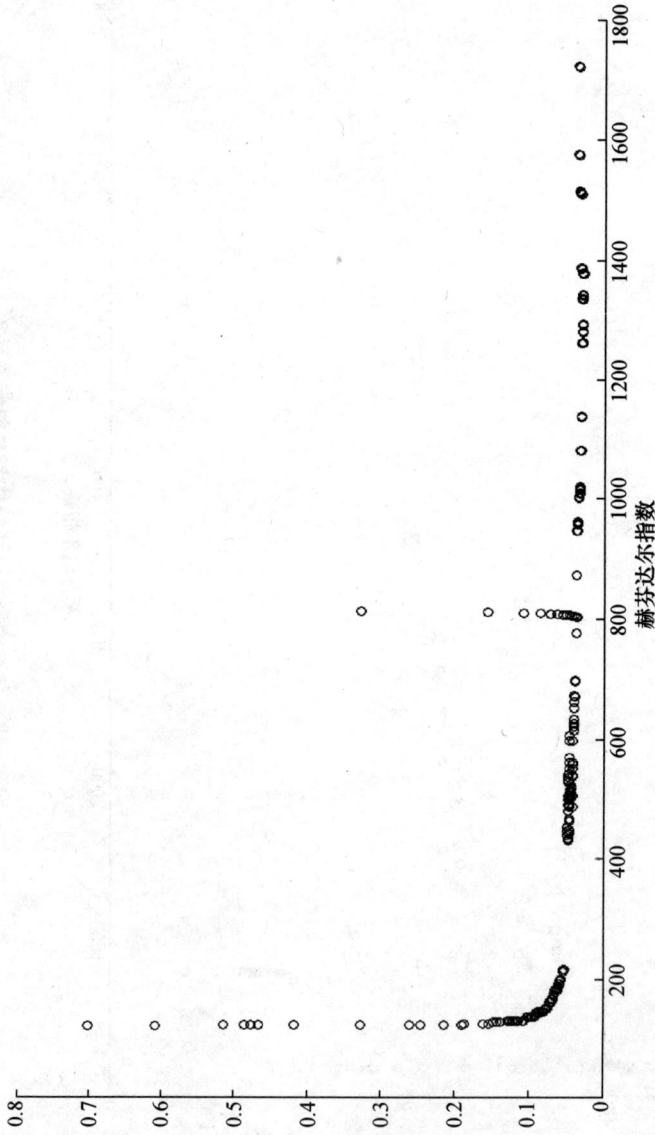

图 3 - 19 自由竞争之市场结构与单位产量创新关系 2

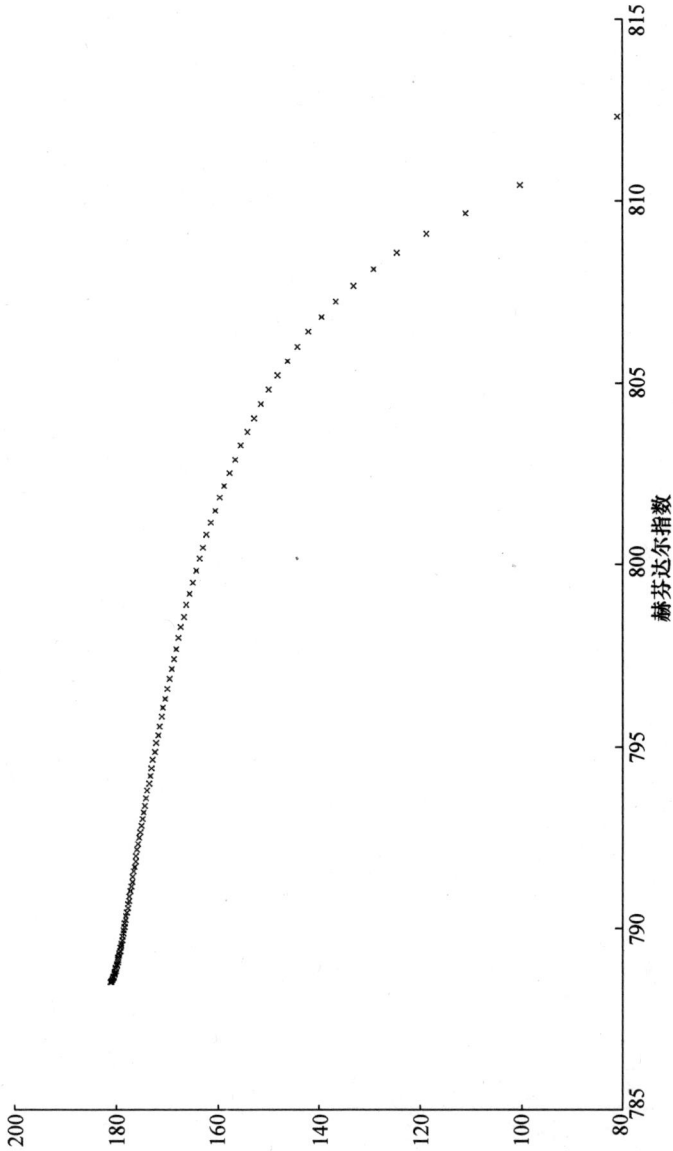

图 3 - 20 　 *r* <3.3 市场结构与总创新关系

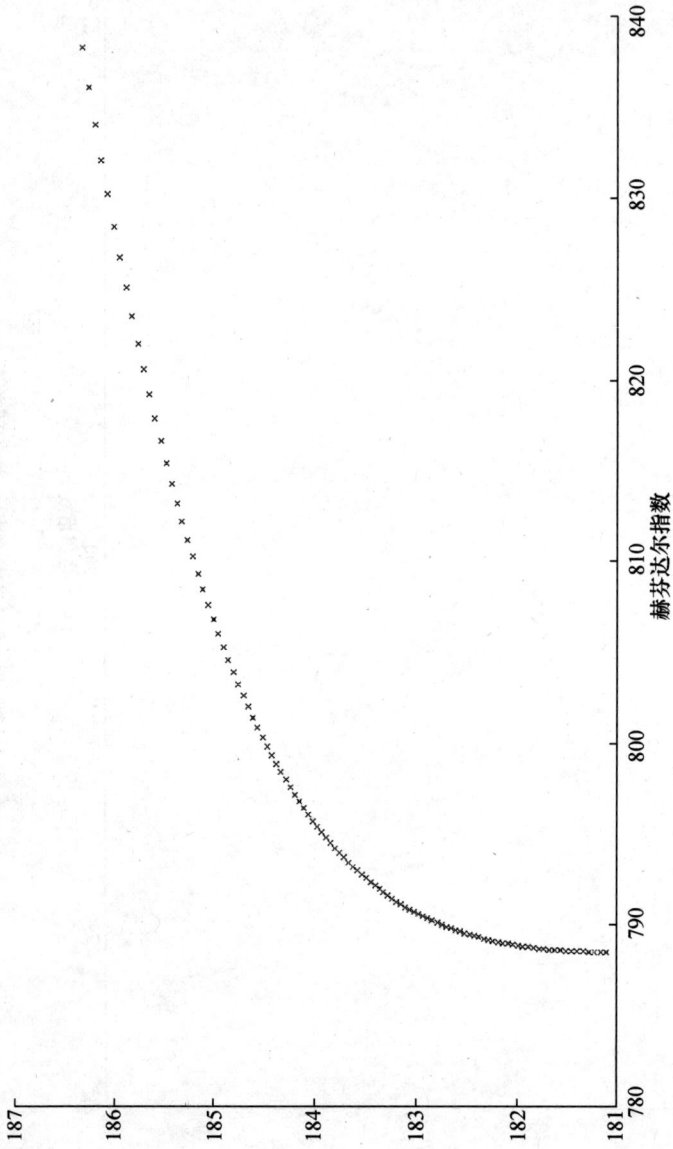

图 3 – 21 *r* ≥ 3.3 市场结构与总创新关系

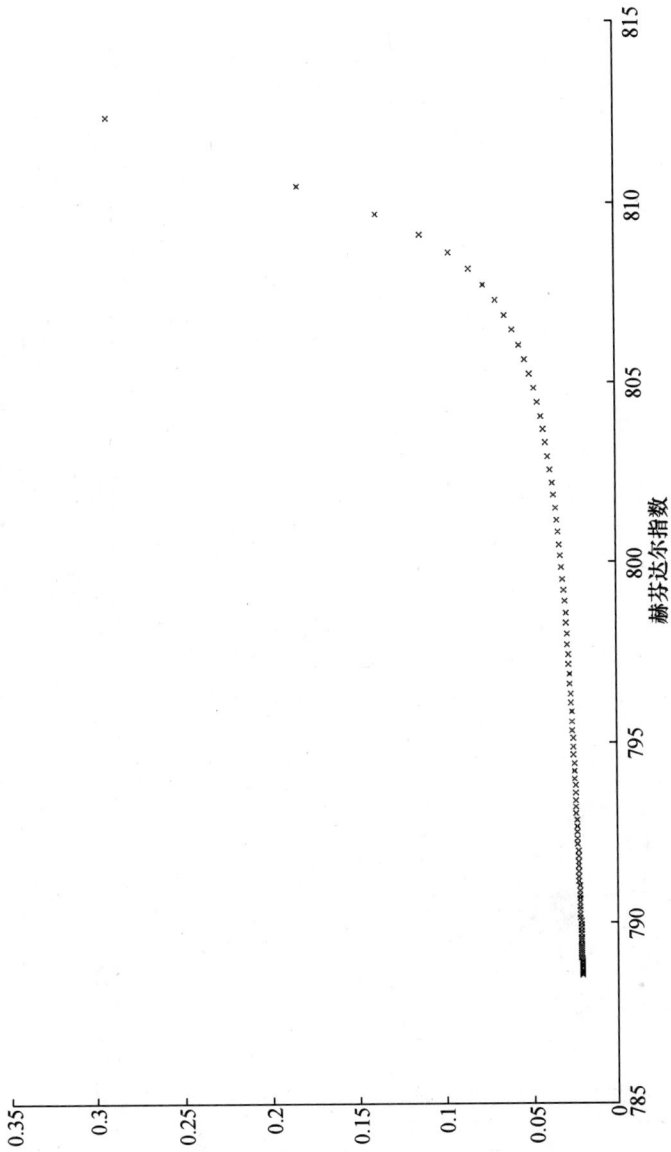

图 3 - 22 　 *r* <3.3 市场结构与单位产量创新关系

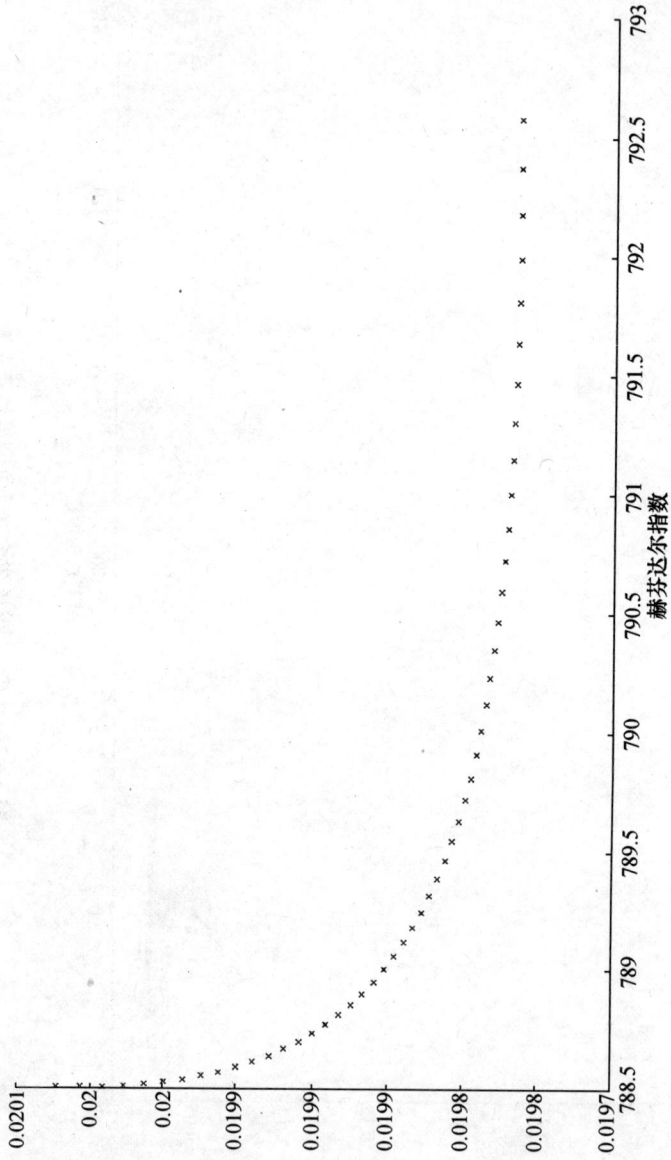

图 3 - 23　$r \in [3.3, 4.8]$ 市场结构与单位产量创新关系

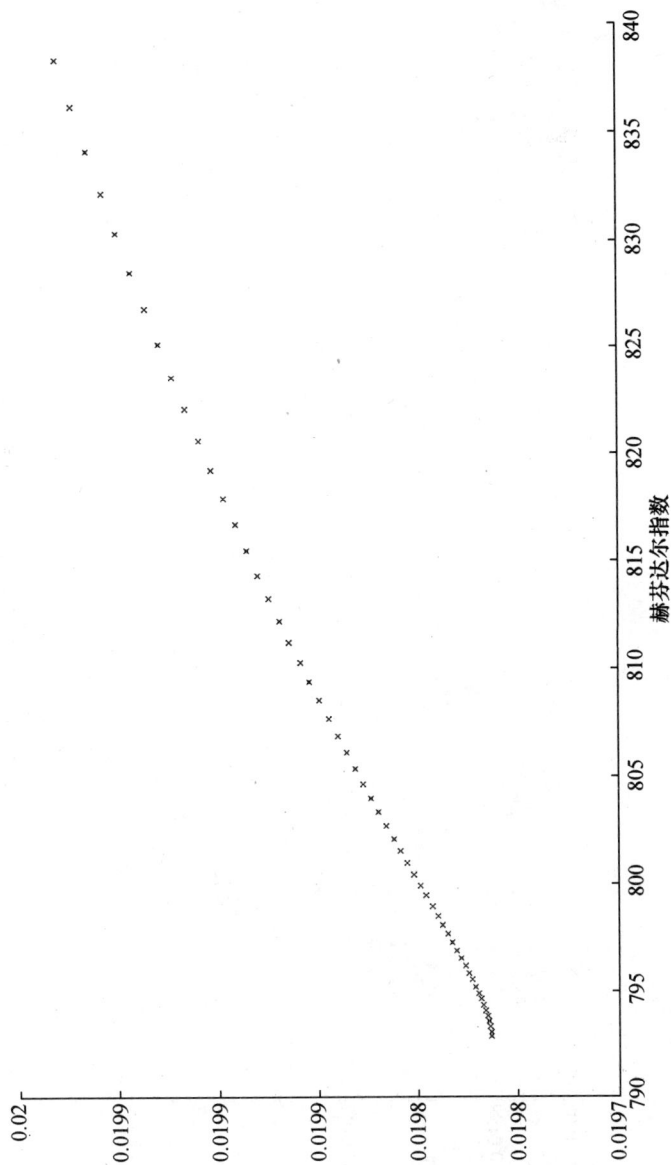

图 3 - 24　*r* > 4.8 市场结构与单位产量创新关系

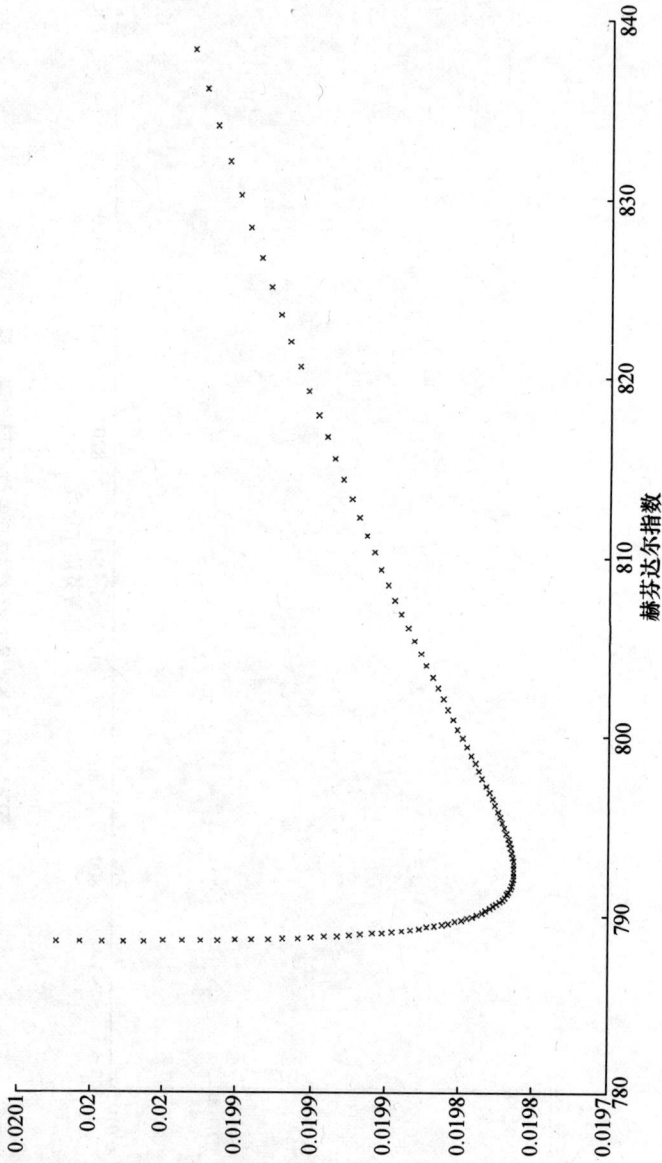

图 3 - 25 r≥3.3 市场结构与单位产量创新关系

着：资本主义是一个动态过程，静态资本主义是不存在的。资本主义动态过程不能简单地由古典经济学中的'储蓄积累资本'所构成。正如邮政马车的消失是由于铁路的出现，而不是由于邮政马车的增加一样。资本积累是资本主义动态发展的其中一个结果，而不是资本主义发展的推动力。"[①]在"创造性破坏"过程中，资本主义所创造的也同时在毁灭它自己，资本主义社会不能避免它最终解体的命运，这种反论不是资本主义发展的结果而是资本主义发展的过程（熊彼特，1999）。据此，熊彼特推导出其一生经济学思想的精华及其创新理论的逻辑终点："社会主义形式的社会将不可避免地从同样不可避免资本主义社会瓦解中出现"。当然，熊彼特没有给出熊彼特式社会主义最终实现的时间表。在提出资本主义必将灭亡、社会主义必将替代资本主义的"最终命题"[②] 后，他补充道：对于这个过程所要经历的时间来说，"一个世纪也只是一小步"[③]。生于 1883 年的熊彼特因其创新理论而备受西方经济学界推崇，而又因其创新理论推导出来的资本主义必将灭亡、社会主义必将实现的预言而饱受西方经济学界的恶意指责。

本理论模型揭示，一个产业的技术进步必将导致该产业走向灭亡，产业发展的原动力也是其灭亡的根本动因。该结论能很好地解释熊彼特的"创造性破坏"理论。无论是行政垄断产业还是自由竞争的竞争性产业，创新的"创造性破坏"都发挥根本性作用。创新不断打破原有市场均衡，使均衡与非均衡状态、旧产品与新产品不断轮转置换，创新成为破坏旧经济、创造新经济的经济动态发展之原动力。如果这时熊彼特假说成立，创新打破原市场均衡后会进一步促进市场结构集中和产业垄断，那么熊彼特信仰的人类社会最终形态无疑将出现。

模型结果显示，行政垄断产业中的熊彼特假说成立，自由竞争中的熊彼特假说不成立。在现实中，只要为各行各业建立行政垄断制度，就能保证熊彼特提出的这个经典命题（假说）成立。因此，行政垄断是熊彼特假说的充分条件。

---

① 熊彼特（1999）还提出了资本主义灭亡的其他原因，包括企业家职能的消逝、资本主义制度体系崩溃、知识分子对资本主义的不满、资产阶级家族的消亡、资本主义价值观的沦丧、资本主义暴力统治的结束等。

② Joseph A. Schumpeter, 1950, *Capitalism, Socialism and Democracy*, New York: Harper Press, pp. 13, 61.

③ Ibid., p. 163.

　　当一个国家选择了行政垄断，政府干预将为社会同时带来技术进步和规模经济，国有化自然是顺理成章的事情。一旦选择的是自由竞争，市场结构分散与技术创新相辅相成，自由竞争的市场会带来技术进步与竞争活力，这个社会不需要尾大不掉的寡头企业。

　　行政垄断制度对经济社会发展产生了关键作用。

第四节　模型结论的主要政策含义

　　熊彼特假说在自由竞争的竞争性产业中不成立，而在行政垄断产业中成立。随技术进步和产业发展，行政垄断产业的市场结构还会内生地趋于集中。行政垄断使产业乃至国民经济的在位企业垄断势力越大越好，市场垄断程度越高越好。

　　在此理论成果基础上，回过头来考察中国渐进式转轨的经验得失。1988 年版《私营企业暂行条例》及其施行办法取代 1951 年版《私营企业暂行条例》及其施行办法，标志着政府取消了全行业行政垄断。这在一定程度上直接导致了 20 世纪八九十年代涌现出的国有企业倒闭潮。在纺织服装、日用消费品、食品加工等相对自由竞争的产业中，国有企业迅速被激烈的市场竞争大面积淘汰。在局部改革行政垄断制度后，政府于1992 年正式开始国有企业股份制改革，使改革开放最终进入产权领域。30 多年来的改革时至今日，中国的国有企业在行政垄断产业依然保持着绝对优势的市场势力。除此以外的大部分产业的市场竞争相对自由，国有企业市场份额微乎其微。

　　如果国有经济改革要继续下去，今后的改革将何去何从？是沿袭原有的成功经验"先行政垄断后国有企业产权"，还是反其道行之——先产权改革后行政垄断制度改革？

　　假如选择后者，被改革的行政垄断产业内的国企会逐步转制为民营企业，在位企业在一个受行政垄断保护、缺乏新进入者竞争的产业中发展壮大。随着技术进步和产业发展，产业的市场结构必然越来越集中，民营企业获得越来越大的市场势力，并攫取大量经济利润。而政府没有任何理由阻止这种规模经济在行政垄断产业中的发展，因为市场内生的垄断势力提升是与技术进步、社会福利相符的。政府最后面临的必定是一个两难境地：少数私有产权在行政垄断保护下获得超额的经济利润,严重损害社会公平;如果将民营企业国有化,确实能在不损失效率的前提下维护社会公平,但改革的努力付诸流水,产业重新回到行政垄断和国有企业并存的改革前态势。

因此,在改革行政垄断制度前进行国有企业产权改革,既没效率又损害公平。

最典型的经验教训是中国房地产业。改革开放前,居民住宅是国家提供的国民基本福利,房地产项目完全由政府或职工单位筹建,建筑施工任务由国有建筑企业完成。加上土地使用制度①和建筑技术、装备的限制,改革开放初期从事房地产建设的企业绝大部分为国有企业。后来,房地产业于20世纪八九十年代开始了股份制改革,众多房地产企业从国有企业(或集体企业)摇身一变成为民营企业。制约于数据的可获得性,本书难以统计出当年有多少国有房地产企业成功转制为民营企业,但从当今房地产业的现状可见当年盛况一斑。

本书以中国房地产测评中心的"2009年上半年中国房地产企业销售金额前10位排名"为考察样本,基于媒体报道及企业官方网站等相关资料统计得出②:除两家国有企业——保利地产和中国海外发展外,其余8家10强企业均为民营企业,而民营企业中只有富力地产、恒大地产不是由国有(集体)企业转制而来。其中,万科前身为深圳市下属国有企业——深圳现代科教仪器展销中心;万达集团前身是大连市西岗区下属国有企业——西岗区住宅开发公司;绿地集团前身为上海市农委和建委下属国有企业——上海绿地综合开发公司;世茂地产前身为上海市黄浦区下属国有企业——上海万象集团;华润置地(华远地产)前身为北京市西城区国有企业——西城区华远建设开发公司;金地集团前身为深圳市上步区下属国有企业——上步区工业村建设服务公司。而进入该排名榜前20位的民营企业还有碧桂园、龙湖地产、大华集团等,其中碧桂园前身也是顺德

---

① 在1994年版《中华人民共和国城市房地产管理法》、1998年版《城市房地产开发经营管理条例》以及1998年版《中华人民共和国土地管理法实施条例》生效前,1986年版《中华人民共和国土地管理法》、1991年版《中华人民共和国土地管理法实施条例》等法规并没有明确赋予非全民(集体)所有制企业通过土地转让获得土地使用权的资格,房地产业实质上针对私营企业设置了一定的行政垄断。事实上,国有房地产企业大规模转制为私营企业现象正是在1994年相关法律法规出台后才出现的。

② 各企业及企业家背景的资料均来源于企业官方网站和其他网络;中国房地产测评中心提供的企业排名源于http://house.sina.com.cn/dcbg/2009-07-01/0212318156.html。

市北滘镇下属国有企业——北滘建筑工程公司；龙湖地产初创时的控股母公司为中国建筑工程总公司的子公司——中建科产业有限公司；大华集团前身为上海市下属国有企业——宝山区大场乡商品住宅开发公司。本书虽然未能统计当今房地产业中的所有成功转制个案，但从中还是可以明显看出中国房地产业曾经历过较大规模的股份制改革。

与此同时，房地产业的行政垄断制度从未被取消，甚至在 20 世纪 90 年代得到加强，尤其是依据 1994 年版《城市房地产管理法》制定的 1998 年版《城市房地产开发经营管理条例》和 2000 年版《房地产开发企业资质管理规定》。通过这些法律法规，房地产业的行政垄断制度逐步完善。上述法律法规规定：房地产项目必须"符合土地利用总体规划、年度建设用地计划和城市规划、房地产开发年度计划的要求；按照国家有关规定需要经计划主管部门批准的，还应当报计划主管部门批准，并纳入年度固定资产投资计划"；房地产企业必须按照其注册资本、近三年及上一年的已竣工建筑面积、企业年资、专业人才数量、质量保证等标准，由各级建设部门审批并划分企业资质，除一级资质企业可以不受限制从事全国范围内的房地产项目外，二级及以下资质的企业最多只能承担建筑面积为 25 万平方米的项目，各级资质企业的具体业务限制范围可由省、自治区、直辖市的建设部门另行制定。房地产企业进入市场须经地方政府的建设部门核准，房地产项目也须经建设、规划、国土、发改等行政机关的核准。与经济性资本进入壁垒不同，这些关于资本、经验、人力资源、信誉的进入壁垒完全由强制性的法律法规和行政干预组成，是典型的行政垄断。时至今日，房地产业的行政垄断制度依旧强而有力。

在局部产权改革与行政垄断并存的制度环境下，房地产业的发展轨迹与众不同。在行政垄断保护下，中小企业逐步被激烈竞争所淘汰，大型企业逐渐做大做强，产业的规模经济效应愈发明显，市场结构内生地愈加集中。随之而来的是，在位企业的经济利润和技术水平越来越高，提供的社会总福利（当然这里面消费者剩余的份额不多）也越来越多。房地产业的以上发展历程完全吻合命题 3 - 5、命题 3 - 6——随技术进步和产业发展，行政垄断规制下的市场结构必然内生地趋于集中，且这种内生垄断与社会福利合意。在行政垄断和市场经济共同作用下，房地产业实现了高速发展，甚至成为国民经济的支柱产业。

房地产业与纺织服装、日用消费品等竞争性产业不同，产业内的国有、民营房地产企业都能攫取高额的利润。房地产业与电信、石油等从未改革的行政垄断产业也不同，民营房地产企业积攒下来的庞大市场势力逐渐蚕食人与人之间的社会平等，使效率与公平的天平越来越倾向前者。这或许是当今中国频繁出现暴力反抗拆迁的群体事件、青年人对房价不满等社会现象的根源之一。因为国有企业给出的高价格往往没有民营企业给出的高价格那般刺眼，国有企业攫取的高利润也没有民营企业的高利润那般让人不满，尽管电信、石油、汽车等国有企业产品价格也是高得吓人。毕竟，这些世界500强企业是全民所有（制）的。

　　另外，各地国资委辖下的地方国有企业，在这个受行政垄断保护而获高利润的产业所占市场份额不多，且房地产企业合理避税的办法很多。由于《宪法》规定"城市的土地属于国家所有"、农村、城郊土地归国家和集体所有，地方政府因而在一定程度上支配着土地使用权。作为土地供给方的政府以土地转让金作为地方政府的主要财政收入来源自然顺理成章，这或许是导致房地产项目的土地转让价格居高不下和房价高涨的重要因素。

　　改革开放以来，在部分产业先改革行政垄断而后进行产权改革的经济转轨模式，无疑是我国经济发展获得巨大成功的重要原因。但房地产业的例外导致了该产业畸形发展。今后行政垄断产业的发展之路还很漫长，自然也充满不确定性，但可以肯定的是——改革行政垄断前就进行国有企业产权改革，很可能会严重损害社会的公平和稳定以及改革效率。行政垄断制度改革是国有企业产权改革的关键，而在改革行政垄断前进行的产权改革则注定事倍功半。

　　总之，国有企业产权改革离不开行政垄断制度改革。

　　上文从一个侧面对国内经济学界热议的国有企业产权改革进行了一定程度的反思——当一个产业还处于行政垄断规制下，无论是股份制改革还是MBO等形式的国有企业产权改革，既不能将消费者剩余物归原主，更损害了社会的公平和稳定。这样的改革是否有效和合理？反观东欧转轨国家，正是意识到行政垄断制度改革的重要性，它们在实施激进的产权改革之际，不约而同地制定一系列严厉的反行政垄断法律，迅速取消几乎所有产业中的行政垄断。其实，改革开放以来，中国经济大发展也是由取消全行业行政垄断、允许私有产权进入部分产业开始的。在行政垄断的改革思路上，渐进转轨和激进转轨从根本上是一致的。转轨的激进只体现在：其行政垄断改革是一下子作用于整个国民经济的全行业，且与激进的产权改革同时一步到位，而我们则在不断重复一次又一次的局部改革。

第五节　小结

第二章研究了行政垄断制度现状与特征，本章进而讨论行政垄断制度在产业层面的经济绩效。理论研究从产业组织视角出发，尝试综合创新的成本节约和需求刺激效应，构建了一个动态的创新与产量竞争模型，揭示行政垄断对一个产业的市场运行和动态发展所产生的具体影响。主要结论如下：

（1）行政垄断规制下的产业生命周期比自由竞争市场的长。

（2）在市场经济中，行政垄断会导致更高的市场价格，并使在位企业攫取更多的经济利润。

（3）行政垄断会同时损害一个产业的社会总福利、消费者总剩余和总消费量。

（4）行政垄断会损害产业的创新总量和单位产量创新，抑制整个产业的技术进步。

（5）随着技术进步和产业发展，行政垄断规制下的市场结构会内生地趋于集中，市场集中度（垄断程度）越来越高。而且这种市场内生出来的垄断程度（市场集中度）提升与社会福利合意，在位企业的垄断势力越大越好。

（6）熊彼特假说在企业可以自由进入和退出的竞争性产业中不成立，而在行政垄断规制下的产业中成立。

行政干预与高价格、高利润是否存在必然联系？本章给出了如下答卷——相对于自由竞争的竞争性产业，行政垄断使一个产业形成较高的市场价格，受该制度保护的企业就能获得更多利润。高价格、高利润是行政垄断制度的独特经济绩效，而消费者只能接受行政垄断和市场共同给出的这种纳什均衡和帕累托最优，因为独自行动不可能提高需求方效用。

行政垄断制度能给在位国有企业带来高价格和高利润，从而保证国有经济主体地位。因此，行政垄断制度会在渐近转轨中的我国长期存在。以至于此，《反垄断法》才会"豁免"中国行政垄断的主要形式——行业性行政垄断。行政垄断制度的重要性不言而喻。

第四章　行政垄断与市场结构：
一个实证检验[①]

第三章的模型结果表明：在行政垄断产业，创新与市场集中度在技术水平较低的产业发展初期呈现"倒U形"曲线关系，在技术水平较高的产业成熟期则呈现"U形"曲线关系。从长远看，行政垄断产业中熊彼特假说成立。

Lee（2005）较早尝试在一个行政干预传统较强的国家——韩国进行实证探索，结果发现：以食品饮料、纺织服装、木材、石材、黏土及玻璃为主，处于技术成熟、产业发展成熟期的258个产业，其创新与垄断呈"U形"曲线关系或线性关系正相关，即熊彼特假说成立；以化工、机械、电子为主，处于技术快速上升、产业发展初期的137个产业，其创新与垄断呈"倒U形"曲线关系或线性关系负相关，即熊彼特假说不成立。Lee（2005）的实证结果与本书图3-20至图3-25的模型结论不谋而合。

本书的理论研究还表明，自由竞争市场中的创新与垄断接近"倒U形"曲线关系，熊彼特假说不成立。本书据此得命题3-7——熊彼特假说在自由竞争市场中不成立，在行政垄断产业中成立。

假如命题3-7揭示的经济规律在现实中客观存在，行政垄断产业的市场结构与创新将呈"U形"曲线关系（见图3-25）[②]；竞争性产业的创新与市场结构则为"倒U形"曲线关系（类似于图3-17至图3-19）。本章将实证检验产业间"U形"和"倒U形"的差异是否客观存

---

① 本章的部分内容已发表在《经济学（季刊）》2011年第10卷第2期。

② 这里我们忽略了图3-22的理论模型结果，即没有考察处于行政垄断产业的幼稚期。其原因是，首先本书采用了规模以上工业企业数据库，该数据库不会统计处于发展起步期的中小企业。处于幼稚期的产业理所当然以中小企业为主，所以数据库的样本很可能已经剔除了新兴产业。其次，在本书的数据来源中，国家统计局很可能会将新出现的幼稚期产业与原来已经成熟的四位数产业合并统计，不会对新兴产业进行独立统计，而且我国的行政垄断产业也很少处于幼稚期。综合考虑，本章研究视样本数据不来自新兴产业。

在，从而检验行政垄断制度对市场结构产生的重要影响。

国内以往关于行业性行政垄断的实证成果比地区性行政垄断的少很多，其主要原因是——学者很难在现实中区分出哪些产业处于行政垄断，哪些产业处于自由竞争。现有的理论研究（包括本书在内）通常假设，产业要么处于绝对的行政垄断（企业完全不能自由进入和退出市场），要么处于完全自由的市场（市场不存在任何行政干预）。如此纯粹的假设只是理论研究的合理抽象。我们几乎不可能在现实世界找到一个完全没有行政垄断或政府干预的国家或地区。而要获得一些处于绝对行政垄断的国家（如朝鲜）的经济数据也近乎不可能，何况它们往往没有市场经济。

根据第二章的研究，在我国的部分产业，特别是"国有经济占控制地位的关系国民经济命脉和国家安全的行业"[①]，行政垄断干预相对较强。另一部分产业则进行着相对自由的市场竞争。由于渐进转轨造就了如此特殊的制度环境，只要本书找到能合理代表行业性行政垄断的变量，中国经济自然成为实证研究行政垄断的理想试验场。

第一节　实证研究回顾

围绕命题 3 - 7 的熊彼特假说，西方经济学界展开了持续数十年的激烈争论。经验研究结果不稳健是这场争论旷日持久的根本原因。实证成果之间常常互相矛盾，导致熊彼特假说的理论研究缺乏可靠的经验证据。支持和反对熊彼特假说的两派学者似乎均不能说服对方。

在国内，创新与市场结构关系的经验研究也是经久不衰的话题。支持熊彼特假说的文献主要有魏后凯（2002）、安同良等（2006）、张长征等（2006）、张倩肖和冯根福（2007）、杨勇和达庆利（2007）、戴跃强和达庆利（2007）；不支持熊彼特假说的文献主要有 Jefferson 等（2004）、周黎安和罗凯（2005）、吴延兵（2006，2007b，2008）、朱恒鹏（2006）、白明和李国璋（2006）、陈羽等（2007）、聂辉华等（2008a）。为简洁地进行文献综述，本书将上述研究成果分类、归纳为表 4 - 1。其中，持"U形"曲线关系结论的文献支持"越垄断越创新"的熊彼特假说，持"倒

---

　　① 摘自《中华人民共和国反垄断法》第七条。

U 形"曲线关系结论的文献不支持熊彼特假说。

　　表 4-1 显示，以往研究结论极不稳健，甚至互相矛盾。一般认为，实证结果的不稳健主要由产业差异、地区差异、数据源、时间段、计量模型、指标选取等计量方法不一致造成。但根据命题 3-7，创新与市场结构之间的不稳健关系是市场经济和行政垄断共同作用下的市场内生结果，是由市场机制所决定的。

　　本书推测：以往关于熊彼特假说是否成立、创新与垄断是呈"U 形"还是"倒 U 形"曲线关系的实证研究，出现结论分歧的根本原因是——行政垄断和允许自由竞争所造成的制度环境差异，而非实证方法论或其他枝节问题。以往看似矛盾对立的实证研究其实都没错，只是以往研究并没有考虑行政垄断这个关键的制度因素。把来自行政垄断和自由竞争市场的产业放在一起进行计量回归，此举势必造成实证结果不稳健。

表 4-1　　　　　　　　　　　以往实证研究的回顾与分歧

观点	作者	被解释变量	解释变量	主要控制变量	数据来源	数据层次/模型	主要结论
支持熊彼特假说	魏后凯 (2002)	研发经费/销售收入、新产品销售额/销售收入	CR_4		美国数据	产业/截面	垄断促进创新
	安同良等 (2006)	研发经费/销售收入	员工数		问卷调查	企业/截面	创新与企业规模呈现类似于"U 形"的"V 形"曲线关系
	张倩肖等 (2007)	专利拥有量、研发经费	员工数、销售收入		中国高技术产业统计年鉴	企业/面板	创新与企业规模正相关
	张长征等 (2006)	研发经费/销售收入、研发人员/总员工数	总资产		上市公司数据	企业/截面	创新与企业规模正相关
	杨勇等 (2007)	研发经费、新产品销售	员工数	技术机会、员工总收入	问卷调查	企业/截面	创新与企业规模正相关
	戴跃强等 (2007)	研发经费/总资产	销售收入		问卷调查	企业/截面	创新与企业规模正相关

观点	作者	被解释变量	解释变量	主要控制变量	数据来源	数据层次/模型	主要结论
不支持熊彼特假说	Jefferson等（2004）	研发经费/销售收入、专利申请量	CR_2、销售收入	国有经济比重、销售利润率	规模以上工业企业数据库	企业/面板	市场结构与创新呈"倒U形"曲线关系，企业规模与创新关系不显著
	周黎安等（2005）	专利申请(拥有)量/人口数	平均员工数、平均总产值	人均GDP、进出口、FDI、财政支出	专利数据库、《新中国五十年统计资料汇编》	省级宏观/面板	企业规模与创新呈不显著的"倒U形"曲线关系
	朱恒鹏（2006）	研发经费/销售收入	总资产、销售收入	利润、定价能力、资本密集度、资产负债率	问卷调查	企业/截面	企业规模与创新呈"倒U形"关系
	白明等（2006）	专利拥有量、科技经费筹集、新产品销售收入	CR_8	非国有经济比重	第一次全国经济普查	产业/截面	市场结构与创新显著负相关
	陈羽等（2007）	研发经费	勒纳指数、总产值	国有经济比重	《中国科技统计年鉴》	产业/面板	市场势力、企业规模与创新呈"倒U形"曲线关系、国有经济比重影响显著
	吴延兵（2006a）	申请专利/员工数、新产品销售额/销售收入	销售收入	国有经济比重、研发经费/销售收入、研发人员/总员工数、政府科技拨款	《中国科技统计年鉴》中的大中型工业企业数据	产业/面板	创新（新产品销售收入）与企业规模呈"倒U形"曲线关系、国有产权对创新没有稳定的显著影响，政府补贴促进创新
	吴延兵（2007b）	研发经费/销售收入、新产品销售额/销售收入	CR_4、CR_8、HHI、平均总资产	国有经济比重、技术机会、销售利润率、资产负债率、广告支出	2002年工业普查	产业/截面	CR_4、CR_8与创新呈不显著的"U形"曲线关系、赫芬达尔指数、企业规模与创新呈不显著的"倒U形"曲线关系、国有产权对创新没有显著的影响

续表

观点	作者	被解释变量	解释变量	主要控制变量	数据来源	数据层次/模型	主要结论
不支持熊彼特假说	吴延兵(2008)	研发经费/销售收入、新产品销售额/销售收入	CR₄、CR₈、HHI、平均资产	国有经济比重、技术机会、销售利润率、资产负债率、广告支出	2002年工业普查	产业/截面	市场结构、企业规模与创新呈"倒U形"曲线关系、国有产权对创新没有显著的影响
	聂辉华等(2008a)	研发经费/销售收入	CR₄、销售收入、勒纳指数	国有经济比重、销售利润率、资本密集度	规模以上工业企业数据库	企业/面板	市场结构、企业规模、市场势力分别与创新呈"倒U形"曲线关系，国有经济比重影响显著

说明：表4－1中所引各文对部分变量的称谓不统一，本书进行了统一处理。其中 CR_4、CR_8 分别为4厂商、8厂商市场集中度，两个指标均为衡量市场集中度的市场结构变量。所引各文对市场势力指标勒纳指数（Lena Index）的计算方法也各不相同。聂辉华等（2008a）使用广告/销售收入，陈羽等（2007）则使用价格成本加成法计算。

第二节　数据处理与变量分析

一　行业性行政垄断的测度

行业性行政垄断是一个难以客观考察的变量，刘小玄（2003a）较早在这个领域开展探索。她提出：国有大中型企业的市场份额越大，表明该产业的行政垄断较强；反之，表明行政垄断较弱，国有经济比重反映出行政垄断的强弱。她选择国有大中型企业的市场份额比重作为行政垄断强度的代表变量。

白重恩等（2006）也提出，行业性行政垄断的强度采用国有企业比重来衡量最为适合。丁启军和伊淑彪（2008）指出：产业的国有经济比重大意味着民营企业较难进入市场，国有经济比重是行业性行政垄断的合理代表变量。余东华和王青（2009）采用国有工业企业的相对数量来代表行政垄断的程度。在于良春和张伟（2010）的实证研究中，衡量行政垄断强弱的结构指标由最大几家国有企业的市场份额组成。

　　陈斌等（2008）根据德尔菲法以上市公司数据，对民营企业面临的进入壁垒进行评估，实证结果发现：在行业壁垒指数低于7的产业，民营上市公司比重显著高于国有上市公司比重；在行业壁垒指数高于7的产业，民营上市公司比重低于国有上市公司比重。因此，国有经济比重与产业的进入壁垒强度正相关。虽然陈斌等（2008）所指的进入壁垒并非专指行政进入壁垒，但罗党论和刘晓龙（2009）认为，陈斌等（2008）所谓的"管制行业"，其市场准入在我国一直受到行政审批和项目核准的规制，行政垄断是造成这些产业进入壁垒高的根本原因。在此基础上，罗党论和刘晓龙（2009）继续使用上市公司数据研究行业性行政垄断，得出结论："这种行政性的行业管制，使这些垄断行业存在着高额的利润。"

　　综上所述，国有经济比重是学界衡量行业性行政垄断强弱的主要标准，因而是行业性行政垄断的合理代表变量。本书假设：政府会对国有经济比重较大的产业实施较强的行政垄断，国有企业的市场份额在行政垄断保护下自然维持高水平，国有经济比重与行业性行政垄断强度高度正相关。

　　本书将国有经济比重作为行业性行政垄断的代表变量。

二　数据来源与变量处理

　　研究行政垄断与市场结构，使用产业层面数据最为适宜。但国内产业层面数据库不多，范围及精确度都比不上企业层面数据库。中国统计信息服务中心编制的"中国工业企业数据库"在国内微观企业数据库中较为权威。笔者发现：该数据库中二位数产业代码相同的企业数据加总就是中国统计年鉴公布的行业数据。

　　有鉴于此，本书以该数据库为企业层面数据的来源，核算出所有四位数产业的相关指标的加总数据。比如，某个产业的利润总额由该数据库提供的产业内所有企业的利润总额加总而成。由于2005年之前的样本缺少"研究开发费"这项关键指标，2007年数据显示，仅有10.51%的样本企业报告了"研究开发费"，数据完整率较2005年的30.78%、2006年的29.29%出现大幅下降。为此，本书仅使用2005年、2006年的数据来构建截面数据模型。

　　本书在2005年的270982个和2006年的300849个企业样本中，通过数据库公布的四位数产业代码进行产业指标计算，共得出524个四位数产业横跨两年的1048个样本。考虑到如果一个产业的在位企业总量过少，其赫芬达尔指数及其平方项会很大，在一定程度上干扰了回归估计。而且这些企业数很少的产业大部分具有军事或国家垄断属性（如放射性金属矿采选、核燃料加工、武器弹药制造、雷达及配套设备制造、铸币及贵金属制实验室用品制造等），产业内基本没有市场竞争。为此，本书将企业总数在 2005 年和 2006 年均少于 15 家的产业剔除出总体样本，最终得到 505 个四位数产业横跨两年的 1010 个样本。

结合国家统计局课题组（2001）、徐国祥和苏月中（2003）的办法，本书选取"国有总资产在行业中的比重"和"国家资本在行业中的比重"作为国有经济比重变量。

国家统计局课题组（2001）提供的国有资产比重的具体核算方法是，使用数据库中某个产业内"登记注册类型"为国有企业、国有独资企业、国有联营企业、集体企业、集体联营企业、国有与集体联营企业的企业资产总额和除以整个产业的资产总额。本书发现：在"中国工业企业数据库"中，很多明显是国有性质的企业，甚至是知名的国有上市企业都在"登记注册类型"一栏填写了性质不明确的"股份有限公司"、"其他有限责任公司"、"其他企业"等。这很可能会造成统计偏误，使样本数据体现出来的国有经济总资产比重被低估。为使该指标尽可能真实反映国有经济比重，本书把"国有联营企业"、"集体企业"、"集体联营企业"、"国有与集体联营企业"等企业也算作国有企业，尽管该类型企业的数量和市场份额均很少。

徐国祥和苏月（2003）提供的国有资本比重的具体核算方法是，使用某个产业的国家资本金加集体资本金的总额除以产业实收资本总额。本书沿用此法。

表 4 - 2 显示以上两个国有经济比重变量的统计特征相似，但同一产业的两项指标差异较大。本书遂以之作为衡量行业性行政垄断的两个独立代表变量[①]。

根据表 4 - 1 的研究经验，结合数据的可获得性，本书选取研究开发费/产品销售收入作为衡量企业创新力度的被解释变量。由于大部分产业的企业数量庞大，CR_4、CR_8 等市场集中度指标太小，可信度受到影响。解释变量市场结构使用另一个通用指标——赫芬达尔指数 HHI。本章实证

———————

① 依据这两个不同的指标进行样本分组，也是检验回归结果稳健性的一种有效办法。

研究使用的市场结构变量与上一章理论模型完全一致，创新力度变量 *R&D* 也与上一章的单位产量创新变量相对应。

本书依据表 4-1 和数据可获得性，进一步添加控制变量。销售利润率 *M* 主要控制产业特征和平均市场势力，政府补贴力度 *S* 主要控制政府的产业扶持力度和"软预算约束"程度，资产流动比率 *Liquid* 为常用财务指标，用以控制产业特征。

变量定义、核算方法及其统计特征见表 4-2。

表 4-2　　　　　　　　　　　　变量定义及统计特征

	变量	变量定义与数据处理	观测值	均值	最大值	最小值	标准差
被解释变量	*R&D*	创新力度 = 研究开发费/产品销售收入	1010	0.0176	0.4156	0.0006	0.0195
解释变量	*HHI*	市场结构 = 赫芬达尔指数	1010	464.6789	6324.611	11.0259	654.1706
国有经济比重变量	Ratio1	国有资产比重	1010	0.1576	0.9726	0	0.1782
	Ratio2	国有资本比重	1010	0.1526	0.9039	0	0.1542
控制变量	*M*	销售利润率 = 销售利润总额/产品销售收入	1010	0.0591	0.5574	-0.0521	0.0450
	S	政府补贴力度 = 补贴收入/产品销售收入	1010	0.0030	0.0652	0	0.0051
	Liquid	资产流动比率 = 流动资产合计/资产总计	1010	0.5560	0.8609	0.1039	0.1093
其他变量	*N*	某产业的企业总数（个）	1010	566.1347	12304	13	963.6880
	Mon	销售利润总额（千元）	1010	3376462	362838904	-38150316	16350351
	Sales	产品销售收入（千元）	1010	55392597	1783572931	249611	128415773

说明：除国有经济比重变量外，所有变量均使用某产业的指标数值之和相除。比如计算 *R&D*，先计算该产业中所有企业的研究开发费之和，再算产品销售收入之和，然后两者相除得出该变量。*HHI* 的计算采用公式 $\sum_{i=1}^{N} [10000 \times (q_i/Q)^2]$，$q_i$ 为企业的销售收入，Q 为整个产业的销售收入总额。

三　国有经济比重与行业性行政垄断

在行政垄断产业，政府对企业的市场准入干预力度较大，很可能导致产业内在位企业数量相比于自由竞争市场更少。如果国有经济比重变量能合理代表行业性行政垄断，国有经济比重对在位企业数量的作用方向应与行业性行政垄断一致，即国有资产比重 $Ratio1$、国有资本比重 $Ratio2$ 变量与在企业总数 N 显著负相关。

下面对国有经济比重变量与企业总数 N 的统计关系进行简单的截面模型最小二乘法（OLS）回归估计。以企业总数 N 为被因变量，建立回归方程：

$$N = 448.7586 - 0.000003532 \times Mon + 0.000003803 \times Sales - 516.1924 \times Ratio1$$
$$(0.0000) \qquad (0.0544) \qquad\qquad (0.0000) \qquad\qquad (0.0005)$$
$$R^2 = 0.2693 \quad F. = 123.6171 \tag{4.1}$$

$$N = 456.3561 - 0.000002967 \times Mon + 0.000003801 \times Sales - 594.7125 \times Ratio2$$
$$(0.0000) \qquad (0.1086) \qquad\qquad (0.0000) \qquad\qquad (0.0006)$$
$$R^2 = 0.2690 \quad F. = 123.4143 \tag{4.2}$$

变量定义见表 4-2，括号内为变量系数 t 统计量的 P 值。回归结果表明，国有资产比重 $Ratio1$、国有资本比重 $Ratio2$ 与企业数量 N 显著负相关。国有资产比重和国有资本比重每增大一个百分点将减少 5.16 家和 5.95 家企业。变量系数显著且对企业数量影响较大。总销售收入 $Sales$ 与企业总数 N 正相关，总销售利润 Mon 与 N 负相关，均符合以往的理论与经验研究。然而，$Sales$ 和 Mon 变量每变化 1 亿元，只能在产业内增加或减少不足 40% 的企业。两个变量虽然在统计上显著，但影响力却微乎其微。

以上分析表明，本书选取的两个国有经济比重变量 $Ratio1$ 和 $Ratio2$ 能在一定程度上反映政府对在位企业数量的干预力度。一个产业的国有资产、资本比重越大，在位企业数量越少。本书据此判断，国有资产和资本比重是行政垄断强度的合理代表变量。

第三节　计量模型与回归结果

一　基础计量模型

由《国务院关于投资体制改革的决定》、《政府核准的投资项目目录》、《企业投资项目核准暂行办法》、《指导外商投资方向规定》、《外商投资项目核准暂行管理办法》以及《外商投资产业指导目录》等法规规章构成的行政垄断制度，对市场、企业乃至整个产业都具有较强的外生性和强制性。相对于市场结构和市场绩效等经济系统内生变量而言，制度显然是外生变量。

由于行业性行政垄断直接控制产业内在位企业总量 N，N 也不再是一个完全的内生变量。不论以 CRn（n 厂商市场集中度），还是以赫芬达尔指数 HHI 来衡量市场结构，N 都是决定市场集中度大小的两个主要因素之一（另一因素是企业的各自市场份额 q_i，这不由制度决定而内生于市场）。行政垄断制度通过控制在位企业总量 N 间接影响着市场结构，即"制度→市场结构"。

本书该观点与于良春和余东华（2009）、于良春和张伟（2010）提出的 ISCP（制度—结构—行为—绩效）研究框架一致。他们提出：行政垄断的制度性因素（I）是决定一个产业的市场结构、产权结构①等结构性因素的关键；结构因素（S）又决定了政府和企业的竞争与垄断行为（C），进而影响行为的结果——绩效（P）。在上述传导机制中，行政垄断制度扮演着影响市场结构的关键角色，在整个传导机制中发挥着决定性作用。这是由中国转轨时期的特色政治、经济环境所决定的（于良春和张伟，2010）。

```
┌─────────┐    ┌─────────┐    ┌─────────┐    ┌─────────┐
│ 制度 (I) │───▶│ 结构 (S) │───▶│ 行为 (C) │───▶│ 绩效 (P) │
└─────────┘    └─────────┘    └─────────┘    └─────────┘
```

图 4 - 1 ISCP（制度—结构—行为—绩效）研究框架

资料来源：于良春和余东华（2009）、于良春和张伟（2010）。

基于第二章的行政垄断制度外生论，同时借鉴 ISCP 研究经验，本书提出：行政垄断制度首先作用于市场结构，其后才是市场行为和市场绩效，即"制度→市场结构→市场绩效"。为此，本章实证研究以市场结构 HHI 为解释变量，以市场绩效创新力度 $R\&D$ 为被解释变量。

第二章的研究显示，中国的行政垄断是一项外生于经济系统的制度。因此，本章的实证分析与第三章理论模型一样，不会把制度变量视为经济变量而直接置入计量模型。计量模型将以行政垄断强度作为样本分组的依

---

① 与于良春等人的研究不一样，本书把产权结构——国有经济比重作为制度的代表变量，因此计量模型的结构因素不包括产权结构。

据，通过分组回归考察行政垄断制度对市场绩效和市场结构的影响。刘小玄（2003a）曾使用国有经济比重衡量产业的行政垄断强弱，并以之作为样本分组标准，通过分组回归考察行业性行政垄断对市场结构造成的直接影响。一些实证研究也曾以关键变量作为样本分组的依据（Lee，2005；聂辉华等，2008b）。

根据表 4 - 1 和命题 3 - 7，本书假设创新与市场结构为非单调线性关系。计量模型以市场结构的平方项作为另一个解释变量，以检验创新与市场结构之间的非线性关系。综上所述，建立基础计量模型：

$$R\&D = C + \beta_1 HHI + \beta_2 HHI^2 + \sum_{i=3}^{n} \beta_i X_i + \varepsilon \tag{4.3}$$

$R\&D$ 为被解释变量创新力度（市场绩效变量），HHI 为解释变量赫芬达尔指数，即市场集中度（市场结构变量），C 为截距项，β 为变量系数，X 为控制变量，n 为控制变量个数，ε 为残差项。在使用全部样本进行回归后，所得的残差项 ε 与 HHI 变量的相关系数仅为 -2.30×10^{-19}，即二者基本不相关 $E(HHI\varepsilon) = 0$。该实证结果在一定程度检验了第二章的行政垄断制度外生论。

二 产业分组及回归结果

使用全体 1010 个样本进行最小二乘法回归后，本书发现：解释变量市场结构 HHI 及 HHI^2 正如以往的实证研究和本书的预测一样，均不显著。行政垄断制度很可能严重影响总体样本的回归估计，把来自行政垄断和自由竞争市场的、国有经济比重大小不一的产业样本放在一起回归，势必导致实证结果不显著、结论不稳健。

下面分别使用两个行政垄断强度变量——国有资产比重和国有资本比重进行样本分组，再进行回归估计。首先，分别使用国有资产比重、国有资本比重变量对样本进行降序排列，选取国有资产比重、国有资本比重最大的 5%、10%、15% 的产业作为行政垄断产业的子样本，以国有资产比重、国有资本比重最小的 30%、40%、50%[①]作为竞争性产业的子样本。以总体样本数 1010 为乘子，计算得出各个子样本区间的样本数，见表4 - 3 和表 4 - 4 的倒数第三行。然后使用最小二乘法进行回归估计。本书还通过删减控制变量、以不同的国有经济比重变量进行分组回归，以检验计

---

① 5%、10%、15%、30%、40%、50% 只是随意抽取出来的比例。

量模型的稳健性。

三　实证结果分析

（一）行政垄断与熊彼特假说

在国有经济比重大的子样本分组，表 4－3 的回归结果显示：β_2 显著且为正值，β_1 显著且为负值，创新与市场集中度呈显著的 "U 形" 曲线关系。如果国有经济比重与行政垄断强度正相关的假设是合理的话，该结论表明：行政垄断产业的市场结构与创新呈 "U 形" 曲线关系，"越垄断越创新" 的熊彼特假说成立。

通过对比表 4－3 各列不难发现：越往国有资产比重大那端集中的子样本分组（如第 2 列比第 4、第 5 列，第 7 列比第 8、第 10 列），β_2 越显著和越大（曲线弧度越大），"U 形" 曲线关系越明显，且拟合优度 R^2 也越来越大。国有经济比重越大的子样本越能迫近行政垄断产业，当一个产业越趋于绝对的行政垄断，市场结构与创新越呈 "U 形" 曲线关系。

（二）自由竞争中的熊彼特假说

在国有经济比重小的子样本分组，表 4－4 的回归结果显示：β_2 显著且为负值，β_1 显著且为正值，创新与市场集中度呈显著的 "倒 U 形" 曲线关系。如果国有经济比重小意味着产业处于相对自由竞争的话，该结论表明：在竞争性产业，市场结构与创新呈 "倒 U 形" 曲线关系，熊彼特假说不成立。

通过对比表 4－4 各列，不难发现：越往国有资产比重小那端集中的子样本分组（如第 2 列比第 4、第 5 列），β_2 越显著，其绝对值也越来越大（曲线弧度越大），"倒 U 形" 曲线关系越明显，且 R^2 也越来越大[①]。国有经济比重越小的子样越能迫近绝对的竞争性产业，当一个产业受到的行政干预越弱，市场结构与创新越呈 "倒 U 形" 曲线关系。

实证检验结果与理论模型预期完全一致，行政垄断强度大小不一的产业出现截然相反的回归结果。行政垄断是熊彼特假说能否在某产业成立的决定性因素。

（三）以往实证研究结果不稳健的根本原因

既然把行政垄断强度大小不一的样本混合起来回归估计，是以往实证

---

① 但国有资本比重最小的 40% 样本比最小的 30% 样本更显著，绝对值也更大。

表4-3

国有经济比重最大的样本分组的回归结果

子样本区间	国有资产比重最大的5%	国有资产比重最大的5%	国有资产比重最大的10%	国有资产比重最大的10%	国有资产比重最大的15%	国有资产比重最大的15%	国有资本比重最大的5%	国有资本比重最大的5%	国有资本比重最大的10%	国有资本比重最大的10%	国有资本比重最大的15%	国有资本比重最大的15%
载距项	0.052 (0.000)	0.053 (0.000)	0.044 (0.000)	0.040 (0.000)	0.045 (0.002)	0.040 (0.000)	0.025 (0.031)	0.046 (0.000)	0.027 (0.000)	0.036 (0.000)	0.030 (0.000)	0.032 (0.000)
HHI	-0.335 (0.000)	-0.266 (0.002)	-0.218 (0.000)	-0.165 (0.007)	-0.215 (0.017)	-0.191 (0.030)	-0.247 (0.006)	-0.236 (0.010)	-0.191 (0.000)	-0.162 (0.000)	-0.131 (0.000)	-0.126 (0.000)
HHI^2	0.425 (0.003)	0.324 (0.022)	0.271 (0.012)	0.191 (0.072)	0.278 (0.086)	0.239 (0.134)	0.304 (0.030)	0.293 (0.045)	0.233 (0.006)	0.198 (0.013)	0.151 (0.032)	0.145 (0.033)
M	-0.101 (0.013)	—	-0.091 (0.003)	—	-0.097 (0.049)	—	0.029 (0.338)	—	0.0170 (0.418)	—	0.002 (0.921)	—
S	-0.596 (0.194)	—	-0.439 (0.176)	—	-0.522 (0.278)	—	0.007 (0.977)	—	-0.059 (0.704)	—	-0.018 (0.900)	—
$Liquid$	0.034 (0.138)	—	0.018 (0.260)	—	0.011 (0.634)	—	0.038 (0.098)	—	0.021 (0.148)	—	0.006 (0.590)	—
产业数	51	51	101	101	152	152	51	51	101	101	152	152
企业数	26960	26960	43695	43695	72172	72172	32892	32892	54930	54930	77562	77562
R^2	0.363	0.225	0.127	0.100	0.051	0.039	0.206	0.149	0.186	0.161	0.117	0.114

说明：表4-3至表4-5的括号内为参数t统计量的P值，字体加粗变量在5%显著性水平下不显著。

表4-4　国有经济比重小的样本分组回归结果

子样本区间	国有资产比重最小的30%	国有资产比重最小的30%	国有资产比重最小的40%	国有资产比重最小的40%	国有资产比重最小的50%	国有资产比重最小的50%	国有资本比重最小的30%	国有资本比重最小的30%	国有资本比重最小的40%	国有资本比重最小的40%	国有资本比重最小的50%	国有资本比重最小的50%
截距项	0.021 (0.000)	0.010 (0.000)	0.019 (0.000)	0.011 (0.000)	0.019 (0.000)	0.012 (0.000)	0.022 (0.000)	0.010 (0.000)	0.023 (0.0000)	0.010 (0.000)	0.019 (0.000)	0.011 (0.000)
HHI	0.067 (0.006)	0.054 (0.021)	0.052 (0.015)	0.042 (0.040)	0.046 (0.017)	0.038 (0.045)	0.078 (0.000)	0.070 (0.002)	0.090 (0.000)	0.083 (0.000)	0.064 (0.000)	0.059 (0.002)
HHI^2	-0.151 (0.019)	-0.126 (0.044)	-0.126 (0.029)	-0.106 (0.006)	-0.113 (0.039)	-0.097 (0.072)	-0.181 (0.001)	-0.163 (0.003)	-0.204 (0.000)	-0.186 (0.000)	-0.141 (0.002)	-0.131 (0.004)
M	-0.020 (0.444)	—	-0.006 (0.772)	—	-0.012 (0.526)	—	-0.027 (0.143)	—	-0.027 (0.102)	—	-0.024 (0.124)	—
S	-0.024 (0.885)	—	-0.066 (0.655)	—	-0.037 (0.788)	—	-0.043 (0.883)	—	0.102 (0.703)	—	0.141 (0.481)	—
$Liquid$	-0.018 (0.040)	—	-0.014 (0.050)	—	-0.012 (0.054)	—	-0.020 (0.019)	—	-0.020 (0.007)	—	-0.012 (0.048)	—
产业数	303	303	404	404	505	505	303	303	404	404	505	505
企业数	124993	124993	195994	195994	294390	294390	156814	156814	210953	210953	279720	279720
R^2	0.033	0.018	0.021	0.010	0.016	0.008	0.056	0.033	0.058	0.035	0.032	0.020

研究结果不显著、结论不稳健，甚至互相矛盾的最主要原因。那么，如果继续把表4－3和表4－4筛选后剩下的产业样本进行回归，实证检验结果会否与本书预期的一致——不显著、不稳健？

　　表4－5的回归结果证实了这一切：几乎所有解释变量和控制变量均不显著。相比于表4－3和表4－4，对国有经济比重中间段的样本进行回归，解释变量的显著性很差，R^2也大幅下降。其根本原因是，这些样本中有的属于行政垄断产业，有的属于竞争性产业，二者的市场结构与创新关系完全相反。正如本章和上一章的理论预期，把它们放在一起回归，势必造成如表4－1和表4－5般的结果不显著和结论不稳健。

表4－5　　　　　　　　　　国有经济比重中间段样本分组的回归结果

子样本区间	国有资产比重第153—505位	国有资产比重第102—606位	国有资产比重第52—707位	国有资本比重第153—505位	国有资本比重第102—606位	国有资本比重第52—707位
截距项	0.024470 (0.0000)	0.026173 (0.0000)	0.026821 (0.0000)	0.030341 (0.0002)	0.026673 (0.0000)	0.028112 (0.0000)
HHI	0.020543 (0.4144)	0.006222 (0.8613)	0.019122 (0.5204)	0.045779 (0.5468)	-0.004145 (0.9125)	0.008875 (0.7765)
HHI^2	-0.098274 (0.1171)	-0.069226 (0.4654)	-0.097445 (0.2404)	-0.320304 (0.3512)	-0.048794 (0.6551)	-0.064510 (0.5032)
M	-0.002082 (0.8880)	-0.013837 (0.5402)	-0.017942 (0.3408)	-0.092056 (0.0226)	-0.078501 (0.0120)	-0.061250 (0.0081)
S	-0.264734 (0.1133)	-0.273087 (0.2553)	-0.177861 (0.3532)	-0.704099 (0.1203)	-0.299025 (0.3488)	-0.090367 (0.6285)
$Liquid$	-0.009658 (0.1620)	-0.009536 (0.3186)	-0.012148 (0.1180)	-0.004791 (0.7235)	-0.001599 (0.87327)	-0.008547 (0.2840)
产业数	353	505	656	353	505	656
企业数	205234	332358	419843	214549	305913	382090
R^2	0.020360	0.006864	0.007727	0.024664	0.017587	0.015591

　　国外关于熊彼特假说的争论持续数十年，我国也有多位知名学者参与了这场讨论。本书认为，以往实证结果不稳健的根本原因不在于地区差异、数据源、时间段、计量方程、指标选取等方法论问题；忽略行政垄断的制度因素，把来自行政垄断和自由竞争市场的、国有经济比重大小不一

的产业样本放在一起回归，很可能是以往实证研究结果不显著、结论不稳健且常常互相矛盾的根本原因。

因此，行政垄断制度是造成创新与垄断（市场结构）的现实统计关系不稳健的根本原因。

第四节　小结

本章基于"中国工业企业数据库"的微观企业数据，整理出中国 524 个四位数代码产业的 2005—2006 年产业数据，然后使用其中 505 个产业的 1010 个样本，根据国有经济比重大小进行样本分组回归。主要结论如下：

（1）在国有经济比重大的子样本分组，创新与市场集中度呈显著的"U 形"曲线关系。如果国有经济比重与行政垄断强度正相关假设是合理的话，该结论表明：行政垄断产业的市场结构与创新呈"U 形"曲线关系，"越垄断越创新"的熊彼特假说成立。

（2）在国有经济比重小的子样本分组，创新与市场集中度呈显著的"倒 U 形"曲线关系。如果国有经济比重小意味着产业相对处于自由竞争环境的话，该结论表明：在竞争性产业，市场结构与创新呈"倒 U 形"曲线关系，熊彼特假说不成立。

（3）行政垄断制度是熊彼特假说能否在某一产业成立的决定性因素。忽略行政垄断的制度因素，把来自行政垄断和自由竞争市场的、国有经济比重大小不一的产业样本放在一起回归，很可能是以往实证研究结果不显著、结论不稳健且常常互相矛盾的根本原因。

本章的实证研究证明上一章的部分理论成果较符合中国经济的客观现实。遗憾的是，实证研究未能找出衡量通用技术 r、社会总福利和消费者剩余等关键变量的合理办法，因而没有继续证明第三章的其他理论命题。这方面的研究有待拓展。

第五章　行政垄断对宏观经济与
国际贸易的影响[①]

对于微观的企业经营，行政垄断限制甚至禁止企业（尤其是私营企业）进入产业市场。对于中观的产业经济，行政垄断使全体在位企业获得额外的经济利润，同时损害创新（技术进步）、社会福利以及消费者剩余，影响产业层面的经济绩效。对于国家层面的宏观经济运行，行政垄断又将产生怎样的影响？本章将基于新贸易理论和博弈论，结合贸易政策（关税和出口退税）与外商直接投资（FDI），考察行政垄断的宏观经济绩效[②]和对国际贸易的影响。

第一节　行政垄断干预下的外商直接投资

国际贸易与外商直接投资一直是我国经济研究的热点。特别是后者被公认为中国改革开放以来经济高速增长的重要因素，国内关于外商直接投资的研究可谓汗牛充栋。国内学者从国际贸易、投资与就业、人力资源、生产效率、创新、经济增长、产业集聚、自然资源等角度对外商直接投资展开富有开创性的讨论。在外商直接投资与国际贸易关系的研究领域，讨论尤其热烈（艾洪山等，2010；贺胜兵和杨文虎，2008；孙楚仁等，2008；邵军和徐康宁，2007；姚远，2007；龚晓莺，2007；邱斌等，2006；王少平和封福育，2006；陈继勇和秦臻，2006；陈波，2006；李国荣，2006；张如

---

① 本章的部分内容已发表在《经济研究》2008年第11期。

② 本书所谓的"宏观经济绩效"中的"宏观"与一般宏观经济学中的"宏观"具有一定区别。本书的宏观经济绩效指的是，行政垄断制度对一个产业运行及其以外的经济系统的经济效应，主要包括该制度对产业经济本身、外商直接投资、国际贸易、贸易政策、跨国公司、国外消费者以及社会福利的跨国转移等的影响。

庆，2005；史小龙和张峰，2004；张谊浩和王胜英，2004；蔡锐和刘泉，2004；朱玉杰和于懂，2004；梁琦和施晓苏，2004；李平和范跃进，2003；冼国明等，2003；向铁梅，2003；钱晓英等，2001；杨迤，2000；杨兰和张磊，1998）。以往的研究主要是关于外商直接投资与进出口之间的替代效应［最早由蒙代尔（Mundell，1957）发现，他提出跨国公司外商直接投资的主要目的是绕过关税壁垒占领东道国市场］的实证检验。然而，人们似乎忽略了一个极为关键的制度因素——行政垄断。

在我国，外资企业（跨国公司）是不能自由进行外商直接投资的。所有的企业投资项目（包括外商直接投资项目）只要属于《政府核准的投资项目目录（2004年本）》的"项目核准"范围，企业就必须严格遵守《国务院关于投资体制改革的决定》的相关规定——"政府对企业提交的项目申请报告，主要从维护经济安全、合理开发利用资源、保护生态环境、优化重大布局、保障公共利益、防止出现垄断等方面进行核准。对于外商投资项目，政府还要从市场准入、资本项目管理等方面进行核准"——向投资主管部门申请项目核准。

针对外商直接投资和外资企业，国务院专门制定了行政法规《指导外商投资方向规定》。国家发改委根据《国务院关于投资体制改革的决定》和《指导外商投资方向规定》相应制定了部门规章《外商投资项目核准暂行管理办法》和《外商投资产业指导目录》①。这些行政法规和部门规章明确划分出"鼓励外商投资产业"、"限制外商投资产业"及"禁止外商投资产业"，同时规定：外资企业在部分指定产业进行外商直接投资投资前，除必须通过投资主管部门项目核准外，还必须和本土企业完成合资才能投资设厂。

顾名思义，上述法规规章在"禁止外商投资产业"设置了绝对的行政垄断，任何外资企业不得进入这些产业。在"限制外商投资产业"，总

---

① 自1995年颁布《指导外商投资方向暂行规定》和《外商投资产业指导目录》以来，我国多次修订这些法规文件。2002年，新修订的《指导外商投资方向规定》取代1995年版《指导外商投资方向暂行规定》。1997年年底，为抵消亚洲金融危机对我国经济的不利影响，我国对外商投资产业指导目录进行了第一次修订，对外资企业执行更优惠的政策。2002年国家在加入世界贸易组织后，对指导目录做相应修订。为配合国家宏观调控政策，2004年指导目录被进一步调整：取消了钢铁、水泥、电解铝等领域的鼓励类政策。在2007年的最新一次修订中，《外商投资产业指导目录》出现以下几个大变动：一是鼓励外商投资新能源和环保技术；二是限制外商投资房地产、高能耗项目和稀缺矿产资源；三是期货、电网从禁止类变为限制类。

投资（增资）5000万美元以下的外商投资项目须经省级发展改革部门核准，5000万美元及以上的项目须经国家发改委核准，1亿美元及以上的项目须报国务院核准。至于"鼓励外商投资产业"也不是没有行政垄断干预，只是项目核准的实施主体的行政级别相对更"低"——1亿美元以下的项目须经地方发展改革部门核准，如果项目规模达到1亿美元及以上，则须经国家发改委核准，5亿美元及以上的项目还须报国务院核准。

所有属于《外商投资产业指导目录》的外商直接投资项目一律须经各级发改委核准。而该目录以外的产业属于"允许类"外商投资项目，其市场准入不需投资主管部门核准①。《政府核准的投资项目目录（2004年本）》甚至对本土企业的外商直接投资输出也进行规制——"中方投资3000万美元及以上资源开发类境外投资项目由国家发展和改革委员会核准。中方投资用汇额1000万美元及以上的非资源类境外投资项目由国家发展和改革委员会核准。"而在中西部进行的外商直接投资项目还必须符合《中西部地区外商投资优势产业目录》相关规定。

至此可以大致勾勒出我国针对外资企业的行政垄断（即所谓的外商直接投资行政垄断）的形象轮廓——它是一项以《国务院关于投资体制改革的决定》、《指导外商投资方向规定》、《外商投资项目核准暂行管理办法》和《外商投资产业指导目录》为主要法律载体，以项目核准制为主要形式，由各级投资主管部门具体实施，用于规制外国资本和跨国公司进入国内市场的经济制度。外商直接投资行政垄断的存在意味着：外资企业不能在中国自由地进行外商直接投资，政府在特定产业对外资企业实施了严格的行政垄断。

一般认为，关税、出口退税等贸易政策会迫使跨国公司减少出口、实施外商直接投资。当行政垄断制度作用于外商直接投资，蒙代尔（Mundell，1957）提出的这种替代效应同样可以发挥作用。一旦跨国公司被限制甚至禁止在东道国进行外商直接投资，企业自然会加大出口贸易的寻租力度，从而影响东道国贸易政策（关税、出口退税）制定及国际市场竞争的最终结果。

综上所述，外商直接投资行政垄断制度对我国的外商直接投资和进出

---

① "不属于鼓励类、限制类和禁止类的外商投资项目，为允许类外商投资项目。"（摘自《指导外商投资方向规定》）

口贸易乃至国民经济运行都会产生关键性影响。本书将构建一个动态的三方博弈模型，研究行政垄断制度对宏观经济与国际贸易的影响。

第二节　外商直接投资行政垄断模型

本章模型是一个两阶段动态序贯博弈模型。博弈参与人共有三个——东道国政府和两个国家的产业。在博弈第一阶段，某发展中国家（i 国）在与发达国家（j 国）进行国际贸易和吸收外商直接投资之前，制定好某一产业的外商直接投资行政垄断强度、关税率以及出口退税率。在第二阶段，两国产业在既定的外商直接投资行政垄断制度和贸易政策下，通过进出口和外商直接投资在国际市场上进行产量竞争，从而实现双边市场的纳什均衡。序贯博弈的扩展式见图5－1。

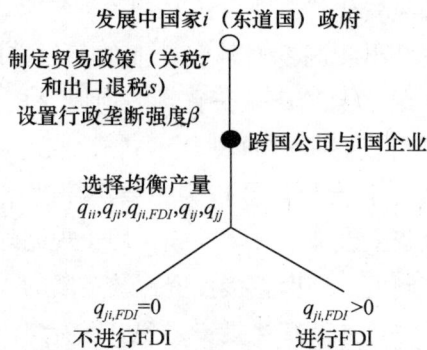

发展中国家i（东道国）政府

制定贸易政策（关税τ
和出口退税s）
设置行政垄断强度β　●跨国公司与i国企业

选择均衡产量
$q_{ii}, q_{ji}, q_{ji,FDI}, q_{ij}, q_{jj}$

$q_{ji,FDI}=0$　　　　$q_{ji,FDI}>0$
不进行FDI　　　　进行FDI

图5－1　动态博弈的扩展式

模型假设跨国公司的外商直接投资产品全部内销于东道国，开拓、占领原本只能通过出口获得的 i 国市场。此类外商直接投资不包括我国多年盛行的"来料加工"——来自中国台湾、中国香港的企业来大陆投资生产劳动密集型产品，大量进口原材料而大量出口产品。本章要考察的是像大众、丰田、本田、通用等跨国汽车公司在我国进行的外商直接投资，这种外商直接投资产品主要供应东道国内的消费市场或下游产业链。

模型使用逆向归纳法求解动态博弈均衡。模型推导从消费者和企业最优决策开始，首先求出市场均衡下的产量，然后得出发展中国家 i 的最优外商直接投资行政垄断强度和最优贸易政策。

一　需求方的效用最大化

本模型沿用布兰德和斯潘塞（Brander and Spencer，1984）、迪克西特（Dixit，1984）的新贸易理论基本思路——产量竞争（古诺竞争）和本国产业内只有一家代表性本土企业。

模型假设国际市场存在两个贸易国：i 国为建立了外商直接投资行政垄断制度的发展中国家，其企业只在本土生产，其产品既内销也向发达国家 j 出口；j 国为输出外商直接投资的发达国家，其代表性企业为跨国公司。为简化模型，不考虑南国 i 向北国 j 的逆向外商直接投资和跨国公司外商直接投资后返销至母国的情况。

设两国消费者在该产业产品上得到的总效用为：

$$U_i = a(q_{ii} + q_{ji,FDI} + q_{ji}) - q_{ii}^2/2 - q_{ji,FDI}^2/2 - q_{ji}^2/2$$
$$- \theta_1 q_{ii} q_{ji,FDI} - \theta_2 q_{ii} q_{ji} - \theta_3 q_{ji,FDI} q_{ji} \tag{5.1}$$

$$U_j = a(q_{ij} + q_{jj}) - b q_{ij}^2/2 - q_{jj}^2/2 - \theta_2 q_{ij} q_{jj} \tag{5.2}$$

两个国家的消费者数量标准化为 1，货币汇率设为 1。消费者对产品消费的效用边际递减。$a > 0, b > 1$ 为效用函数参数，q_{ii} 为由 i 国生产在本国内销的产品消费量，q_{ij} 为由 i 国生产出口到 j 国的产品消费量，q_{jj} 为由 j 国生产在本国内销的产品消费量，q_{ji} 为由 j 国生产并出口至 i 国的产品消费量，$q_{ji,FDI}$ 为 j 国的跨国公司外商直接投资后在 i 国生产并销售的产品消费量。由于国家、企业之间的技术、人力资源、文化等生产条件存在差异，两个国家、本土企业和跨国公司生产的产品对于消费者而言是不一样的。$b > 1$ 表明 j 国消费者偏好于跨国公司在本土生产的产品。

由（5.1）式、（5.2）式推导出 i 国、j 国的消费者剩余函数：

$$CS_i = U_i - p_{ii} q_{ii} - p_{ji} q_{ji} - p_{ji,FDI} q_{ji,FDI} \tag{5.3}$$

$$CS_j = U_j - p_{ij} q_{ij} - p_{jj} q_{jj} \tag{5.4}$$

p_{ii}、p_{ji}、$p_{ji,FDI}$ 分别为 q_{ii}、q_{ji}、$q_{ji,FDI}$ 的价格，p_{ij}、p_{jj} 分别为 q_{ij}、q_{jj} 的价格，并假设消费者在购买该产品上没有预算约束。

根据一阶条件 $\partial U / \partial q = p$①，逆推反需求函数，得：

$$p_{ii} = a - q_{ii} - \theta_1 q_{ji,FDI} - \theta_2 q_{ji} \tag{5.5}$$

$$p_{ji} = a - q_{ji} - \theta_2 q_{ii} - \theta_3 q_{ji,FDI} \tag{5.6}$$

$$p_{ji,FDI} = a - q_{ji,FDI} - \theta_1 q_{ii} - \theta_3 q_{ji} \tag{5.7}$$

---

① U_i, U_j 的 Hessian 矩阵负定，所以消费者效用最大化的二阶条件成立。

$$p_{ij} = a - bq_{ij} - \theta_2 q_{jj} \qquad (5.8)$$

$$p_{jj} = a - q_{jj} - \theta_2 q_{ij} \qquad (5.9)$$

$\theta_{1,2,3} \in [0,1]$ 为产品之间的替代系数。在 i 国市场上，国产品与进口产品的边际替代率（MRS）为 $\dfrac{\partial U_i / \partial q_{ii}}{\partial U_i / \partial q_{ji}} = \dfrac{p_{ii}}{p_{ji}} = \dfrac{a - q_{ii} - \theta_1 q_{ji,FDI} - \theta_2 q_{ji}}{a - q_{ji} - \theta_2 q_{ii} - \theta_3 q_{ji,FDI}}$，当 $\theta_1 = \theta_3$ 二者为完全替代品；$\dfrac{p_{ii}}{p_{ji,FDI}}$ 为国产品与外商直接投资产品的边际替代率，当 $\theta_2 = \theta_3$ 二者为完全替代品；$\dfrac{p_{ji}}{p_{ji,FDI}}$ 为进口产品与外商直接投资产品的边际替代率，当 $\theta_2 = \theta_1$ 二者为完全替代品。

由于发展中国家与发达国家之间企业技术水平、生产效率、人力资源等方面的差距，$q_{ji}, q_{ji,FDI}, q_{ii}, q_{jj}, q_{ij}$ 对于消费者不是完全替代品。本书假设 $\theta_3 < \theta_2 < \theta_1$。根据（5.5）式至（3.9）式可知，消费同样多的产量时 i 国消费者从 $q_{ji}, q_{ji,FDI}, q_{ii}$ 上获得的总效用递减，因此 $p_{ji} > p_{ji,FDI} > p_{ii}$，进口产品价格最高，外商直接投资产品次之。$j$ 国消费者从 q_{jj}, q_{ij} 上获得的效用递减，因此 $p_{jj} > p_{ij}$。$\theta_3 < \theta_2 < \theta_1$ 表明：i 国、j 国消费者的偏好均倾向于跨国公司产品，而非来自发展中国家 i 的产品。这与发展中国家、发达国家的现实国情较为相符。

二 供给方的生产最优化

两国产业以利润最大化为生产目标，建立利润函数 π_i 和 π_j：

$$
\begin{aligned}
\pi_i &= p_{ii}q_{ii} + p_{ij}q_{ij} + \beta p_{ji,FDI}q_{ji,FDI} + sq_{ij} - c_i(q_{ii} + q_{ij}) - \beta c_i' q_{ji,FDI} \\
&= (a - q_{ii} - \theta_1 q_{ji,FDI} - \theta_2 q_{ji})q_{ii} + (a - bq_{ij} - \theta_2 q_{jj})q_{ij} + sq_{ij} \\
&\quad + (\beta a - q_{ji,FDI} - \theta_1 q_{ii} - \theta_3 q_{ji})q_{ji,FDI} - c_i(q_{ii} + q_{ij}) - \beta c_i' q_{ji,FDI} \qquad (5.10)
\end{aligned}
$$

$$
\begin{aligned}
\pi_j &= p_{ji}q_{ji} + p_{jj}q_{jj} + (1-\beta)p_{ji,FDI}q_{ji,FDI} - c_j(q_{ji} + q_{jj}) - (1-\beta)c_i' q_{ji,FDI} - c_{FDI} - \tau q_{ji} \\
&= (a - q_{ji} - \theta_2 q_{ii} - \theta_3 q_{ji,FDI})q_{ji} + (a - q_{jj} - \theta_2 q_{ij})q_{jj} - \tau q_{ji} \\
&\quad + (1-\beta)(a - q_{ji,FDI} - \theta_1 q_{ii} - \theta_3 q_{ji})q_{ji,FDI} - c_j(q_{ji} + q_{jj}) - (1-\beta)c_i' q_{ji,FDI} - c_{FDI}
\end{aligned}
$$
$$\qquad (5.11)$$

两国产业的生产最优化问题为：

$$
\max_{q_{ii}, q_{ij}} \pi_i
$$

s. t. $\quad q_{ii} \geq 0, \ q_{ij} \geq 0 \qquad (5.12)$

$$
\max_{q_{jj}, q_{ji}, q_{ji,FDI}} \pi_j
$$

s. t. $\quad q_{jj} \geq 0, \ q_{ji} \geq 0, \ q_{ji,FDI} \geq 0 \qquad (5.13)$

根据《指导外商投资方向规定》、《外商投资项目核准暂行管理办法》和《外商投资产业指导目录（2007 年修订）》，我国的外商直接投资行政垄断制度规定：在政府指定产业，跨国公司进入国内市场必须与本土企业合资，与后者按股份比例分享利润（如一汽大众、上海大众、广汽本田等合资企业）。

设 β 为外商直接投资行政垄断变量，是 i 国本土企业与 j 国跨国公司合资生产时的 i 国资产"法定"最小比重。β 越大，表明产业所处的行政垄断越强，i 国能获得更多外商直接投资产品利润分成。当 $\beta = 1$，i 国会没收跨国公司在 i 国的所有经营收入（$p_{ji,FDI} q_{ji,FDI}$）。这时跨国公司在 i 国外商直接投资显然是非理性行为，因为这完全无利可图。$\beta = 1$ 意味 i 国在该产业设置了绝对的外商直接投资行政垄断，即禁止外资企业进入该产业。

$\beta = 0$ 意味着跨国公司外商直接投资后能完全享有在 i 国获取的经营收入，这表明 i 国在该产业没有设置任何外商直接投资行政垄断，跨国公司无须合资就可以进行外商直接投资，产业处于相对的自由竞争市场（当关税 τ、出口退税 s 都不存在，该产业才可视为处于绝对自由竞争市场）。$c_{FDI} > 0$ 为跨国公司外商直接投资的一次性成本，亦即合资企业投产所需的固定资本，且当 $q_{ji,FDI} = 0$ 则 $c_{FDI} = 0$。

在中国，β 并非为 1 或 0 的离散值，它是一个在 $[0,1]$ 区间浮动的连续变量。《外商投资产业指导目录（2007 年修订）》在 48 个"鼓励外商投资产业"和"限制外商投资产业"中明确规定"限于合资"，在 33 个产业中明确规定"限于合作"，在 40 个产业中明确规定必须"中方控股"，在 3 个产业中明确规定"中方相对控股"[1]。该部门规章在部分产业还明确规定了最高外资比例：汽车整车制造业、增值电信业务业以及寿险业的"外资比例不高于 50%"，基础电信中的移动话音和数据服务业、证券投资基金业"外资比例不高于 49%"，基础电信中的国内业务和国际业务"外资比例不高于 35%"，证券业（限于从事 A 股承销、B 股和 H 股以及政府和公司债券的承销和交易）"外资比例不高于 1/3"[2]。

根据《中外合资经营企业法》、《中外合作经营企业法》、《公司法》对"合资"、"合作"、"控股"的法律释义，本书假设《外商投资产业指导目录（2007 年修订）》设置的外商直接投资行政垄断 β 强度如下：在

---

[1]　中方相对控股是指中方投资者在外商投资项目中的投资比例之和大于任何一方外国投资者的投资比例（摘自《指导外商投资方向规定》）。

[2]　由于外商直接投资行政垄断的规制强度完全按行业分，因此它实际上是一种行业性行政垄断。

"限于合资"产业中 $\beta \leqslant 0.75$，在"中方控股"产业中 $\beta > 0.5$，在外资比例不高于 50%、49%、35%、1/3 的产业中，β 分别大于 0.5、0.51、0.65、0.67，"限于合作"产业的 β 则可能更大，"禁止外商投资产业"的 $\beta = 1$。各级投资主管部门在实际操作中，β 值会在此基础上向上浮动。

假设出资比重与利润、成本份额成正比。（5.10）式中的 $\beta p_{ji,FDI} q_{ji,FDI} - \beta c_i' q_{ji,FDI}$ 为本土企业攫取的 FDI 产品利润份额。（5.11）式中的 $(1-\beta) p_{ji,FDI} q_{ji,FDI} - (1-\beta) c_i' q_{ji,FDI}$ 为跨国公司所能获得的利润份额。$c_i' q_{ji,FDI}$ 为跨国公司在 i 国生产的总成本，c_i' 为固定的单位成本参数。假设企业间存在生产效率、技术、管理水平的差异，i 国的单位成本最大，j 国的单位成本最小，且 FDI 的沉没成本比平均成本大，即 $a > c_{FDI} > c_i > c_i' > c_j$。

三　政府决策

假设 i 国政府会制定关税和出口退税等两种贸易政策。[1] 如（5.10）、（5.11）所示，τ 为关税率，s 为出口退税率，设两税种根据产量征收。与行政垄断 β 一样，τ, s 的大小在博弈第一阶段被 i 国政府确定下来。

假设模型具有完美信息结构。i 国政府在第一阶段决策时（选择 s、β、τ），可以根据可预见的市场均衡点和均衡产量 q_{ii}^*、q_{ij}^*、q_{jj}^*、q_{ji}^*、$q_{ji,FDI}^*$，制定最优的 β^*、s^*、τ^*，从而最大化本国在该产业实现的社会总福利 SS_i。

$$SS_i = CS_i + \pi_i - sq_{ij} + \tau q_{ji} \tag{5.14}$$

i 国政府的目标函数表达为：

$$\max_{\beta, \tau, s} SS_i$$

---

[1]　模型假设 j 国政府没有制定贸易政策。在现实的国际竞争中，关税征收和出口退税（西方国家称之为出口补贴）常常是双边的。本书将模型设为单边贸易政策的主要原因如下：一是出口退税政策很可能是单边的。世界贸易组织（WTO）一般禁止成员国进行出口补贴（出口退税），但对中国这种中途加入 WTO 的发展中国家的出口退税政策，其容忍度相对宽松。中国以及曾经的日韩等发展中国家都会实施出口退税或出口补贴政策，而欧美发达国家近年来基本未曾使用出口退税政策工具。二是如果假设双边关税政策，模型须考虑 i、j 两国之间的关税政策博弈，这并非本书要突出的研究主题，而且国家关税政策博弈领域已有很多出类拔萃的文献。三是，如果考虑双边贸易政策和国家政策博弈，模型势必进一步复杂化。像中国这样的转轨经济国家，政府作为贸易政策制定者，同时与本土企业（尤其是大型国有企业）保持密切联系，它们之间极可能出现合谋（Collusion）。而 j 国政府与跨国公司的合谋可以通过游说（Lobbying，可参见 Kayalica 和 Lahiri，2007）发生。在这四参与者的动态博弈中，是否存在合谋，哪国政府或产业先动等因素都使模型复杂化。在本书这个多决策变量（$q_{ii}, q_{ij}, q_{jj}, q_{ji}, q_{ji,FDI}$ 和 i 国的 τ, s）的动态博弈中，如果进一步加入 j 国的贸易政策变量 τ' 和 s'，模型解析解将更为复杂。即使是现在的单边贸易政策模型，计算机已经不能把所有内生变量均衡解的符号表达式都计算出来。

s. t.　$0 \leqslant \beta \leqslant 1$，$\tau \geqslant 0$，$s \geqslant 0$　　　　　　　　　　(5.15)

四　求解模型

(一) 纳什均衡产量

本章的两阶段序贯博弈模型由三个多决策变量最优化问题 (5.12)式、(5.13)式、(5.15)式与序贯博弈组成。下面使用"逆向归纳法"求解博弈的纳什均衡点。首先求解由 (5.12)式和 (5.13)式组成的最优产量与利润最大化问题，再用得出的均衡产量 q_{ii}^*、q_{ij}^*、q_{jj}^*、q_{ji}^*、$q_{ji,FDI}^*$ 代入 (5.15)式，计算 i 国政府的最优政策决策。本章所有计算均使用 Matlab7.1 软件实现。

由 π_i、π_j 的一阶导数及其负定的 Hessian 矩阵来看，(5.12)式和 (5.13)式满足 Kuhn-Tucker 条件的一阶、二阶条件，所以，π_i、π_j 存在唯一最大值。

求解 (5.12)式和 (5.13)式，得纳什均衡产量 q_{ii}^*、q_{ij}^*、q_{jj}^*、q_{ji}^*、$q_{ji,FDI}^*$ 的解析解：

$$q_{ii}^* = \frac{0.5\left\{\begin{array}{l}(\beta^2-1)\left[(2a-2c_i')\theta_1+(c_i-a)\theta_3^2+(\tau+c_j-a)\theta_1\theta_3+\right.\\ (a-c_i')\theta_2\theta_3\left.\right]+(c_i-a)\theta_3^2+(2a-2\tau-2c_j)\theta_1\theta_3+(\beta-1)\\ \left[4c_i-4a+(2a-2\tau-2c_j)\theta_2+(4a-4c_i)\theta_3^2+\right.\\ \left.(a-\tau-c_j)\theta_1\theta_3+(3c_i'-3a)\theta_2\theta_3\right]\end{array}\right\}}{\left[\beta^2(\theta_1^2-\theta_3^2)+\beta(4\theta_3^2+\theta_2^2-\theta_1\theta_2\theta_3-4)+4-\theta_1^2-4\theta_3^2-\theta_2^2+2\theta_1\theta_2\theta_3\right]}$$

$$\text{(5.16)}$$

$$q_{ij}^* = (2a+2s+c_j\theta_2-a\theta_2-2c_i)/(4b-\theta_2^2) \tag{5.17}$$

$$q_{ji,FDI}^* = \frac{0.5\left\{\begin{array}{l}(\beta-1)\left[4c_i'-4a+(2a-2c_i)\theta_1+(2a-2\tau-2c_j)\theta_3\right.\\ \left.+(a-c_i')\theta_2^2+(c_j+\tau-a)\theta_1\theta_2+(c_i-a)\theta_2\theta_3\right]\\ +(2c_j+2\tau-2a)\theta_3+(a-c_i)\theta_2\theta_3\end{array}\right\}}{\left[\beta^2(\theta_1^2-\theta_3^2)+\beta(4\theta_3^2+\theta_2^2-\theta_1\theta_2\theta_3-4)+4-\theta_1^2-4\theta_3^2-\theta_2^2+2\theta_1\theta_2\theta_3\right]}$$

$$\text{(5.18)}$$

$$q_{ji}^* = \frac{-0.5\left\{\begin{array}{l}(\beta^2-1)\left[(c_j+\tau-a)\theta_1^2+(2a-2c_i')\theta_3+(a-c_i')\theta_1\theta_2\right.\\ \left.+(c_i-a)\theta_1\theta_3\right]+(\beta-1)\left[4a-4\tau-4c_j+(2c_i-2a)\theta_2\right.\\ \left.+(6c_i'-6a)\theta_3+(3a-3c_i)\theta_1\theta_3\right]\end{array}\right\}}{\left[\beta^2(\theta_1^2-\theta_3^2)+\beta(4\theta_3^2+\theta_2^2-\theta_1\theta_2\theta_3-4)+4-\theta_1^2-4\theta_3^2-\theta_2^2+2\theta_1\theta_2\theta_3\right]}$$

$$\text{(5.19)}$$

$$q_{jj}^* = (2ab - s\theta_2 + c_i\theta_2 - a\theta_2 - 2bc_j)/(4b - \theta_2^2) \tag{5.20}$$

（二）纳什均衡下的最优 FDI 行政垄断强度 β^*

将（5.16）式至（5.20）式代入（5.14）式得 SS_i^*，然后以 SS_i^* 对 β, τ, s 求偏导解（5.15）。$\partial SS_i^*/\partial \beta = 0$ 方程含有 τ，$\partial SS_i^*/\partial \tau = 0$ 方程含有 β。联立上述两个非线性方程，可求得 i 国政府的最优关税率 $\tau*$ 和最优 FDI 行政垄断强度 β^*。

但 β, τ 与 SS_i^* 的函数关系较为复杂。SS_i^* 对 β, τ 的二阶导数表达式也很复杂，难以判定其正负。Matlab7.1 只能单独求出 $\partial SS_i^*/\partial \beta = 0$ 与 $\partial SS_i^*/\partial \tau = 0$ 的解析解，联立二者却不能求出 β^*、$\tau*$ 的符号表达式。受制于计算机程序对非线性符号函数方程组的有限运算能力，本书无法求出 β^*、$\tau*$ 的解析解（最优出口退税率 s^* 可求得解析解）。刘可等（2006）的 FDI 与关税研究、张顺明和余军（2009）的最优关税研究也是由于无法求出解析解，遂对关税政策博弈模型的数值解展开分析。

为此，本书对参数进行局部赋值，研究模型均衡 β^*、$\tau*$ 的数值解。参数赋值为 $a = 1000, b = 1.2, c_i = 0.05, c_j = 0.04, c'_i = 0.045, c_{FDI} = 100$。由于 θ_1、θ_2、θ_3 对模型衡产生较大影响，本书通过调整 θ_1、θ_2、θ_3 值来考察 β^*、$\tau*$ 的数值解变化。

参数赋值后的运算结果见图 5 - 2 至图 5 - 5。模型结果显示，i 国的社会总福利 SS_i 存在唯一极大值，i 国政府有唯一最优解 β^*、$\tau*$。（5.14）是关于 β、τ 的严格凹函数，因此 SS_i^* 为全局极大值，β^*、$\tau*$ 为纳什均衡点。

在图 5 - 2 至图 5 - 5 中，当 $\theta_1 = 1$ 或 $\theta_1 = 0.65$（θ_1 可任意抽取），每对应一个 θ_2、θ_3 就会有唯一的 β^*、$\tau*$。$\tau*$ 大约在 $[50, 800]$ 区间浮动，最优关税率即每单位进口品征收 50—800 单位货币。β^* 在 $[0.75, 1]$ 区间浮动，最优的 FDI 行政垄断强度即把合资企业的最高外资比重控制在 25% 以下。

β^*、$\tau*$ 随 θ_1、θ_2、θ_3 大小变化而变化[1]。产品替代系数 θ_1、θ_2、θ_3 影响最优关税的结论与姚洪心和三品勉（2007）的"产品差异化程度上升会导致最优关税的提高"及叶光亮和邓国营（2010）的"在政府选择以福利极大化为目标的情况下，产品差异程度和公有企业私有化程度越高，则政

---

[1]　a、c_i、c_j、c'_i、b 也同时影响 β^*、$\tau*$ 的位置。

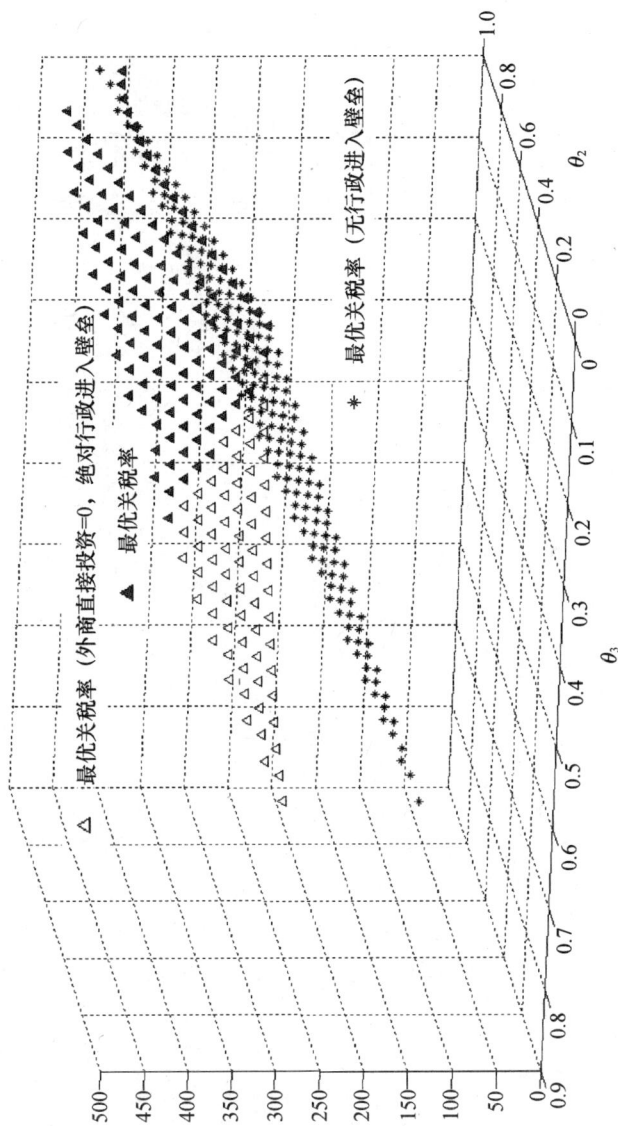

图 5 - 2　最优关税率（$\theta_1 = 1$）

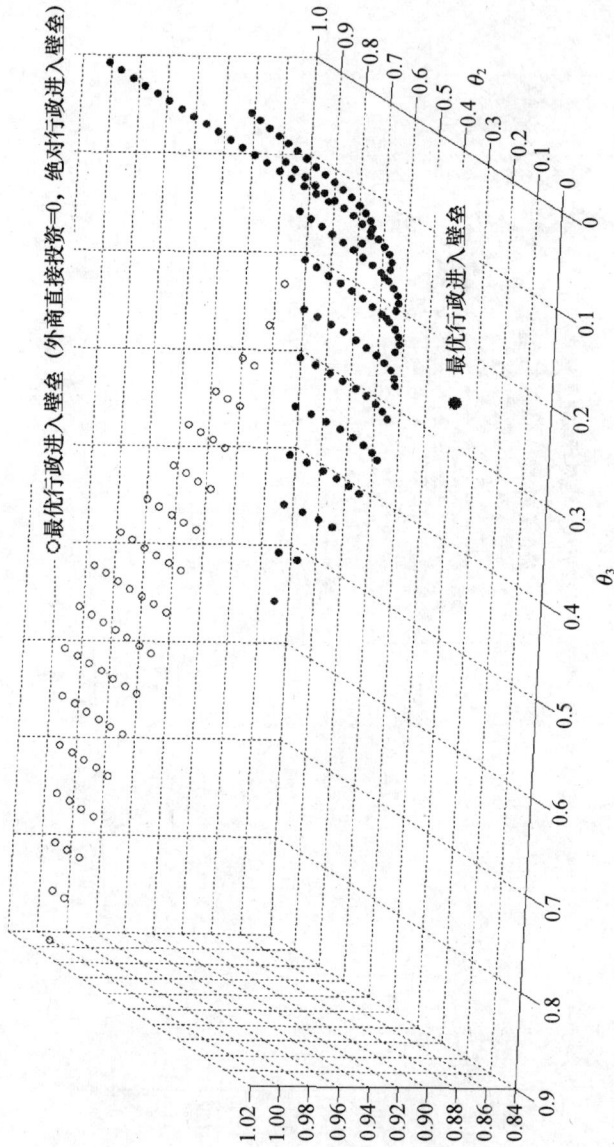

图 5 – 3 最优外商直接投资行政垄断（$\theta_1 = 1$）

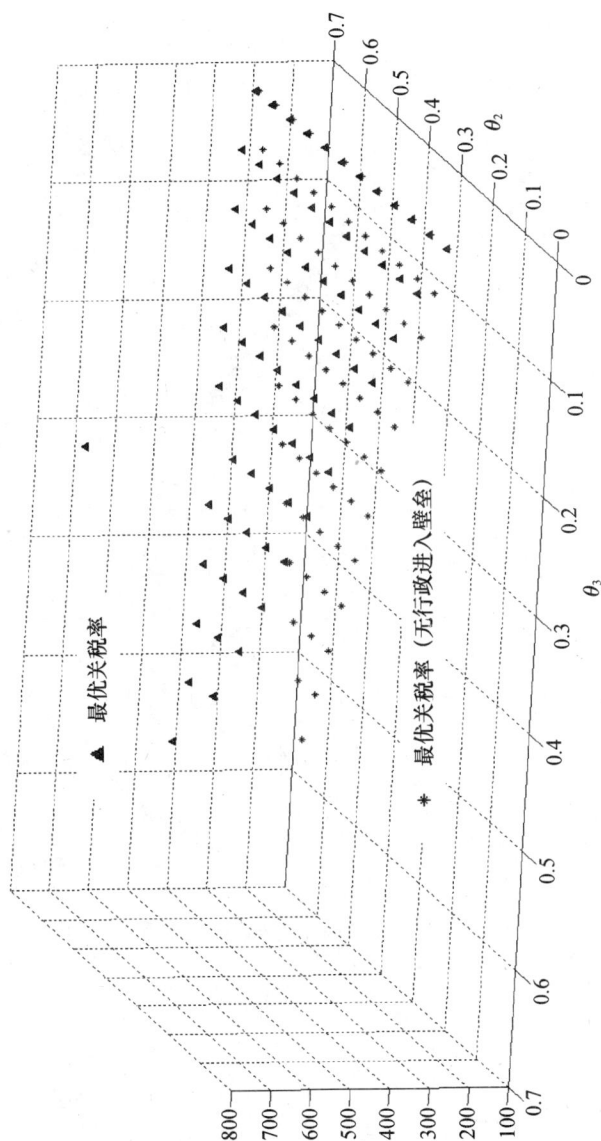

图 5 - 4　最优关税率（$\theta_1 = 0.65$）

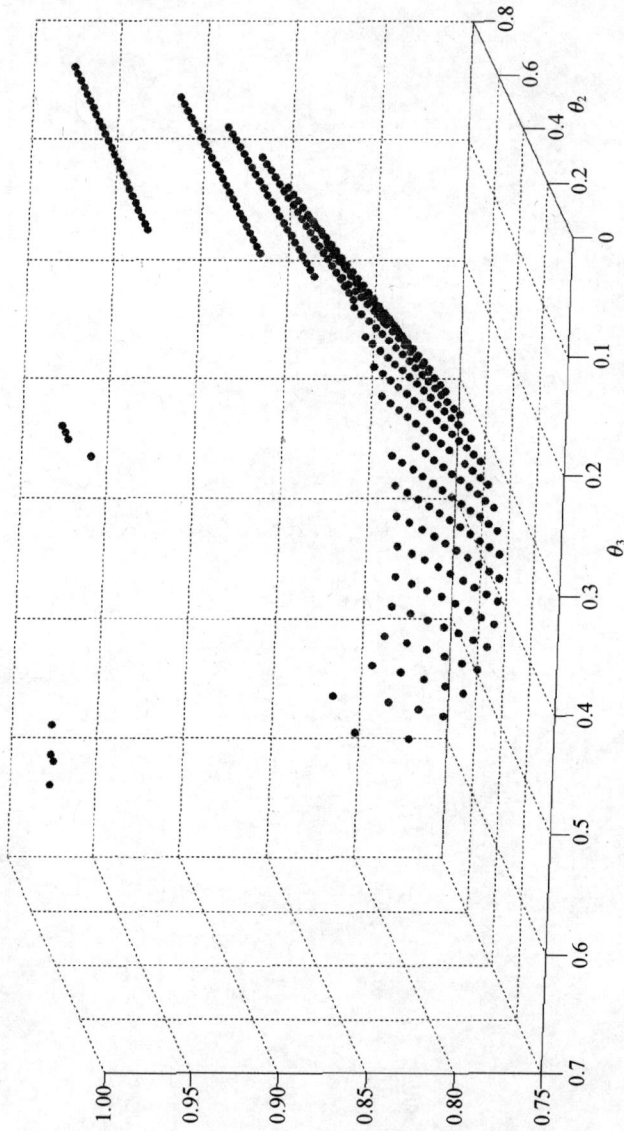

图 5-5 最优外商直接投资行政垄断（$\theta_1 = 0.65$）

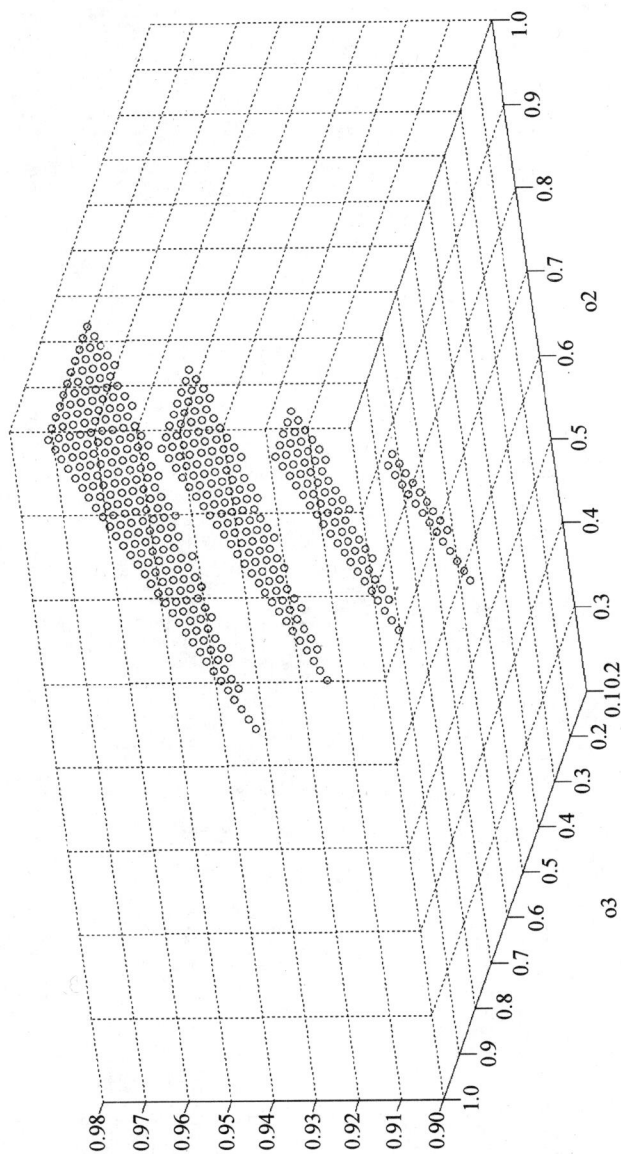

图 5－6 $\beta^*=1, q_{ji,FDI}^*=0$ 的均衡点

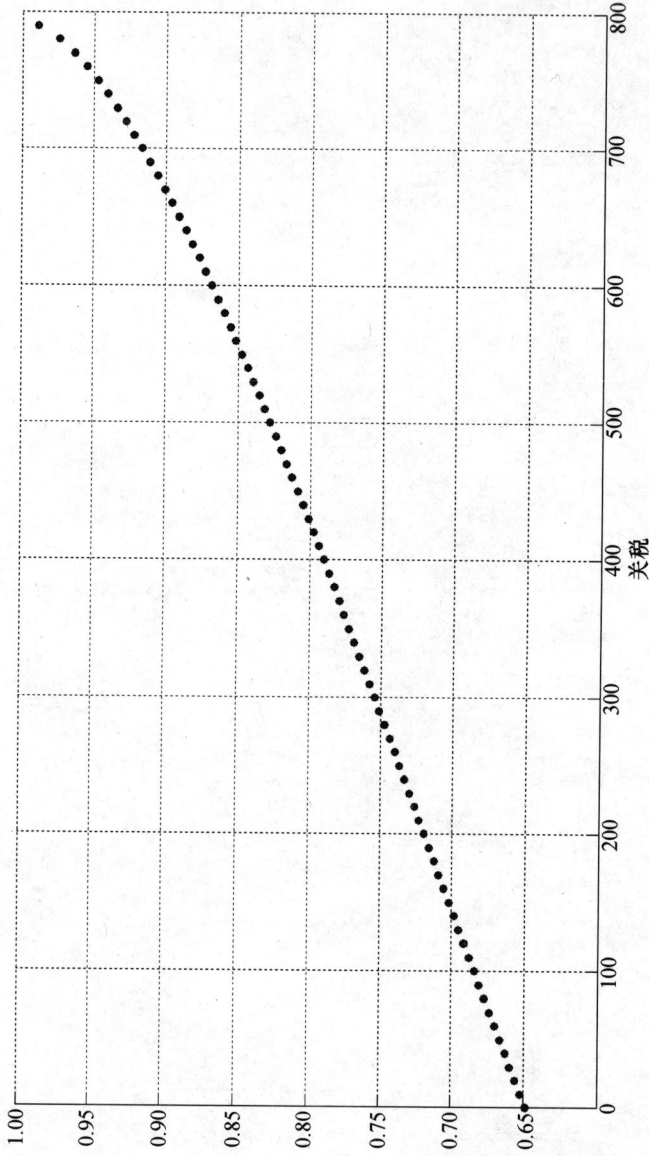

图 5-7 τ 固定时的最优 β^*

府应该制定越高的关税"较为一致。佟苍松（2006）以美国数据进行的实证研究也证明了国内商品与进口商品之间的替代弹性大小对政府关税政策工具有重要影响。

根据图 5-3 和图 5-5，除小部分 $\beta^* = 1$ 的均衡点外，模型大部分均衡位于 $\beta^* \in (0,1)$ 区间。这表明：为最大化本国社会福利，政府的最优决策既不是绝对的 FDI 行政垄断 $\beta^* = 1$，也不是绝对的自由竞争市场 $\beta^* = 0$，而是设置有限度的外商直接投资行政垄断。该结论与我国政府在《外商投资产业指导目录》中对各行各业做出"最高外资比例"限制的现实制度极为吻合。

命题 5-1：设置一定程度的外商直接投资行政垄断，是以社会总福利最优化为目标的政府的理性选择。

$\beta^* \in (0,1)$ 从理论上解释了我国为何要在"鼓励外商投资产业"、"限制外商投资产业"规制外资最高比重，因为一定程度的外商直接投资行政垄断能提升我国社会总福利（企业利润总额加消费者剩余）。

当 θ_1、θ_2、θ_3 之间满足一定数学关系，模型出现 $\beta^* = 1$、$q_{ji,FDI}^* = 0$（跨国公司不进行外商直接投资）的均衡（见图 5-6）。图 5-6 解释了像中国这样的发展中国家在"禁止外商投资产业"设置绝对外商直接投资行政垄断，禁止跨国公司进行外商直接投资的原因，因为这是 i 国政府最大化本国社会总福利的最优决策。

第三节　行政垄断的宏观经济绩效

一　外商直接投资行政垄断对贸易政策的影响

以市场均衡产量和价格分别对关税率 τ 求偏导，得解析解：

$$\partial q_{ii}^* / \partial \tau = \frac{0.5\left[\beta^2\theta_1\theta_3 - \beta\theta_1\theta_3 - 2\theta_1\theta_3 - 2\beta\theta_2 + 2\theta_2\right]}{\beta^2(\theta_1^2 - \theta_3^2) + \beta(4\theta_3^2 + \theta_2^2 - \theta_1\theta_2\theta_3 - 4) + 4 - \theta_1^2 - 4\theta_3^2 - \theta_2^2 + 2\theta_1\theta_2\theta_3}$$

$$(5.21)$$

$$\partial q_{ji,FDI}^* / \partial \tau = \frac{0.5\left[\beta(\theta_1\theta_2 - 2\theta_3) + 4\theta_3 - \theta_1\theta_2\right]}{\beta^2(\theta_1^2 - \theta_3^2) + \beta(4\theta_3^2 + \theta_2^2 - \theta_1\theta_2\theta_3 - 4) + 4 - \theta_1^2 - 4\theta_3^2 - \theta_2^2 + 2\theta_1\theta_2\theta_3}$$

$$(5.22)$$

$$\partial q_{ji}^* / \partial \tau = \frac{0.5\left[4\beta - 4 + \theta_1^2 - \beta^2\theta_2^2\right]}{\beta^2(\theta_1^2 - \theta_3^2) + \beta(4\theta_3^2 + \theta_2^2 - \theta_1\theta_2\theta_3 - 4) + 4 - \theta_1^2 - 4\theta_3^2 - \theta_2^2 + 2\theta_1\theta_2\theta_3}$$

$$(5.23)$$

$$\partial p_{ii}^{*}/\partial \tau = \cfrac{0.5(1-\beta)[\beta\theta_1(\theta_3-\theta_1\theta_2)+2\theta_2-2\theta_1\theta_3]}{\beta^2(\theta_1^2-\theta_3^2)+\beta(4\theta_3^2+\theta_2^2-\theta_1\theta_2\theta_3-4)+4-\theta_1^2-4\theta_3^2-\theta_2^2+2\theta_1\theta_2\theta_3}$$

$$(5.24)$$

$$\partial p_{ji,FDI}^{*}/\partial \tau = \cfrac{0.5[(\beta-1)\theta_1\theta_2+(1+\beta)\theta_1^2\theta_3-2\beta\theta_3]}{\beta^2(\theta_1^2-\theta_3^2)+\beta(4\theta_3^2+\theta_2^2-\theta_1\theta_2\theta_3-4)+4-\theta_1^2-4\theta_3^2-\theta_2^2+2\theta_1\theta_2\theta_3}$$

$$(5.25)$$

$$\partial p_{ji}^{*}/\partial \tau = \cfrac{0.5[4-4\beta+(\beta^2-1)\theta_1^2+(2\beta-2)\theta_2^2+(2\beta-4)\theta_3^2+(3-\beta^2)\theta_1\theta_2\theta_3]}{\beta^2(\theta_1^2-\theta_3^2)+\beta(4\theta_3^2+\theta_2^2-\theta_1\theta_2\theta_3-4)+4-\theta_1^2-4\theta_3^2-\theta_2^2+2\theta_1\theta_2\theta_3}$$

$$(5.26)$$

关税政策主要目标是抑制进口 q_{ji}^{*}，保护国产品市场份额 q_{ii}^{*}。但 (5.21) 式至 (5.23) 式表明：$\partial q_{ii}^{*}/\partial \tau$、$\partial q_{ji}^{*}/\partial \tau$ 值的正负共同取决于 β 与 $\theta_1,\theta_2,\theta_3$ 的大小。关税政策 τ 能否生效，要视乎产品之间的替代系数和外商直接投资行政垄断的强弱。(5.24) 式至 (5.26) 式大于 0 还是小于 0，也受到 $\theta_1,\theta_2,\theta_3,\beta$ 影响，这说明关税政策 τ 对国内市场价格的作用方向具有不确定性。

将 (5.16) 式至 (5.20) 式代入 (5.14) 式，求解 (5.15) 式得 i 国政府的最优关税率 $\tau*$，结果见图 5 - 2 和图 5 - 4。如果 i 国把外商直接投资行政垄断设为 β^{*}，而关税率偏离 $\tau*$，或把关税率定为 $\tau*$，而外商直接投资行政垄断不设为 β^{*}，这两种偏离纳什均衡的做法都会损害 i 国的社会总福利（这时的 $SS_i < SS_i^{*}$）。

因此，i 国政府在某产业实施外商直接投资行政垄断时，务必考虑现行关税政策；选择最优关税率 $\tau*$ 时，也须考虑外商直接投资行政垄断制度的强弱。β 与现行关税率 τ 密切相关，外商直接投资行政垄断与关税政策不是独立的政策（制度），二者相互制衡。

命题 5 - 2：关税政策与外商直接投资行政垄断密切相关，二者不是独立的政策（制度）。

设 $\theta_1 = 0.65, \theta_2 = 0.45, \theta_3 = 0.25$，其他参数赋值如前所述。即假设 τ 是个相对固定的外生变量，以方程 $\partial SS_i^{*}/\partial \beta = 0$ 求解 β^{*}，运算结果见图 5 - 7。图 5 - 7 显示，β^{*} 是关于 τ 的单调递增函数——关税越高，最优外商直接投资行政垄断 β^{*} 越大。以方程 $\partial SS_i^{*}/\partial \tau = 0$ 求解 $\tau*$，本书发现 $\tau*$ 也是关于 β 的单调递增函数。

该结论表明：如果面临很强的外商直接投资行政垄断，跨国公司自然会加大出口贸易力度，从而间接提高跨国公司对高关税的承受力，外商直接投资东道国因而可以征收更高的关税率。反之亦然。

命题 5 - 3：外商直接投资行政垄断制度与关税政策之间存在一定互补效应。

该命题间接验证了进口与外商直接投资之间的替代效应，并与以往经验研究结果较为吻合。刘可等（2006）提出："外商直接投资大小与该行业最优贸易保护关税水平正相关"。丁辉侠和冯宗宪（2005）通过计量回归发现关税水平与外商直接投资成正比。王少平和封福育（2006）发现在我国东部地区外商直接投资与进口之间存在显著替代效应。薛漫天和赵曙东（2007）以海运成本作为关税的代表变量，研究发现在出于避税动机的外商直接投资中，关税水平与外商直接投资存在互补效应。

模型结果 $\partial q_{ij}^* / \partial \tau = 0$，$\partial (q_{ii}^* + q_{ji,FDI}^* + q_{ji}^*) / \partial \tau \neq 0$ 与王胜和邹恒甫（2004）的实证研究结论一致——关税率与本国出口份额的相关系数不显著，而与 GDP 显著相关。

由于最优出口退税率 s^* 的解析解计算与分析较为复杂且篇幅较长，本书将其放在附录 1 "最优出口退税计算"。

二　外商直接投资行政垄断对宏观经济与社会福利的影响

无论国际市场处于何种市场环境（任意的 a、c_i、c_j、c_i'、b 值），本书都能发现 β^* 是 i 国政府的唯一最优决策——i 国只有实施强度为 β^* 的外商直接投资行政垄断，才能最大化本国的社会总福利 SS_i。但问题是，i 国不可能永远独占外商直接投资行政垄断权力。即使 i 国是发展中国家，单边的行政垄断权力还是很容易被其他国家指责。一旦其他国家也行使外商直接投资行政垄断权力，国家之间将不可避免地展开激烈的政策博弈——争相在本国各行各业实施外商直接投资行政垄断。如同已进行数百年的关税竞争一样，这种政策博弈势必削弱行政垄断制度的有效性①。经济全球化的趋势只会使 i 国的外商直接投资行政垄断权力逐渐消失，其机会成本也越来越高。

一旦 i 国不再拥有实施外商直接投资行政垄断的特权（β 必须等于 0），只能实施关税和出口退税政策，图 5 - 2 和图 5 - 4 显示：i 国的最优关税率 τ^* 明显下降。该模型结果与命题 5 - 3 吻合。而图 5 - 8 显示，$\beta = 0$ 时，i 国的社会总福利在大部分情况下都会比 j 国低；外商直接投资行政

---

① 特别是当发展中国家发展到具备充足资本进行逆向垂直外商直接投资时。

垄断出现后（$\beta^* > 0$），i 国的社会总福利 SS_i^* 得到大幅度提升，同时迫使 j 国的社会总福利 SS_j 急剧下降，即外商直接投资行政垄断制度提高了关税率和本国社会福利。

命题 5－4：外商直接投资行政垄断可以提升本国社会总福利，同时损害贸易竞争对手国的社会总福利，这是一项"以邻为壑"的制度。

图 5－10 表明，$\beta = 0$ 时，跨国公司的利润比 i 国本土企业高；一旦 i 国实施外商直接投资行政垄断，跨国公司利润被大幅挤出，本土企业利润得到提升。

命题 5－5：外商直接投资行政垄断可以提升本土企业经济利润，同时挤出跨国公司经济利润。

如果我们的研究到此为止，外商直接投资行政垄断对发展中国家 i 国来说，似乎是一项"有百利而无一害"的制度。但图 5－9 表明，行政垄断提升本国的社会总福利和企业利润并不是没有代价的——β^* 大幅损害 i 国的消费者剩余。

外商直接投资行政垄断以牺牲消费者福祉为代价，补贴本土企业的经济利润，制度就是这样在消费者和企业之间无声无息地实施"转移支付"。根据图 5－9 和图 5－10，实施外商直接投资行政垄断可以挤出跨国公司利润，但却不能减少 j 国的消费者剩余（$\partial CS_j / \partial \beta = 0$）。因此，外商直接投资行政垄断伤害的只有自己国家的消费者。

从图 5－11 至图 5－13 来看，外商直接投资行政垄断对本土企业的国际市场份额 $q_{ii}^* + q_{ij}^*$ 的激励作用不明显（其中 $\partial q_{ij}^* / \beta = 0$），甚至会减少 i 国的产品消费总量 $q_{ii}^* + q_{ji,FDI}^* + q_{ji}^*$，其中对外商直接投资产量 $q_{ji,FDI}^*$ 的抑制作用尤为明显。

命题 5－6：外商直接投资行政垄断制度损害本国消费者剩余和总消费量，对全国消费者的福祉产生负面影响。

命题 5－6 与第三章的相关结论完全一致。针对本土企业的行业性行政垄断会损害一个产业内的消费者剩余；针对外资企业的外商直接投资行政垄断更会损害全国的消费者剩余。行政垄断损害消费者福祉是一个强而稳健的结论。

既然成本 c_i、c_i' 没变，产量 q_{ii}^*、q_{ij}^*、$q_{ji,FDI}^*$ 也没有增长，那图 5－10 中 i 国的企业利润为何大幅上涨？答案就在图 5－14 至图 5－16——外商直接投资行政垄断 β^* 大幅提高 i 国市场上所有产品的价格。

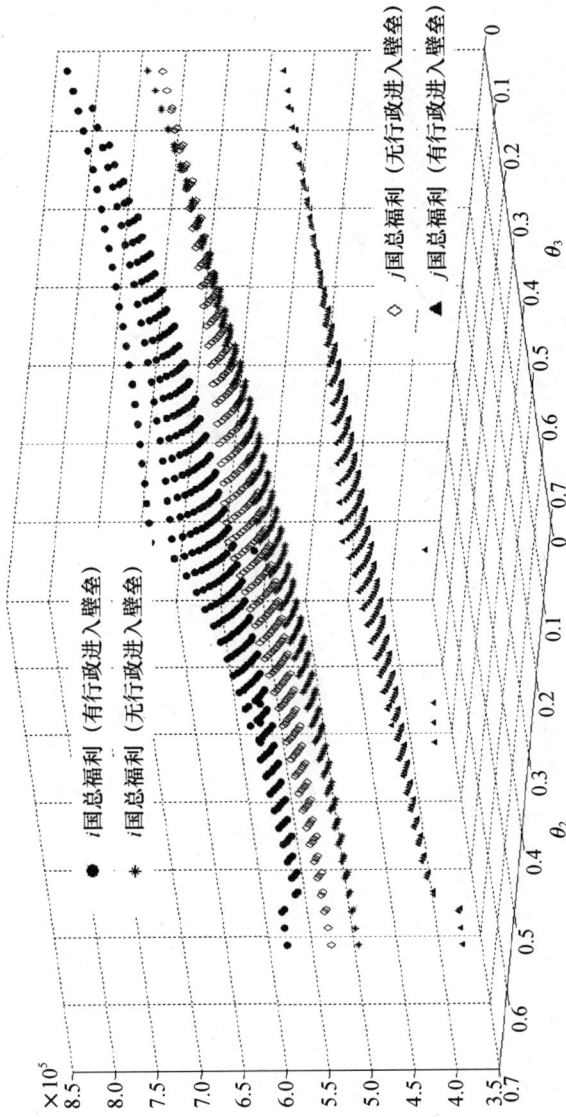

图 5 - 8 *i* 国、*j* 国总福利，$\theta_1 = 0.65$①

---

① 图 5 - 8 至图 5 - 13 中，$\theta_1 = 0.65$，其他参数赋值设定如前所述。

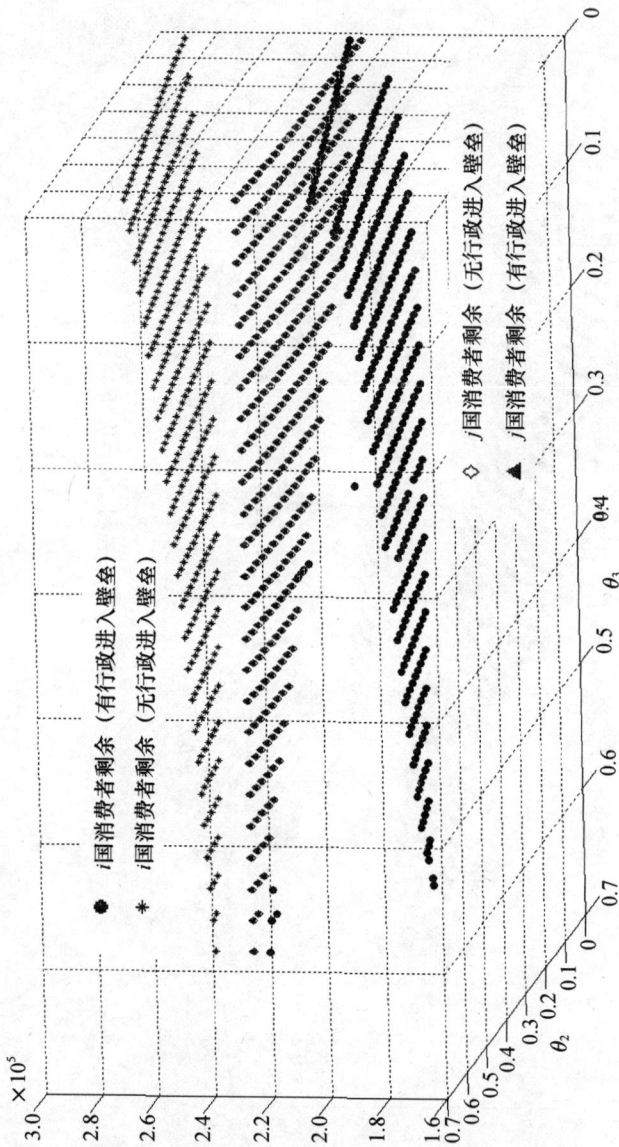

图 5 - 9　i 国、j 国消费者剩余，$\theta_1 = 0.65$

- ● i 国消费者剩余（有行政进入壁垒）
- ＊ i 国消费者剩余（无行政进入壁垒）
- ◇ j 国消费者剩余（无行政进入壁垒）
- ▲ j 国消费者剩余（有行政进入壁垒）

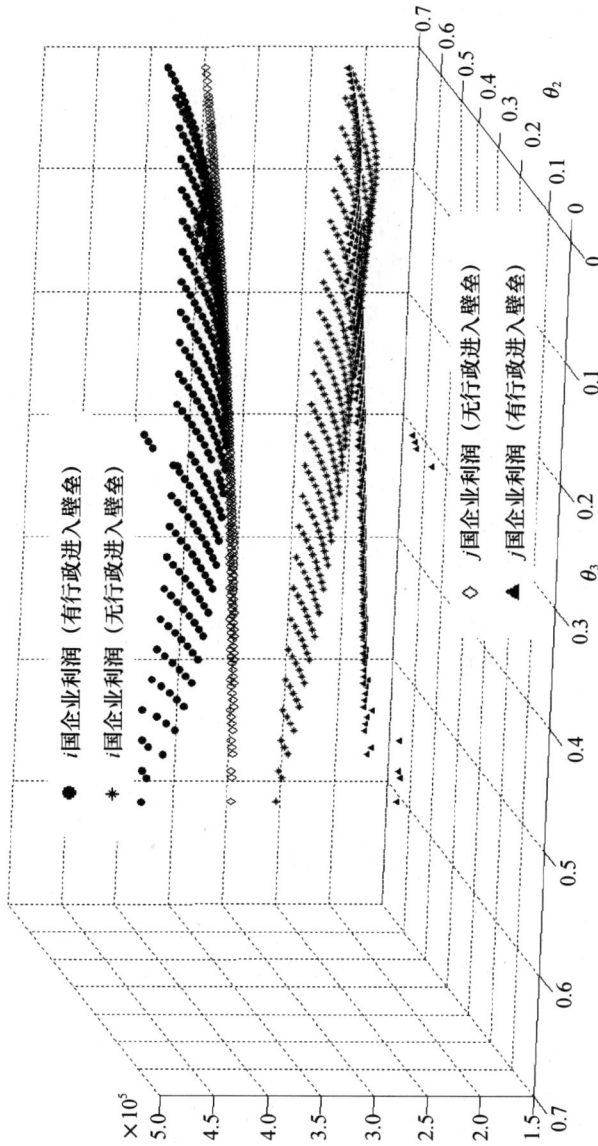

图 5 − 10　i 国、j 国企业利润，$\theta_1 = 0.65$

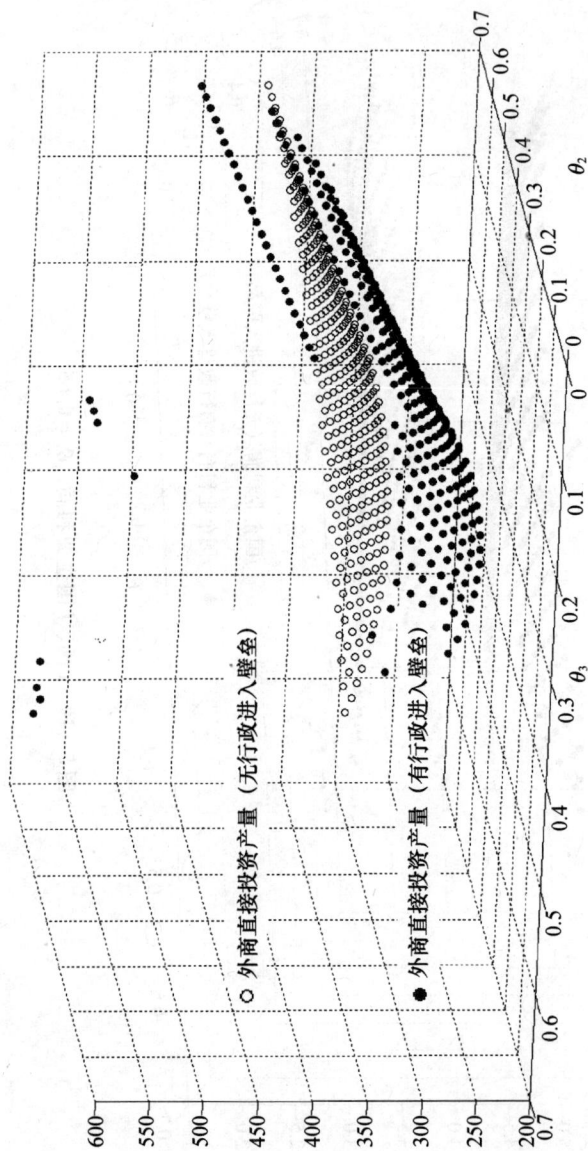

图 5-11　外商直接投资产量（$q_{ji,FDI}^*$），$\theta_1 = 0.65$

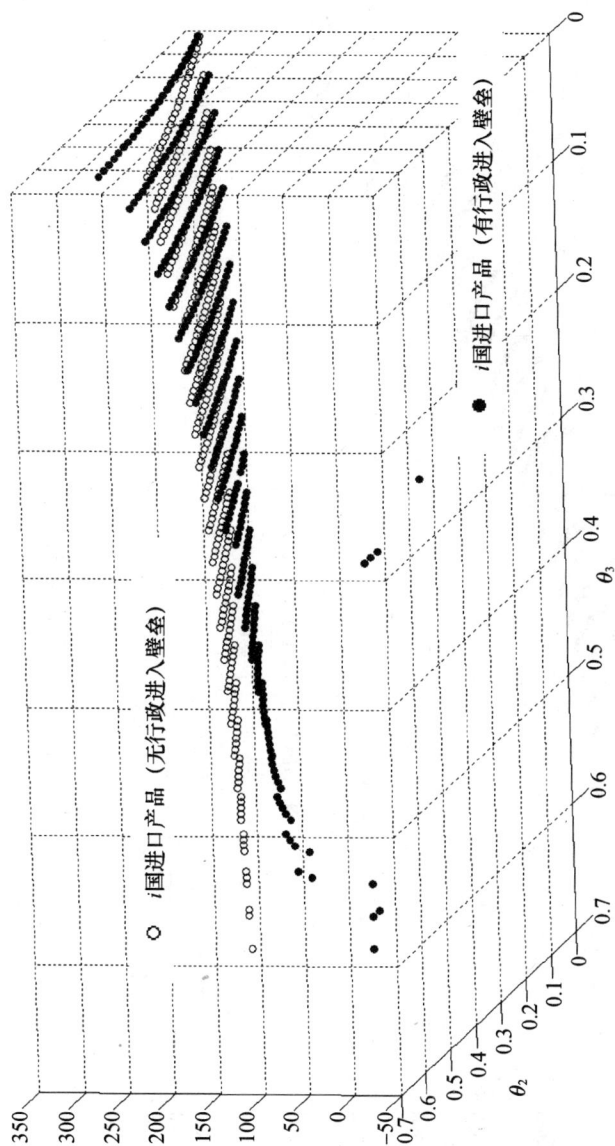

图 5 - 12 i 国进口产品 q_{ji}^*, $\theta_1 = 0.65$①

① 图 5 - 12 中有部分均衡点的跨国公司进口为零, 即 $q_{ji} = 0$。

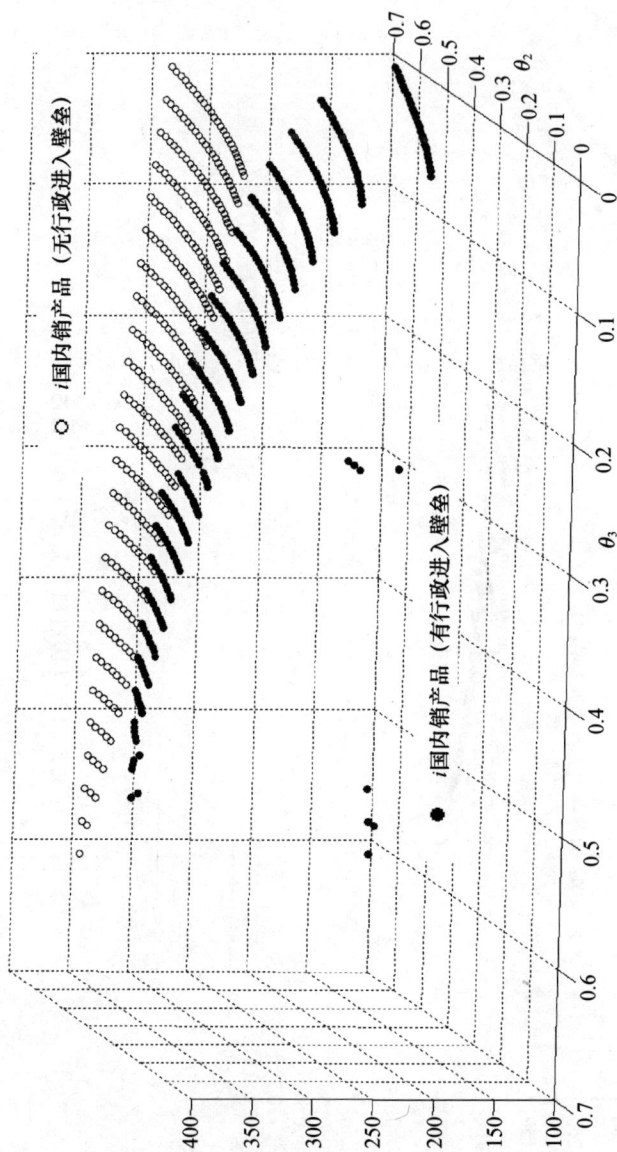

图 5 – 13　i 国内销产品 q_{ii}^{*}，$\theta_1 = 0.65$

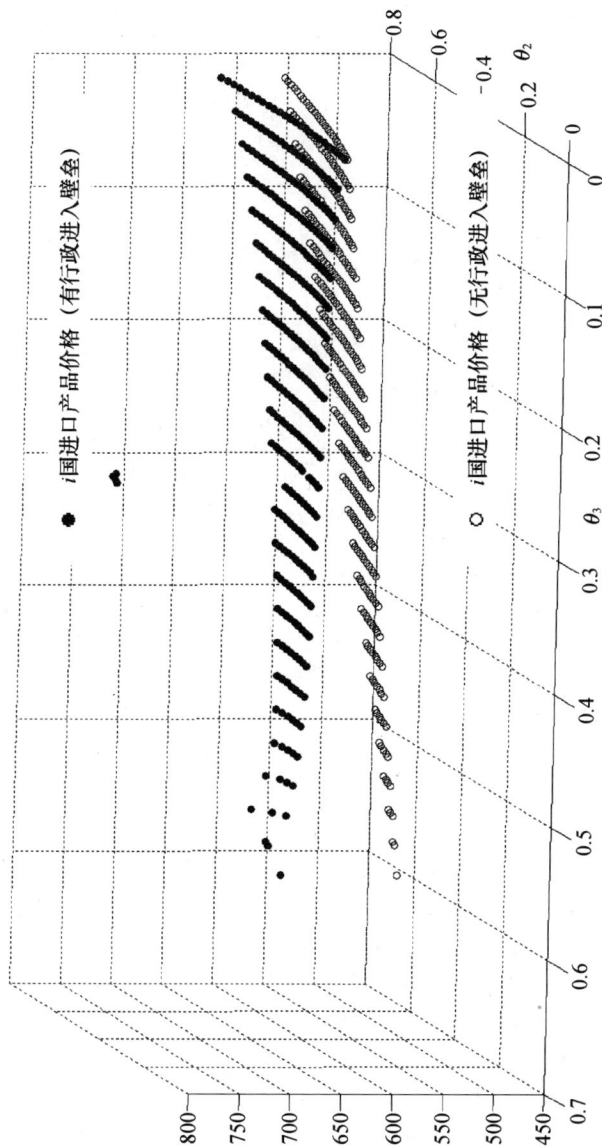

图 5-14 i 国进口产品价格 p_{ji}^*，$\theta_1 = 0.65$

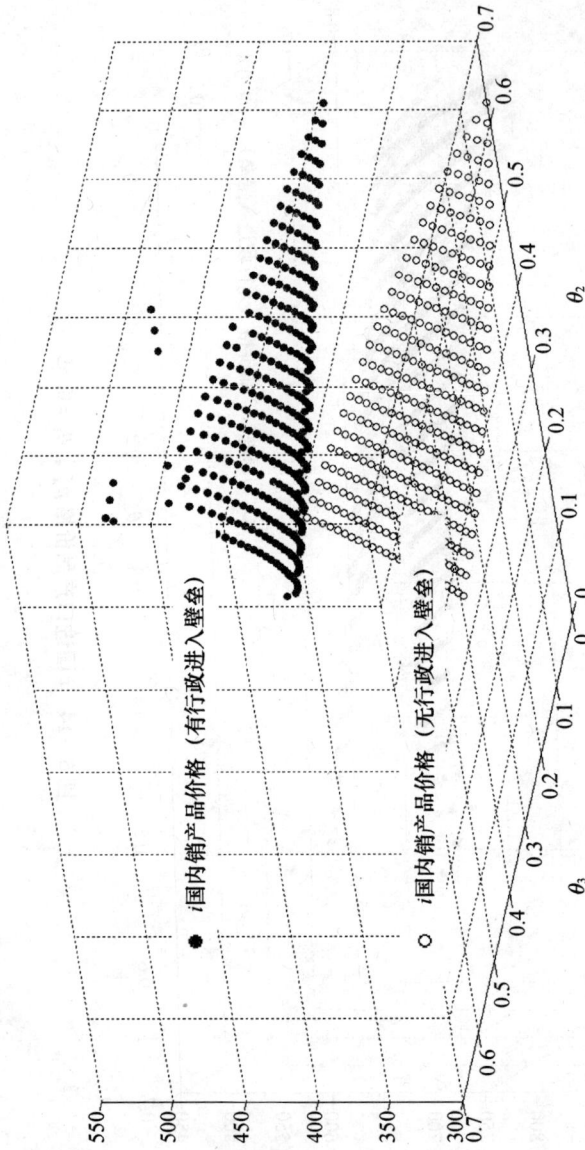

图 5 - 15　i 国内销产品价格 p_{ii}^*，$\theta_1 = 0.65$

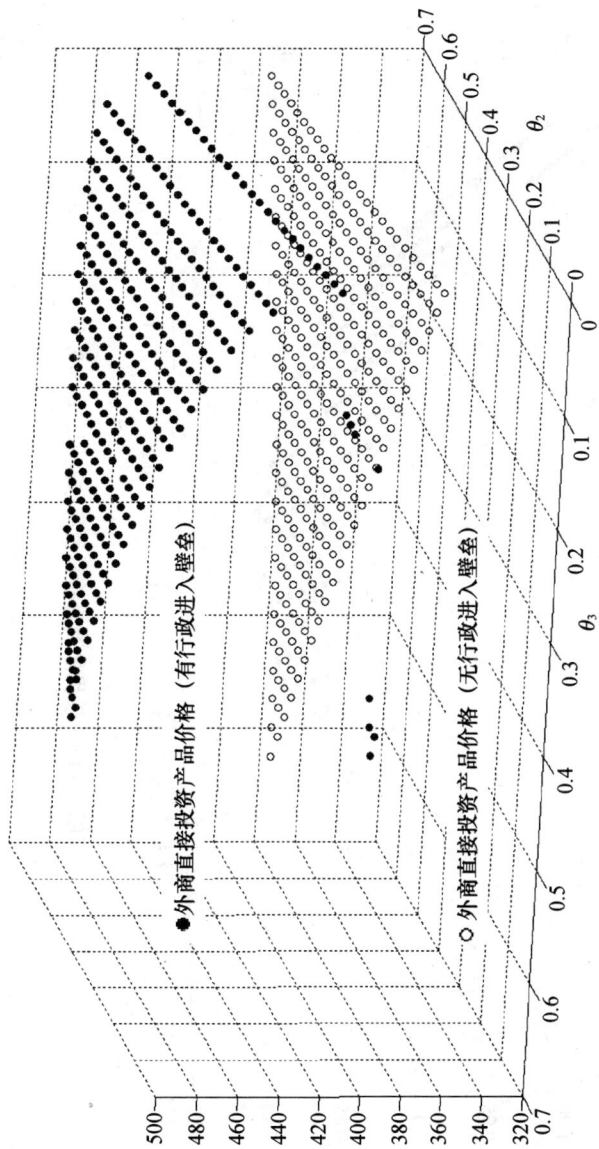

图 5 - 16　外商直接投资产品价格 $p_{ji,FDI}^{*}$，$\theta_1 = 0.65$

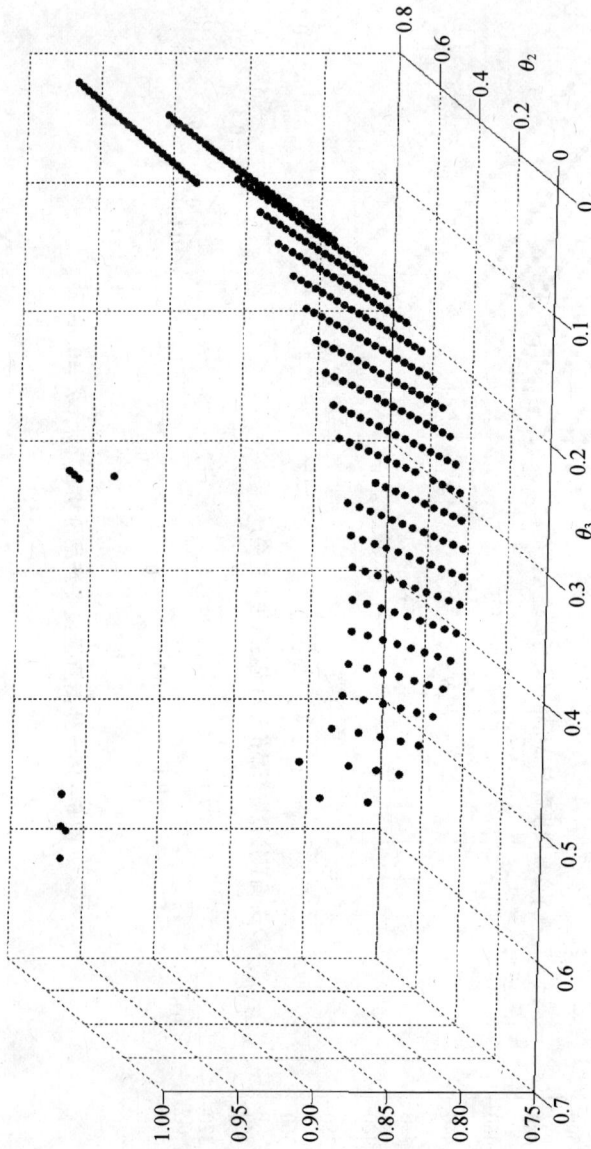

图 5 - 17　最优外商直接投资行政垄断，$\theta_1 = 0.65$

命题 5-7：外商直接投资行政垄断提升社会总福利是以牺牲消费者剩余为代价，主要通过提高产品价格、增加本土企业利润而实现。

在外商直接投资行政垄断的价格刺激效应下，i 国企业得以攫取更多利润，全体消费者却必须以更高的市场价格（$p_{ii}^*,p_{ji,FDI}^*,p_{ji}^*$）消费更少的产品（$q_{ii}^* + q_{ji,FDI}^* + q_{ji}^*$）。

命题 5-8：在外商直接投资行政垄断制度下，一个国家的本土企业和全体消费者之间永远实现不了"双赢"。

i 国政府要么实施外商直接投资行政垄断——选择更多的企业利润，要么不实施外商直接投资行政垄断——选择更多的消费者剩余和总消费量，"鱼与熊掌不可兼得"。如果 i 国政府关注更多的是本土企业的经济利润和社会总福利，而非消费者福祉，这时的外商直接投资行政垄断无疑是一项行之有效的制度。

此外，$\partial q_{ij}^*/\partial\beta = 0, \partial q_{jj}^*/\partial\beta = 0, \partial CS_j/\partial\beta = 0$ 表明：外商直接投资行政垄断对国外的总消费量和消费者剩余均未造成负面影响。因此，外商直接投资行政垄断只会冲击本国市场，只损害本国的消费者剩余。

为检验模型稳健性，本书将外生参数改为 $c_i = 0.03, c_j = 0.05, c_i' = 0.045$，其他参数不变。运算结果见图 5-17，模型结果没有质变。进一步调整其他参数，模型均衡及相关结论也没有产生大的变化。综合判断模型及其结论具有一定稳健性。

第四节　小结

十几年前，德国大众、法国标志等跨国汽车公司相继在中国投资设厂，人们期盼着小轿车成为日常生活的必需品，期盼着消费廉价的高质量汽车。但事实证明，汽车虽然普及了，不过这些"国产"的合资品牌汽车价格却在当今世上数一数二。购买同一型号汽车，我国的消费者必须承受比国外高得多的价格。几年前，当我国承诺为世界贸易组织成员开放金融市场，人们又一次期盼金融服务质量上一档次。但事实再次证明，这依旧不如人所愿。

单从市场经济的角度，这些现象似乎难以解释。其实，《指导外商投资方向规定》、《外商投资项目核准暂行管理办法》和《外商投资产业指导目录》等法规在上述产业设置了明确的外商直接投资行政垄断。根据本章的理论研究，我国出现这样的经济现象自然不足为怪。甚至可以说，这是市场经济和行政垄断制度结合的必然产物。

本章基于新贸易理论和博弈论，结合国际贸易、贸易政策以及外商直接投资，研究中国行政垄断制度对宏观经济和国际贸易的影响。主要结论如下：

（1）设置一定程度的外商直接投资行政垄断，是以社会总福利最优化为目标的政府的理性选择。

（2）外商直接投资行政垄断可以提升本国的社会总福利，同时损害贸易竞争对手国的社会总福利，这是一项"以邻为壑"的制度。

（3）外商直接投资行政垄断可以提升本土企业的经济利润，同时挤出跨国公司的经济利润。

（4）外商直接投资行政垄断制度损害本国消费者剩余和总消费量，对全国消费者的福祉产生负面影响。

（5）外商直接投资行政垄断提升社会总福利以牺牲消费者剩余为代价，主要通过提高产品价格、增加本土企业利润而实现。

（6）关税政策与外商直接投资行政垄断制度之间存在一定的互补效应，二者不是独立的政策（制度）。

为本土企业，我国制定了《政府核准的投资项目目录》和《企业投资项目核准暂行办法》；为外资企业，我国制定了《指导外商投资方向规定》、《外商投资产业指导目录》和《外商投资项目核准暂行管理办法》；为各行各业，我国制定了《国务院关于投资体制改革的决定》、《行政许可法》等。行政垄断制度对我国的产业经济和宏观经济运行，对产业组织和国际贸易都产生了至关重要的影响。

第六章　行政垄断对区域经济的影响

　　行政垄断的影响不止于产业经济和宏观经济，它还会对一个国家内部的区域经济发展产生重要影响。因为，地方政府会使用行政权力限制外地产品进入本地市场，限制外地企业到本地进行生产、交易。即所谓的"地区性行政垄断"或"地方保护主义"。

　　与投资主管部门制定并实施的行业性行政垄断不同，地区性行政垄断主要由地方政府实施，而且往往会出现行政权力被不当使用的问题。为此，《反垄断法》对地区性行政垄断做出相对严格的规制，几乎整个行政垄断专章第五章"滥用行政权力排除、限制竞争"都是针对地区性行政垄断的。妨碍商品在地区之间的自由流通、排斥或者限制外地经营者参加本地的招标投标活动、排斥或者限制外地经营者在本地投资或者设立分支机构等三大类地区性行政垄断，均为《反垄断法》所明令禁止。而此前《反不正当竞争法》的主要规制对象也是地区性行政垄断。

　　我国为何要三令五申地规制地区性行政垄断？《关于〈中华人民共和国反垄断法（草案）的说明〉》给出其中一个答案："这类行为扭曲竞争机制，损害经营者和消费者合法权益，妨碍全国统一、公平竞争市场体系的建立和完善，社会各界对此普遍关注。"其实，地区性行政垄断与第五章的外商直接投资行政垄断的作用机制十分类似——后者限制他国企业进入本国市场，保护本国企业；地区性行政垄断则限制外地企业和产品进入本地市场，保护本地企业。因此，地区性行政垄断必然和外商直接投资行政垄断一样，在提高本地企业利润和市场价格的同时，损害消费者剩余和消费者合法权益。

　　为考察行政垄断对区域经济的具体影响，本章将对地区性行政垄断的成因以及由此产生的内生性问题进行探讨，并结合以往研究经验和工具变量法，建立一个面板数据计量模型进行实证研究。

第一节　地区性行政垄断的成因与内生性问题

一　实证研究回顾

以往的实证研究发现，地区性行政垄断对区域经济产生了一些独特影响。其中最早被发现的是，区域经济之间的产业结构趋同现象。沈立人和戴园晨（1990）研究了地方保护主义和产业结构趋同之间的关系，他们意识到地方保护主义危害的严重性，并将地方保护主义影响下的区域经济戏称为"诸侯经济"。胡向婷和张璐（2005）发现，地区性行政垄断增加了地区间的贸易成本，促使各地产业结构趋同现象加速出现。于良春和付强（2008）、付强（2008a）的研究发现地区性行政垄断会刺激省际工业结构趋同。

地区性行政垄断会降低要素资源，尤其是资本的配置效率。郑毓盛和李崇高（2003）提出，地方保护主义带来了产业结构扭曲和要素配置低效，而且近年来这种效率损失有不断加大的趋势。平新乔（2004）的联立方程计量模型证明：地方政府在某个产业实施的行政垄断越强，该地区的资源配置效率越低。刘凤委等（2007）认为，地区性行政垄断阻塞商品的正常流通渠道，妨碍资源和要素的合理配置。许开国（2009b）基于资本配置效率测算模型，将于良春和余东华（2009）测算的"地区性行政垄断指数"作为解释变量，证明了地区性行政垄断对资本在行业间和地区间的配置效率呈"倒 U 形"影响，地区性行政垄断扭曲了资本的有效配置。许开国（2009a）测算了 1999—2006 年中国 30 个省份的制造业宏观成本效率，提出消除地区性行政垄断能有效地降低宏观成本和提高资源配置效率。

地区性行政垄断还会损害区域经济的生产效率和国际竞争力，甚至阻碍区域技术进步。余东华（2008a）发现地区性行政垄断对省级区域的产业竞争力产生负面影响；同时对要素使用效率（劳动效率、资产效率以及综合要素使用率）以及国际竞争力产生显著的负面效应，以致生产效率损失（余东华，2008b）。许开国（2009a）测算出地区性行政垄断造成的宏观效率损失额度。付强（2008b）提出，地区性行政垄断会损害企业技术创新的积极性和效率，既导致虚假的技术进步，又使国民经济锁定在粗放型增长之上。

最终，地区性行政垄断影响到区域的经济增长。陆铭和陈钊（2009）以人均 GDP 增长率为被解释变量，以发展市场分割指数为解释变量，检验地方市场分割对省级经济增长的影响，结果发现：地方市场分割对地方的即期和未来经济增长有"倒 U 形"影响。于林和于良春（2010）把"地区性行政垄断指数"作为解释变量纳入巴罗（Barro，2000）回归方程，以人均 GDP 增长率为被解释变量，回归结果表明：地区性行政垄断与经济增长呈现"倒 U 形"曲线关系。

根据以上文献，地区性行政垄断对区域经济的影响可大致分为四类：（1）影响经济增长；（2）降低资本配置效率；（3）阻碍技术进步，损害生产效率和国际竞争力；（4）加剧区域经济的产业结构趋同。简而言之，"地区性行政垄断的危害很大，阻碍了商品和要素在全国范围内的自由流动，削弱了市场机制优化资源配置的有效性，不利于发挥地区比较优势和形成专业化分工，也不利于获得规模效益"（于良春和余东华，2009）。而关于地区性行政垄断以上四类"危害"的文献并非孤证，每种"危害"都有超过两篇文献进行检验。

经过多年努力，地区性行政垄断对区域经济运行的负面影响已在经济学界、法学界乃至现行法律体系中得到共识。但本书认为，现实中的地方官员往往因政绩激励和经济激励而实施地区性行政垄断，这种行政行为很可能内生于经济系统，从而使传统的计量经济模型产生内生性问题。

为稳健地检验地区性行政垄断的"危害"，下文将深入探讨地区性行政垄断的成因以及由此产生的内生性问题。

二　地区性行政垄断成因 I：地方官员的政绩激励

对于地区性行政垄断的成因，学界有各种各样的观点。黄肖广（1996）较早探讨了财政体制改革与地方保护主义的因果关系。刘作翔（2003）提出，我国司法体制中的地方保护主义及其"司法权地方化"格局是地区性行政垄断形成的主要原因。钟笑寒（2005）、许开国（2009a）提出地区性行政垄断的主要根源在于地方政府目标与宏观经济绩效目标激励不相容。而地方政府的软预算约束也是一个主要原因（许开国，2009a）。

自 20 世纪 80 年代以来，我国地方官员的政绩考核标准就以地方经济增长为主（周黎安，2004）。在实际政绩考核体系中，财政收入、地税与国税收入、国企上缴利润等经济指标也是地方官员的重要考核指标。有研究表明，地区性行政垄断可以在一定程度上保护地方经济利益（如本地企业业绩、财政收入、税源、就业等），地方官员因而会有激励去实施地区性行政垄断以保护地方经济利益，从而实现政绩与仕途的最优化。崔秀荣（2001）提出：分税制改革后，本地企业收入越多，地方政府所得的地方税和企业上缴的利润更多，地方政府官员的政绩也更大，地方政府因而有激励去实施地区性行政垄断以保护本地企业和地方经济利益。过勇和胡鞍钢（2003）认为，财政分权和行政分权扩大了地方政府的行政权力，致使本地企业的收入直接影响到地方财政收入。当本地企业竞争乏力和经济效益低下，地方政府及其职能部门往往用行政命令，排斥、限制及阻碍外地或者部门外企业进入本地市场。保护地方经济利益成为地区性行政垄断出现的重要动因。

平新乔（2004）的实证研究验证了政府实施地方保护的主要动机——地方政府的国有资本控制权与对应产业的边际劳动生产率显著正相关，所以地方保护由物质利益驱动。保建云（2008）的研究发现区域发展差距越大，后发地区进行地方保护的积极性越高，这是因为地区性行政垄断是地方官员实现追赶目标、最大化地方就业与财税收入、充分显示政绩的重要手段。丁启军和王会宗（2009）认为，地区性行政垄断之根本目的是：保护本地企业的经济利益，保护缺乏效率、技术水平落后、产品质量低劣的本地企业免受外来产品冲击。

地区性行政垄断还对官员政绩考核的主要标准——经济增长指标（如 GDP）存在边际递减的激励作用。陆铭和陈钊（2009）以省级面板数据进行实证分析，结果发现地方保护主义对于当地的经济增长具有"倒 U 形"影响：在地方保护程度并不太高的时候，实施地区性行政垄断有利于当地经济增长，一旦超过某临界值，经济增长就受到负面影响。许开国（2009b）使用"地区性行政垄断指数"进行实证研究，结果证实了地区性行政垄断对资本在行业之间和地区之间的配置效率呈"倒 U 形"影响。当地区性行政垄断小于临界值，它能有效地刺激提高资本配置效率，有利于社会生产效率的提高。于林和于良春（2010）也使用"地区性行政垄断指数"进行实证检验，结果表明：地区性行政垄断与经济增长呈"倒 U 形"曲线关系；将地区性行政垄断程度控制在临界水平之下，提高本地地区性行政垄断强度，会促进当地的经济增长。

综上所述，政绩是地方官员实施地区性行政垄断的主要激励。

我国 20 世纪末发生的一次"汽车大战"如实反映出地区性行政垄断对地方经济利益的保护作用，从而间接验证了地区性行政垄断所产生的政绩效用。1998 年 6 月，上海发布新的轿车牌照收费规定——每年对 1 万辆上海大众桑塔纳仅收取 2 万元牌照费，而其他型号的轿车则一律收取 8 万元。生产神龙富康轿车的湖北省相关职能部门随即出台针锋相对的措施——凡在湖北境内购买一辆桑塔纳轿车，需要增缴 7 万元"特困企业解困基金"（聂孝红，2007）。

改革开放以来，我国一直把 GDP、财税水平作为地方官员的主要政绩指标。由于地区性行政垄断能够保护本地经济利益和提高地方经济指标，地方官员为显示政绩而热衷于实施地区性行政垄断。本书据此提出假说 1。

假说 1：区域的经济增长或财政税收水平等政绩考核指标会显著影响地区性行政垄断的强弱。

三　地区性行政垄断成因Ⅱ：地方官员的经济激励

虽然 GDP、财税收入等经济指标内生于区域经济系统，但政治体制、政绩考核对于经济系统毕竟具有很强的外生性。另外，地区性行政垄断也不是地方官员改善地方经济指标、显示政绩的唯一手段。所以，假如地方官员只为争取政绩而实施地区性行政垄断，那么把地区性行政垄断变量纳入计量经济模型的内生性问题不会太大。

但政绩并非地方官员实施地区性行政垄断的唯一激励。周权雄和朱卫平（2010）的锦标赛模型表明：国有企业经营者为晋升机会，既要做出政治努力以表现政治绩效，又要管理好企业获取经营业绩。由于企业业绩与公司管理层的工资、分红直接挂钩，经营者在管理国有企业中所做的"经济努力"与自身经济收益相关，所以他们在国有企业经营者的效用函数中没有增加关于自身经济收益的设定。

然而，地方经济指标的提高很难反映在官员的工资收入之上，即使获得了晋升，在现行公务员工资体制下，各级干部之间的工资差距非常小。无论是政绩还是晋升，地方官员自身的经济效用都不能得到很好的满足。况且，能够晋升至厅处级干部乃至封疆大吏、部委领导的公务员仅为极少数，晋升机会极其有限。尽管晋升艰难，现实中的市、县、镇等各级政府官员对地方经济工作的热情丝毫不减。有些干部甚至宁愿留在基层部门工作，也不愿升迁到省、市里当副巡视员、副调研员，拿更高的工资。当然，职位的高低不等价于权力的大小。地方官员努力争取政绩为的不仅是官衔的大小和工资的多少，而是包括具体职务带来的实际权力。那么权力背后又会是什么？带着这个问题，我们来看两个地区性行政垄断的经典案例。

1994年，黑龙江省发生了一次"啤酒大战"——短短8个月内鸡西市啤酒厂销往周边地区（七台河市、密山市和勃利县）的啤酒被没收了1.3万箱。行政机关采取的行政措施主要有拒办批发和营销执照、公路设卡、对销售点突击检查、随意没收或罚款等（王晓晔，1996b）。1997年年初，河南省固始县为阻止外地化肥流入本地，规定"为了保护本县化肥生产，禁止任何单位和个人包括供销合作社系统从外地购进碳氨，违者除没收商品和非法所得外，还要按有关法规予以重处，并追究乡镇人民政府和管理部门主要领导的行政和经济责任"（李必达，1997）。以上地区性行政垄断行为近乎野蛮，也没有丝毫隐蔽性。黑龙江省、河南省政府可以很容易地完成对以上地区性行政垄断行为的取证，然后根据当时已经生效的《反不正当竞争法》等法律惩处地方行政机关。可以肯定的是，鸡西市周边地区、固始县等地出台的这些近乎无稽之谈的政策文件，很快被上级政府勒令撤销，或迫于舆论压力自行取消，相关负责人甚至会受到上级处罚。

作为理性人，这些地方官员在设计、制定并执行这些粗暴的地区性行政垄断措施时，难道没有想到最终后果——政策被废止、官员被追责？地方官员单纯追求政绩最大化，实施如此过分而不具隐蔽性的地区性行政垄断显然不是理性行为。当这种地区性行政垄断措施被上级追责，甚至受到社会舆论指责和新闻媒体关注时，承担相关责任的地方官员仕途就岌岌可危了。更重要的是，对外地啤酒设卡堵路、没收外地化肥等临时性（实际持续时间不过数周）强制措施，对本地的年度GDP、财税收入等经济指标几乎毫无用处。时至今日，尽管2008年生效的《反垄断法》在法律条文上严格规制地区性行政垄断，事实上全国各地的地区性行政垄断行为依旧层出不穷。

部分过于激进而缺乏隐蔽性的地区性行政垄断行为对地方官员来说，既产生巨大的仕途风险，也似乎对地方经济利益和官员政绩毫无用处。那为何以政绩为激励的地方官员还会从事如此不理性的行为？答案显而易见——政绩不是地方官员实施地区性行政垄断的唯一激励，他们必定还有其他方面的激励。

过勇和胡鞍钢（2003）曾对行政垄断与官员经济腐败问题的因果关系进行深入讨论。相关估算结果（胡鞍钢，2000；胡鞍钢和过勇，2002）表明，中国的行政垄断已经给社会造成了巨大的经济损失，成为经济腐败一个重要组成部分，甚至远远超过直接贪污受贿造成的经济损失，是中国当前最严重的腐败形式。在统计数据的支撑之上，过勇和胡鞍钢（2003）提出：行政垄断是地方官员的一种寻租行为，实质上是一种来自地方政府的"下层腐败"，同时也是一种"行政腐败"。

地方官员所拥有的包括实施行政垄断在内的行政权力，会大大提高地方官员出现经济腐败问题的可能性。[1] 本地（外地）企业会"游说"[2]地方官员实施（放弃）地方保护，以地下经济收益俘获官员。地方官员同样可以凭借行政权力主动"寻租"。因此，地区性行政垄断可以为地方官员带来工资以外的地下"租金"。

总之，除了政绩激励，经济激励是地区性行政垄断的另一个主要成因[3]。

在现实中，本地（外地）企业往往会从自有资金或利润中抽取一部分，用作"游说"地方官员的经费。企业行为在地区性行政垄断形成过程中成为不可或缺的一环。这样一来，地区性行政垄断显然不是一个完全取决于政治体制的区域经济外生变量，而会受到区域经济运行和企业经营业绩的影响。本书据此提出假说2。

假说2：区域内的企业经济指标会显著影响地区性行政垄断的强弱。

四　地区性行政垄断的内生性问题

在政绩激励和经济激励双重影响下，地区性行政垄断变量的内生性问题加剧了。地区性行政垄断在区域经济中很可能是一个内生变量，使用最小二乘法（OLS）回归的计量模型将产生内生性问题。这是以往研究有所忽略的方面。本书试图解决这一内生性问题，以准确考量行政垄断对区域

---

　　[1]　当然，本书并不认为行政垄断一定是最严重的腐败形式，也并非要评判腐败的危害性，更不是要消灭经济腐败，本书要研究的只是地区性行政垄断在经济系统中的内生性问题及其经济绩效。

　　[2]　关于 Lobbying 的研究可参见 Baye 等（1993，1996）、Moldovanu 和 Sela（2001）、Menicucci（2006）以及 Kayalica 和 Lahiri（2007）。

　　[3]　这里绝非暗示案例中的地方政府出现腐败。这些案例只为上文的反证法提供经验素材，并不代表本书的理论分析可完全套用其上。

经济的影响。

白重恩等（2004）较早注意到地区性行政垄断的内生性问题，该文使用解释变量利税率的滞后一期值来缓解内生性问题。陆铭和陈钊（2009）提出："为了缓解联立性内生问题，所有的解释变量都滞后了一期"。许开国（2009b）的计量模型也发现了内生性问题，并以动态面板广义矩（GMM）估计来克服。陈敏等（2008）尝试以工具变量法解决内生性问题，却没有对解释变量"市场分割程度"取工具变量，而是对控制变量"经济开放度"取工具变量。从总体来看，地区性行政垄断的内生性问题没有引起学界很大的重视，至今没有出现深入分析地方官员行为和内生性问题的经验研究。

为检验官员"寻租"和企业"游说"是否会对地区性行政垄断变量造成直接影响，为检验地区性行政垄断在计量模型中的内生性问题，本书提出假说3。

假说3：地区性行政垄断变量会在计量经济模型中出现内生性问题。

第二节　变量选择与数据处理

一　地区性行政垄断的测度

在以往研究中，测度地区性行政垄断的方法多种多样，学界没有达成完全一致的共识。其中，使用频率较高的是于良春和余东华（2009）的测度办法。于良春和余东华（2009）提出："地方保护和市场分割只是地区性行政垄断的主要表现形式之一，仅仅测度地方保护程度难以全面反映地区性行政垄断对市场竞争的干预和影响"，因此有必要"进行全方位的量化测度"。该文测算出一个反映中国各省份历年地区性行政垄断强弱的"地区性行政垄断指数"。

根据现有的十数篇实证文献以及相关博士论文的研究，该指数表现良好，能够较为准确地反映出中国各省份的地区性行政垄断强度。而且该指数与我国各省地区性行政垄断程度的纵向演化路径较为吻合，也可反映出各省之间地区性行政垄断强弱的横向对比（于良春和余东华，2009）。

为此，本书以"地区性行政垄断指数"作为基础计量模型的解释变量。

二　被解释变量的选择

本书考察的区域经济绩效是生产效率、资本配置效率、技术创新能力、国际竞争力并分别将 4 类经济绩效指标作为被解释变量，依次纳入基础计量模型进行研究，分析地区性行政垄断对区域经济运行和发展的具体影响。

产品附加值变量 Y_1 代表"生产效率"，以某省全部企业的营业利润除以产品销售成本计算。本省企业从每单位成本中攫取的经济利润越大，表明该省的生产效率越高。白重恩等（2004）也曾使用利税率作解释变量研究地区性行政垄断。根据理论推测，在以产品附加值为被解释变量的回归方程中，解释变量 X 的估计系数应显著为负。即地区性行政垄断损害区域经济的生产效率。

资本密集度变量 Y_2 代表"资本配置效率"，以某省全部企业的资产合计除以产品销售收入计算。资本密集度越高，表明本省企业每攫取一单位营业收入所必须投入的总资本越多，区域经济的资本配置效率较低。刘凤委等（2007）也曾使用资产负债比作控制变量研究地区性行政垄断。根据理论推测，在以资本密集度为被解释变量的回归方程中，X 的估计系数应显著为正。即地区性行政垄断损害区域经济的资本配置效率。

新产品比重变量 Y_3 代表"技术创新能力"，反映区域经济的技术进步速度。本省企业生产的新产品越多，表明该区域的技术创新能力越强。根据理论推测，在以新产品比重为被解释变量的回归方程中，X 的估计系数应显著为负。即地区性行政垄断损害区域经济的技术创新能力。

出口比重变量 Y_4 代表"国际竞争力"。该指标越高，表明该区域的产品受国外市场欢迎，国际竞争力较高。陆铭和陈钊（2009）、于林和于良春（2009）曾使用省级的出口比重指标作控制变量；余东华（2008b）使用出口比重作被解释变量"产业国际竞争力"的代表变量。根据理论推测，在以出口比重为被解释变量的回归方程中，X 的估计系数应显著为负。即地区性行政垄断损害区域经济的国际竞争力。

考虑企业生产必须投入资本要素，计量方程使用劳动力成本 L 作为控制变量①。

---

①　由于与部分工具变量高度相关，初步回归结果表明实物资本不适合作为控制变量。

三 数据处理

实证研究的主要数据来源为中国统计信息服务中心编制的"中国工业企业数据库"。该数据库提供了规模以上工业企业的统计数据,具有样本范围广、统计指标多、数据精确等特色。本书以该数据库为企业层面数据的来源,据此核算出省级区域经济的统计指标。

为控制省级区域经济发展的非均衡因素,各项经济指标使用企业平均值,即以该省的单项指标除以本省的企业总量。比如,广东省的企业平均资本金由"中国工业企业数据库"提供的"省地县代码"登记的广东省的全部企业的资本金总额,除以广东省内企业样本总数量得出;资本密集度指标使用广东省的企业平均资产除以企业平均产品销售收入计算。如此处理的好处在于:缓解数据库的统计偏误问题。2000 年该数据库只统计了 16.3 万家企业,2006 年全国企业样本数量攀升至 30.2 万家。样本容量激增造成历年的经济总量指标存在显著差异,使用企业均值将在一定程度上缓解此问题。

其他宏观经济数据来源于历年《中国统计年鉴》。部分企业微观经济指标和地区宏观经济指标比地区性行政垄断指数和部分比例变量(如 $gov, lobby$)大很多。为缩小变量之间的量级差距,部分经济指标取自然对数。

以往实证文献绝大部分使用省级的宏观统计数据进行研究,只有刘凤委等(2007)曾使用上市公司的微观统计数据研究地区性行政垄断。而本书使用的企业数据库出自权威统计机构——中国统计信息服务中心。以微观的企业层面数据研究中观的区域经济绩效,也是本章实证研究的一处创新。

鉴于数据可获得性,重庆市、西藏自治区和海南省没有列入研究范围。统计数据经整理后,得到 2000—2006 年 28 个省份的 196 个总样本,平均每年涵盖的企业样本达到 22.02 万家。本书所有变量的定义、核算方法及统计特征见表 6 – 1。

表 6 – 1　　　　　　　　变量定义及统计特征

变量	变量定义与数据处理	均值	最大值	最小值	标准差
Y_1	产品附加值 = 营业利润/产品销售成本(2004 年为主营业务成本)	0.0741	0.3719	– 0.0195	0.0622

续表

变量	变量定义与数据处理	均值	最大值	最小值	标准差
Y_2	资本密集度 = 资产合计/产品销售收入	1.5360	3.6765	0.6946	0.5459
Y_3^*	新产品比重 = 工业总产值中新产品产值/工业总产值（现价）	0.1041	0.7307	0.0083	0.1032
Y_4^*	出口比重 = 工业销售产值中出口交货值/工业销售产值（现价）	0.1091	0.4332	0.0133	0.1037
X	地区性行政垄断指数	0.5276	1.1746	0.3629	0.0857
gov	财税政绩 = 地方财政决算本级支出/GDP	0.1550	0.3481	0.0689	0.0610
lobby	企业游说能力 = （港澳台资本金 + 外商资本金）/实收资本	0.1456	0.5656	0.0070	0.1486
liquid	流动资产合计的自然对数（千元）	10.6184	11.4651	9.9317	0.3548
L	主营业务应付工资总额的自然对数（千元）	8.2219	9.0433	7.4715	0.3252

说明："中国工业企业数据库"没有提供 2004 年的工业总产值、新产品产值、工业销售产值、出口交货值 4 个指标，因此标注 * 号的变量缺失 2004 年值。

第三节　实证分析

建立面板数据基础计量模型：

$$Y_{it} = c_{it} + \beta_1 X_{it} + \sum_{i=2}^{n} \beta_i Z_{it}^n + \varepsilon_{it} \tag{6.1}$$

Y 为被解释变量区域经济绩效，X 是解释变量地区性行政垄断的强弱程度，Z_{it}^n 是控制变量（共有 $n-1$ 个控制变量）。c 是截距项，ε 为随机扰动项。$i \in \mathbf{N}$，N 为样本的截面数（28 个省）。$t \in T$，T 为时间数（7 年）。

一　面板模型的选择

面板数据模型主要分为混合估计模型、变截距模型和变系数模型（后两种模型包括固定效应和随机效应两种类型）。如果面板模型的数据样本从截面和个体来看都不存在显著差异性，回归估计可以使用混合估计模型，否则应选择变截距或变系数面板模型。为此，本书以残差协方差检验选择适当的面板数据模型。

首先提出假设 H_1、H_2，然后构建统计指标 F_1、F_2。

假设 H_1：$\beta_{it} = \beta_{jt}, i \neq j$；假设 H_2：$c_{it} = c_{jt}, \beta_{it} = \beta_{jt}, i \neq j$。

$$F_1 = \frac{(SSE_2 - SSE_3)N(T-k-1)}{SSE_3 k(N-1)} \tag{6.2}$$

$$F_2 = \frac{(SSE_1 - SSE_3)N(T-k-1)}{SSE_3(N-1)(k+1)} \tag{6.3}$$

$k = 2$ 为自变量个数。在同一个回归方程，以混合估计模型估计得出的残差平方和记为 SSE_1，以变截距模型估计得出的残差平方和记为 SSE_2，以变系数模型估计得出的残差平方和记为 SSE_3。如果统计量 F_2 不服从 F 分布 $F[(N-1)(k+1), N(T-k-1)]$，则拒绝假设 H_2，继续检验假设 H_1。如果不能拒绝 H_2，回归分析使用混合估计模型。如果统计量 F_1 不服从 F 分布 $F[k(N-1), N(T-k-1)]$，则拒绝假设 H_1，回归分析使用变系数模型。如果不能拒绝 H_1，回归分析使用变截距模型。最后依据随机效应豪斯曼检验结果，决定使用随机效应模型抑或固定效应模型。

本书依据1%显著性水平下的检验结果选择面板数据模型类型。残差协方差检验和豪斯曼检验的结果见表6-2和表6-3。

二 工具变量选择与内生性检验

本书用最小二乘法（OLS）估计了表6-2的回归方程Ⅰ—Ⅳ。结果表明，地区性行政垄断的区域经济绩效与本书的理论预期相符。地区性行政垄断对区域经济的产品附加值、资本配置效率、技术创新能力以国际竞争力都产生了显著的负面作用。但 OLS 回归结果不够稳健：部分计量方程的解释变量系数在2.5%显著性水平上不显著，且回归系数 β_1 均不大。

本书认为，这应该是因为地区性行政垄断变量的内生性问题影响回归结果，以致地区性行政垄断对区域经济运行和发展的负面作用被严重低估。为此进行豪斯曼内生性检验。

此处从"中国工业企业数据库"、历年《中国统计年鉴》以及2004年经济普查数据中，综合考虑与内生解释变量 X 高度相关、与控制变量 L 和方程Ⅰ—Ⅳ的 OLS/EGLS 估计残差项不相关等三个必要条件，选择合理的工具变量。本书发现，与 X 相关系数高的变量，往往难以保证它与 L、残差项的相关系数很低。刘修岩等（2007）提出："由于误差项是不可观测的，所以一个良好工具变量的第二个必要条件是无法直接检验的"，该文主要采用直观判断法选择工具变量。陆铭和陈钊（2004）、高梦滔和姚洋（2005）、祝树金（2010）在选出工具变量后，主要以豪斯曼内生性检验结果判断工具变量的合理性。本书结合以上三个条件和豪斯曼内生性检验结果，选择以下三个工具变量。

依据假说1，地方官员的政绩指标与地区性行政垄断之间存在因果关系，GDP、财税水平等政绩指标会刺激地方官员实施地区性行政垄断。由于控制变量 L 与 GDP 高度相关，相比起来，地方政府的财税水平与 L 的相关度较低。为此，计量模型使用地方财政支出占 GDP 比重 gov 作为工具变量。gov 与 X 的相关系数约为 0.5，与残差项的相关系数较低。

省市各级党委组织部常在国有企业和地方政府之间进行干部交流调动，国有企业经营者与地方官员的身份几乎可以任意转换。而且，国有企业上缴利润也属于地方的财政收入来源和地方官员的政绩体现。在这两层"关系"上，有理由相信地方官员更乐于向港澳台与外资企业寻租。外商用以"俘获"官员的资金运作也相对灵活。本书假设：港澳台与外资企业越多，地方官员被成功"游说"的机会更大，本省地区性行政垄断的强度因而减小。依据假说2，回归方程Ⅰ—Ⅲ使用外商资本比重 $lobby$ 作为的工具变量。但由于港澳台与外资企业大量从事"三来一补"的出口加工，$lobby$ 与 Y_4 高度正相关（相关系数为 0.937），$lobby$ 在回归方程Ⅳ中的有效性受到一定影响。

依据假说2，以 $liquid$ 变量（流动资产合计的自然对数）作为另一个工具变量。本地企业的流动资产越多，它们用于俘获地方官员的资金越充沛，其"游说"能力越强。$liquid$ 与 X 的相关度不高，且与 L 高度相关，因此 $liquid$ 不能单独作为计量模型的工具变量。为此，以 $liquid$ 和 gov 为一组工具变量对回归方程Ⅳ进行Ⅳ估计。工具变量的统计描述见表6-1。

选择工具变量后，使用两步法进行豪斯曼内生性检验。首先以地区性行政垄断指数 X 为因变量，以其他外生变量和工具变量为自变量进行 EGLS 回归，然后对回归方程Ⅴ—Ⅶ进行联合显著性检验。估计结果见表6-2。

表6-2表明，政绩激励变量 gov 与地区性行政垄断指数 X 显著正相关。在财政支出较多的地区，地方官员为保证财政收入和经济增长，实施地区性行政垄断的力度相对较大。经济激励变量 $lobby$，$liquid$ 与 X 显著负相关。省级区域内的外资比重越高，企业平均流动资产越多，当地企业"游说"能力越大，该省的地区性行政垄断程度相对更低。

综上所述，假说1和假说2得到证明。经验证据表明，地方官员会为追求政绩指标（如财税水平）而实施地区性行政垄断，企业游说和官员寻租也会影响本省地区性行政垄断的强弱。

回归方程 V—VII 的 F 统计量大于 10 表明，模型使用的工具变量是强工具变量，否则为弱工具变量（吴要武，2010）。表 6 – 2 显示，回归方程的 F 统计量均大于临界值，本书使用的工具变量是强工具变量。

在以 Y_4 为被解释变量的 IV 估计中，单独使用 gov 或 lobby 或 liquid 的回归结果均不理想。回归拟合优度、t 统计量的显著性相对较差。为此，回归方程 IV 的 IV 估计使用双工具变量 gov,liquid。这时工具变量的个数大于内生解释变量个数（解释变量只有一个 X），因此计量模型需检验过度识别工具变量的有效性。过度识别检验使用 Sargan 统计量进行分析（Roodman，2009）。以回归方程 IV 的 IV 估计结果的残差项为因变量，与其他外生变量进行回归，所得拟合优度 R^2 乘以 m 必须服从卡方分布 $\chi^2(p-k)$。$m=168$ 是 Y_4 的样本数量，p,k 分别是工具变量和内生解释变量的个数。只要 mR^2 不小于 2.5% 显著性水平下的 $\chi^2(1)$ 分布临界值 5.024，则拒绝所有工具变量与残差项不相关的假设，工具变量的有效性不能得到保证。经计算得出 $mR^2 = 4.759$，因此双工具变量没有出现过度识别问题。同时双工具变量的回归方程 IV 使用 GMM 方法改善 TSLS 估计的有效性（高梦滔和张颖，2006）。

下面进行两步法豪斯曼内生性检验的最后一步——将回归方程 V—VII 的残差项放回相应的计量方程 I—IV 进行回归。结果发现：回归方程 VI 的残差项在回归方程 I、III 中不能以 2.5% 显著性水平通过 t 检验，lobby 作为 X 的工具变量的可信度受到一定影响。除此以外，其余残差项的 t 统计量均在 2.5% 显著性水平下显著。豪斯曼内生性检验证实了解释变量地区性行政垄断指数 X 在传统 OLS 估计中的显著内生性问题。地区性行政垄断是计量经济模型中的一个典型内生变量。

综上所述，假说 3 得以证明。

根据豪斯曼内生性检验，本书认为，表 6 – 3 使用工具变量的 IV 估计比表 6 – 2 的 OLS/EGLS 估计更为可靠。

分别以 lobby 和 gov 为工具变量进行 IV 估计也是检验计量模型稳健性的有效办法。由于 lobby 不能通过豪斯曼内生性检验，lobby 对于 X 来说并非一个完美的工具变量，以 lobby 为工具变量的 IV 估计结果也相对较差（见表 6 – 3）。

表 6 – 2 和表 6 – 3 的回归结果表明：人力资本投入总量 L 关于产品附

加值 Y_1 的弹性为正，关于资本配置效率 Y_2 和国际竞争力 Y_4 的弹性为负，对技术创新能力 Y_3 的影响不显著。该结论客观反映出我国产业结构水平低下的事实——资本（人力资本或物质资本）密集型产业占据国民经济主导地位，其产品附加值总量很大，技术密集型产业对经济增长的贡献却微乎其微。资本密集型产业的资本配置效率和技术创新能力相对低下，进一步导致人力资本对区域经济资本配置效率和国际竞争力产生消极影响。

该结论的政策含义在于，大力发展资本密集型产业的确可以拉动 GDP 和工业增加值（产品附加值）的迅速增长，但却使本国经济锁定在资源配置效率低、技术创新能力差和全球价值链的低端。对于中国经济的长远发展，这显然不是一件好事，产业结构升级已迫在眉睫。

表 6-2　　　　　　　　　　OLS 回归与内生性检验结果

被解释变量	Y_1 I	Y_2 II	Y_3 III	Y_4 IV	X V	X VI	X VII
估计法	EGLS**	EGLS**	OLS*	OLS*	EGLS**	EGLS**	EGLS**
截距项	-0.619 (0.000)	3.317 (0.000)	0.157 (0.494)	1.184 (0.000)	1.004 (0.000)	0.952 (0.000)	1.595 (0.000)
X	-0.071 (0.130)	0.323 (0.076)	-0.363 (0.001)	-0.565 (0.000)	——	——	——
L	0.089 (0.000)	-0.237 (0.004)	0.017 (0.527)	-0.095 (0.000)	-0.068 (0.001)	-0.048 (0.012)	0.092 (0.018)
gov	——	——	——	——	0.540 (0.000)	——	0.721 (0.000)
lobby	——	——	——	——	——	-0.222 (0.000)	——
liquid	——	——	——	——	——	——	-0.182 (0.000)
F 统计量	28.841	69.774	5.066	5.475	13.233	16.919	19.460
R^2	0.230	0.749	0.181	0.193	0.121	0.149	0.233

说明：表 6-2 和表 6-3 省略了截距项的固定效应项（即随机变化部分）；OLS 指最小二乘法，EGLS 指截面加权广义最小二乘法，括号内为参数 t 统计量的 P 值，字体加粗变量在 2.5% 显著性水平下不显著；根据 1% 显著性水平下的 F 统计量检验和随机效应豪斯曼检验，标注 * 号采用变截距固定效应模型，标注 ** 号采用变截距随机效应模型，标注 *** 号采用变系数模型，未标注任何 * 号采用混合估计模型。

表 6 – 3 ⅣV回归结果

被解释变量	Y_1 I		Y_2 II		Y_3 III		Y_4 IV		
估计法	Ⅳ/TS – EGLS**	Ⅳ/TS – EGLS**	Ⅳ/TS – EGLS**	Ⅳ/TS – EGLS**	Ⅳ/TSLS*	Ⅳ/TSLS*	Ⅳ/TSLS*	Ⅳ/TSLS*	GMM*
截距项	−0.415	−0.485	−10.913	−9.694	0.394	0.258	1.656	−0.292	1.480
	(0.004)	(0.136)	(0.052)	(0.016)	(0.164)	(0.359)	(0.000)	(0.141)	(0.000)
X	−0.383	−0.131	0.770	0.686	−0.675	−0.496	−1.185	0.700	−0.954
	(0.011)	(0.840)	(0.012)	(0.002)	(0.004)	(0.038)	(0.000)	(0.040)	(0.000)
L	0.084	0.076	1.464	1.322	0.008	0.013	−0.113	0.004	−0.106
	(0.000)	(0.000)	(0.030)	(0.006)	(0.780)	(0.636)	(0.000)	(0.742)	(0.000)
工具变量	*gov*	*lobby*	*gov*	*lobby*	*gov*	*lobby*	*gov*	*lobby*	*govliquid*
R^2	0.045	0.230	0.249	0.330	0.136	0.173	0.016	0.908	0.124

说明：Ⅳ/TS – EGLS 指回归使用工具变量的截面加权广义最小二乘法，Ⅳ/TSLS 指回归使用工具变量的两阶段最小二乘法，GMM 指回归使用双工具变量的动态面板广义矩估计（当误差项是同方差且序列不相关时，GMM 估计即为多工具变量的 TSLS 估计）；标注 * 号采用变截距固定效应模型，标注 ** 号采用变截距随机效应模型。

三　行政垄断的区域经济绩效

控制地区性行政垄断变量的内生性后，Ⅳ估计与 OLS/EGLS 估计结果一致——地区性行政垄断损害了 4 个方面的区域经济绩效。因此，在我国地区性行政垄断损害区域经济绩效是一个客观存在的经济现象。其具体影响如下：

第一，地区性行政垄断对区域经济的生产效率造成负面影响。使用Ⅳ估计后，解释变量 X 的回归系数在统计上变得更为显著，β_1 的绝对值也大幅增加。本省的地区性行政垄断越强，区域经济的生产效率越低。

第二，地区性行政垄断对区域经济的资本配置效率造成负面影响。使用Ⅳ估计后，解释变量 X 的回归系数在统计上变得更为显著，β_1 值也大幅增加。一旦地方官员加强地区性行政垄断的实施力度，本省企业必须增加固定资产投入才能获取跟原来一样多的销售收入。地区性行政垄断损害了资本配置效率。

第三，地区性行政垄断对区域经济的技术创新能力造成负面影响。无论是否使用Ⅳ方法，地区性行政垄断对于区域技术创新能力的负向作用都非常显著。本省地区性行政垄断越严重，整个区域的新产品比重越低。

第四，地区性行政垄断对区域经济的国际竞争力造成负面影响。本省地区性行政垄断指数越高，省内企业的出口比重和国际市场份额越低。因此，地区性行政垄断强度一定程度决定了区域经济的外向程度。

总之，地区性行政垄断对区域经济的生产效率、资本配置效率、技术进步以及国际竞争力均产生较为严重的负面影响。

对比表 6-2 的 OLS/EGLS 和表 6-3 的 IV 估计结果，不难发现最明显的差异发生在解释变量地区性行政垄断的回归系数 β_1 处。使用工具变量后，X 的回归系数 β_1 的显著性得到增强。β_1 的绝对值大小也出现大幅提升——方程 I—IV 的 β_1 分别增加 439%、138%、86% 和 110%（以 gov 为工具变量）。

本书认为，忽略内生性问题的 OLS 估计会严重低估地区性行政垄断的危害性。IV 估计在一定程度上还原了地区性行政垄断的本来面目——它对区域经济运行和发展产生了较严重的负面影响。地区性行政垄断这种地方官员行为在一定程度上内生于区域经济系统，学界以往常用的最小二乘法估计（OLS）可能不完全适用于地区性行政垄断的实证研究。

第四节　小结

2007 年十届全国人大常委会审议反垄断法草案会议上，有些人大委员指出，"中国要成为一个经济强国，要参与国际竞争，就要通过立法打破地方保护主义。如果不打破地方保护，我们的市场就是局限的，就不能成为一个统一的大市场。如果我们的企业在国内市场都走不通，我们如何走向世界？"（王晓晔，2009b）时至今日，我国的地方保护主义现象依旧层出不穷。要完全发挥《反垄断法》第五章行政垄断专章的作用，根治地区性行政垄断，建立全国性统一市场，前行的道路似乎充满曲折。

本书利用于良春和余东华（2009）核算出的地区性行政垄断指数和国家统计局的"中国工业企业数据库"，构建了一个省级面板数据计量模型，以工具变量法对地区性行政垄断的区域经济绩效及其内生性问题进行实证检验。与此同时，本书试图从一个新的角度（控制关键变量的内生性问题）、用企业微观层面数据重新检验地区性行政垄断的多方面危害。主要结论如下：

（1）结合以往的研究经验，本书提出：政绩激励和经济激励是地方官员实施地区性行政垄断的主要原因，因此地区性行政垄断在区域经济系统中具有一定内生性。豪斯曼内生性检验表明，地区性行政垄断确实受到财税水平等政绩指标和企业经济指标的影响，传统的 OLS 估计会出现一定程度的内生性问题。

（2）为控制解释变量的内生性问题，本书选取了几个较为合理的工具变量，然后使用工具变量法进行回归估计。回归结果显示：地区性行政垄断损害了 4 个方面的区域经济绩效——生产效率、资本配置效率、技术创新能力以及国际竞争力，对区域经济运行和发展产生显著的负面作用。

（3）对比 OLS 和Ⅳ估计的结果发现：由于地区性行政垄断这种地方官员行为在一定程度上内生于经济系统，以往常用的 OLS 估计会低估地区性行政垄断的危害，因而不完全适用于地区性行政垄断的实证研究。

本章发现行政垄断会对区域经济的运行和发展产生多方面危害。结合第三、第五章发现：从产业到区域再到国家，行政垄断对经济绩效的影响无处不在。因此，行政垄断是决定我国经济发展与体制改革成效的一项重要经济制度。

第七章 行政垄断内涵的再讨论：
限制竞争与行政权力

行政垄断是指行政机关使用行政权力排除、限制竞争。行政机关是实施行政垄断的主体，是行政权力的所有者，是来自市场之外限制竞争的"看得见的手"。那么，转轨时期中国行政垄断与市场竞争的关系是什么？行政权力何以限制竞争？中国行政机关如何行使行政垄断权力，这种权力又受到怎样的监督？本章尝试进一步讨论行政垄断的内涵与本质，以解答上述疑问。

第一节 行政垄断与市场竞争

行政垄断限制竞争，它似乎走到了市场竞争的对立面。没有竞争，市场不能把资源配置到最高效率的企业和最需要这种产品的消费者手上，社会资源配置效率自然受到损害；没有竞争，市场也不能促使企业采用最有效的生产技术，并保持最低的成本和价格水平（麦克康奈尔，2000，第89页）。市场这只"看不见的手"离不开竞争。

行政垄断确实损害了市场的竞争活力，但在社会主义市场经济中，行政垄断却是政府干预市场的重要手段，也是我国市场经济区别于资本主义市场经济的重要特征。我们这个市场建立在"公有制为主体、多种所有制经济共同发展的基本经济制度"[①] 之上，可以保证国有经济主体地位的行政垄断自然与市场经济并行不悖。

行政垄断的合理性不止于此。从历史经验看，激进转轨国家在改革之初就通过立法、司法彻底消灭行政垄断，反行政垄断是国有经济改革的孪

---

① 摘自十七大报告。

生儿；渐进转轨则不然，它允许行政垄断的长期存在。而且，中国行政垄断的制度体系自新中国成立以来日渐完善，改革开放后也并没有随国有经济改革和私营经济发展而消失。转轨时期中国行政垄断制度是行政机关、企业家、政协、人大乃至整个社会共同参与协商的公共选择结果。

由于行政垄断的这种"社会合意性"，不管消费者和企业家有没有感受到行政垄断为社会带来的好处，他们也必须接受行政垄断的合理存在。因为，该制度是大家共同的选择。如果行政权力行使得当，政府通过行政垄断干预市场自然合情合理。以至于《反垄断法》也只是规制"滥用行政权力"的"排除、限制竞争行为"，正当使用行政权力的行政垄断合法。

总之，转轨时期中国行政垄断制度是全体社会成员公共选择的合意结果，社会主义市场经济允许行政垄断的长期存在。

一面是限制竞争，一面是社会合意，行政垄断身上的矛盾似乎是对立统一的——损害市场竞争活力的行政垄断却有益于社会主义市场经济。在如此独特的逻辑底下，我们到底该如何看待行政垄断规制下的市场竞争，这是本书关心的核心问题之一。本书对此的基本判断是：行政垄断下的市场并非市场的常态，尽管社会主义市场经济允许行政垄断的存在。作出以上判断的理由如下。

行政垄断离不开行政权力，它是一种政府干预。政府干预在亚当·斯密刚发现市场这只"看不见的手"的年代几乎不存在。当时的人们一直认为市场运行那么完美，企业、消费者之间的自由竞争与交易使个人利益和社会福利达到高度统一。到 19 世纪中叶，随着一些人们当时难以理解，更无法解决的市场问题的出现，社会对市场的赞美与信仰一下子变为抱怨与害怕。人们奔走相告：市场失灵了。现代西方经济学经过多年研究的确发现：不完全信息、外部性和公共物品等客观存在且难以克服的经济现象既是市场失灵的具体表现，也是市场失灵的主要原因。市场似乎不再完美。自 19 世纪下半叶开始，支持政府干预市场以克服市场失灵的思潮不断涌现，政府干预正式步入历史和经济学史的大舞台。

关于"市场失灵"的定义和衡量标准，西方经济学已达成基本共识。厉以宁（2000）认为，对于市场机制在某些领域不能起作用或不能起有效作用的情况即市场失灵。一些经济学教科书对市场失灵作出更为明确（从数学上）的界定——对资源配置不能最大限度地满足社会的需求，价格 P 大于边际成本 MC 的市场（麦克康奈尔，2000）；损害经济效率的市场（曼昆，2009；斯蒂格利茨，2006）；阻碍资源有效配置的市场（萨缪尔森和诺德豪斯，2008）。从国内外常用的经济学教科书中不难归纳出市场失灵的确切定义——当一个市场实现不了完全竞争状态下的 P = MC，该市场产生的社会总福利（消费者剩余加企业利润）必然小于完全竞争市场的经济效率受到损害；完全竞争市场所能实现的社会总福利在我们已知的所有市场形态中最大，一旦偏离这样的最优状态，市场便失灵了。能否实现完全竞争市场（P = MC）时的社会总福利是衡量市场失灵的基本标准。

完全竞争市场不仅需要完全信息和零外部性，它更需要很多企业参与竞争。曼昆（2009）指出，完全竞争市场上必须有许多买者和卖者，以至于每个市场参与者对价格的影响微乎其微。企业数量无限多，价格 P 才会接近边际成本 MC，社会总福利才得以最大化。

然而，无论是产业生命周期理论，还是本书第三章的模型都一致表明：产业在创新推动下，往往未能等到足够多的企业进入这个市场，就已经步入衰退期，完全竞争直至产业消亡也未能出现。完全竞争跟绝对垄断（一家企业、没有竞争）一样，都是市场极其罕见的极端情况，绝大多数市场都以某种程度的，但却不完全的竞争为特征（斯蒂格利茨，2006）。甚至可以说，完全竞争只是市场本身永远实现不了的理想状态，现实中的市场一定是不完全竞争市场。

不完全竞争损害了社会总福利，不具有完全竞争市场所具备的全部社会合意性。但这种无效率是模糊且难以衡量的，也难以解决——政府干预不可能改善这种市场结果（曼昆，2009）。对于市场竞争，我们关注的不应该是它能否把社会福利和总产量提升到极致，而是如何在市场"天生"失灵和竞争"天生"不完全情况下，使社会资源实现最优配置。有限家企业参与竞争并获取一定经济利润（P > MC）的不完全竞争是市场常态。

这时，认为政府干预应该凌驾于市场的人将据此推断：既然有限家企业参与竞争的市场是合理的，那么以控制在位企业数量、限制市场竞争为目标的行政垄断干预自然也是一种合情合理的产业规制手段。本书对此不以为然。

诚然，市场做不到出现无限多竞争企业的完全竞争状态，但市场本身是"天生"地往"好"的方向发展。只要存在超额经济利润（价格 P 大于在位企业的边际成本 MC），市场上就必然会有趋利的企业家、投资者创办企业，进入这个有利可图的市场。在位企业不断增多，市场竞争愈加激烈，市场价格不断降低，单个企业的经济利润日益减少。社会总福利从绝对垄断的最小值逐渐往完全竞争的最大值靠拢。自由进入或者说自由竞争，是市场"天生"具备的竞争活力——经济利润导致新企业进入市场，竞争加剧，反过来减少企业利润，趋利的市场进入行为成为经济利润的自动调节器和社会总福利最大化的催化剂。如同麦克康奈尔（2000）所言：如果市场竞争是资本主义的意识形态，那么它就应该包括企业进入和退出的自由。

一旦出现限制竞争的政府干预，这条市场发展的必由之路就被外生打断。在行政垄断保护下，无论市场价格多高，不管在位企业攫取了多少经济利润，甚至只有一家国有企业专营专卖，潜在进入企业也只能眼睁睁看着唾手可得的大量利润与之擦肩而过。缺乏选择余地的消费者同时只能接受高价格。新企业不能加入市场，市场因而缺乏竞争活力。这一切并非因为那支"看不见的手"出现失灵，而应该归责于另一支"看得见的手"限制了市场竞争。

行政垄断下的市场竞争不再自由。政府控制了在位企业数量和市场竞争的激烈度，使竞争本来就不完全的市场更加缺乏竞争。第三章的模型结果表明：行政垄断产业所创造的社会总福利小于竞争性产业，限制新企业进入市场只会使不完全竞争市场的社会总福利进一步受损。社会总福利是衡量市场失灵的标准，这意味着：行政垄断只会加剧市场失灵，而非克服市场失灵。

如果把企业可以自由进入的不完全竞争市场比作一个考试总不能拿到满分的学生，那么行政垄断下的市场则是一个被强迫交出一份60分甚至不及格答卷的学生。自由竞争市场尽管不能实现完全竞争这一"满分"的理想状态，但新企业不停加入竞争行列，致使市场带来的社会总福利不断提升。自由竞争市场总是向着人类社会的理想状态（社会福利最大化的完全竞争状态）发展。行政垄断杜绝了市场往如此"好"的方向发展的可能性，使坏的更坏，使本来可以更好的也好不了。

既然不完全竞争是市场的常态，常态下的市场又"天生"失灵，这个社会怎么能够因为市场实现不了一个不可能实现的理想状态而反对它，怎么能够因为市场拿不出满分答卷而消灭它？不幸的是，以政府干预限制竞争只会使市场竞争更加不完全，行政垄断只会进一步加剧市场失灵。

因此，行政垄断下的市场不是市场的正常状态，市场的常态是允许企业自由进入和退出的不完全竞争市场，或者说就是自由竞争市场。

当然，市场失灵不是人们诟病市场的唯一理由。另一条主要罪状来源于人们对社会公平的误解。正如人与人之间的天生不同，企业之间的效率、规模、技术也必然存在差异。因此，不同企业之间的竞争，企业与消费者之间的博弈，其分配结果必定不会绝对公平。竞争只是让市场机制平等对待不同的企业和消费者，它并不会像政府干预一般试图让市场参与者之间实现人为的绝对公平。

有空想主义者提出，企业家的贪得无厌导致市场机制本来就是不公平的、有偏颇的，因而大众应寄望于政府干预，从而治疗市场失灵带来的社会不公（鲍莫尔和布林德，2006）。[①] 诚然，如果市场中的企业、消费者都是相同的，政府确实有必要通过行政干预，保证每家企业获得相同的市场份额和每个消费者获得相同的劳动分配，因为市场存在信息不完全、外部性等失灵因素。但问题是，在一个信息不完全的经济社会，政府如何判断企业、消费者所获得的不平等收益不是因为其效率高低有别，而是因为市场失灵？政府又如何能保证其干预行为与众不同地不具有外部性？如果有外部性，那是否有必要用新一轮的政府干预来消除这种外部性？且不论政府能否在没有任何成本下完成这些使命，只要我们承认这个世界没有两个完全相同的企业和消费者，这些悖论就显然成立。

况且政府就像普通人一样，本来就不完美（鲍莫尔和布林德，2006），政府干预又怎么可能实现完美的社会公平？这个社会根本没有必要保证每个市场参与者所获收益平等，因为市场的魅力在于它对市场参与者的平等对待，而非为不同的人带来同样款式的衣服和同样味道的面包。

一个社会很需要关注公平，但却不代表实行政府干预就可以得到公平。反倒是长期饱受人们指责的市场有能力给人类社会带来公平。自古以来，人们在市场中自由地选择职业和社会分工，你情我愿地进行交易，在同一市场规则下参与公平竞争。市场从来不会强迫某人必须从事指定职业，更不会禁止人们生产某种产品。因为只要阁下提供的产品或服务足够价廉物美，你就一定可以找得到属于自己的交易对象。市场本身永远不会

---

① 这绝非鲍莫尔和布林德的观点，而是作者要反驳的观点。此外，如果真要诟病企业家的理性的自利行为，市场就根本不需要存在。政府干预自然也失去存在的理由，这时只有中央计划者才能最终管治经济运行。

限制竞争。自由的市场竞争因而会给社会带来公平——每个人都在竞争中自由体现自我价值，在同一游戏（博弈）规则下平等地争取利益最大化。

正因市场竞争的如此魅力，我国才会出台旨在"保护市场公平竞争"的《反垄断法》。反观限制竞争的行政垄断，它不可能创造公平，反而只会损害公平。过高的市场价格和额外的经济利润只会造福少数受行政垄断权力保护的在位企业，伤害的却是全体消费者与没有特权的企业及其职工。

常态下的市场应该是一个能够把自由（自由进入和退出市场的权利）赋予所有企业的市场，而不是一个把参与竞争的权利仅仅赋予政府指定的在位企业或本地企业的市场。自由进入与市场竞争同等重要，都是市场机制的关键组成部分，二者密不可分、缺一不可。若一个国家选择了市场经济，它理所当然地应该允许企业自由进入和退出市场，允许企业自由选择是否参与竞争。只有这样做，才能使市场机制运行顺畅，使社会福利水平和资源配置效率最优化。为保护市场的竞争活力和企业参与竞争的自由权利，世界各国的反垄断法都致力于消除经济性进入壁垒、限制兼并、分拆寡头企业。促进竞争是俗称"经济宪法"的反垄断法必须具备的本分职责。

本书认为：在行政垄断下的市场，企业失去了进入市场的自由，市场本身也丧失了一定程度的竞争活力，行政垄断下的市场并非市场的常态。由于渐进转轨的国情约束和国有经济主体地位的历史任务，社会主义市场经济容许行政垄断的存在。

损害市场竞争活力的行政垄断却有益于社会主义市场经济。该观点源于奥地利经济学派的米塞斯——"一种社会制度，即使可以造福全人类，但如果不能得到公众的支持，它就不可能正常运转"（Mises，1949）。这似乎正是自由竞争市场之殇。从逻辑学来看，如果米塞斯的命题成立，其逆反命题必将成立——只要一种社会制度运转正常，那它必定是公共选择的结果，自然得到了公众的支持。行政垄断不过如此，它源于行政权力，却代表着民意。

第二节　行政垄断与行政权力

一　需要监督的行政权力：行政垄断权力

行政权力既是行政垄断的内涵，也是行政垄断区别于自然垄断和经济性垄断之根本差异。不论是各级投资主管部门实施的行业性行政垄断，抑或是地方政府实施的地区性行政垄断，只要是行政垄断都来源于行政权力。

行政权力是"一种由凌驾于社会之上的国家意志执行机关形成的强制性的社会力量"（王玉波，1990），"行政权力是宪法赋予国家行政机关管理经济和社会事务的最重要的国家权力"（孙广厦，2007）。中国的国家权力机关——人民代表大会——以民主方式组织起来，它代表着"民主"。行政机关则代表民主集中制的另一面——"集中"。在中国，"直接掌握行政权力的主体不是全体社会成员，而是由专职人员组成的政府"（王玉波，1990）。行政机关管理着社会的大大小小事务，它不需要每件事都进行全民公投，也不必事事向人大汇报（但受人大监督）。因为《宪法》① 这部国家最高法律（即所有社会成员之间的最高公共契约）已经将行政权力赋予行政机关，也因为各级人民政府在《宪法》规定下本来就是由人民代表大会投票选举出来的②。行政机关"天生"掌握着"集中"管理经济社会事务的强制性权力——行政权力。

在此社会契约下，各级投资主管部门依据《行政许可法》和国务院制定的《国务院关于投资体制改革的决定》、《政府核准的投资项目目录》以及行政法规《指导外商投资方向规定》，国家发改委制定的部门规章《企业投资项目核准暂行办法》、《外商投资项目核准暂行管理办法》，国务院各部委及其下属职能部门依据各种行政法规和部门规章，共同行使限制或禁止企业进入指定产业的行政权力。各级地方政府依据地方性法规和地方政府规章，制定关于本地市场的准入条款和产业投资的具体要求，行使竞争规制的行政权力。

在行政垄断权力面前严格限制，公民在特定产业中创设企业和企业（法人）进入市场参与竞争的权利，在"禁止投资产业"甚至被完全剥夺。被行政行为约束的公民（企业家）和法人代表（企业或其他组织）即为行政相对人，掌握行政权力的行政机关则是行政主体。假如能够保证行政机关对行政权力的使用绝对适当，行政行为就必定合情合理更合法。对于这样的行政权力，那些即将进入核准程序的企业自然无须担心会否受到不公正待遇，那些审批不过关的企业也没必要抱怨自己的合法权利受到

---

① 本书引用的各版法律文本主要来自"中国政府网"（http://www.gov.cn/flfg/index.htm）及其他政府部门的官方网站。

② 正因行政权力源自人民代表大会，其本源为人民民主，所以说行政垄断代表着民意。

侵害。但是，由于行政权力的管理领域广、自由裁量度大以及强制性特点，决定了它是最容易违法或被滥用的一项国家权力（孙广厦，2007）。现实中的行政权力完全有可能被滥用或使用不当。为此，我国的"经济宪法"《反垄断法》才会用整个第五章专门规制行政机关"滥用行政权力排除、限制竞争"。由此可见，我国并不否认行政权力被滥用的可能性，尤其是用于限制竞争并涉及部门、地方及企业的经济利益的行政垄断权力。

孟德斯鸠认为，"一切有权力的人都容易滥用权力，这是万古不易的经验"（摘自《论法的精神》）。如果行政权力会被滥用或使用不当，那么一系列严峻的问题便接踵而来。本书第一章的文献综述显示，关于行政垄断是"使用"还是"滥用"行政权力的争论由来已久，是法学界在行政垄断领域争持不下的重要分歧。2007 年出台的《反垄断法》将地区性行政垄断定性为"滥用行政权力"，并彻底回避了行业性行政垄断。以往法学者激辩的这个问题的官方答案已不言自明，问题本身似乎失去了现实意义。摆在我们面前更重要和更紧迫的问题是：国家该如何分辨哪些行政垄断权力被正当使用，哪些正在被滥用；哪些行政垄断行为是合法的，哪些是非法的；如果企业受到不合理、不公正的行政垄断权力的侵害，国家应该如何监督和惩戒被滥用或行使不当的行政垄断权力，又该如何保护公民从事经济活动和企业参与竞争的合法权利。

这些都是任何一个市场经济社会不能回避而又难于解决的问题。正如孟德斯鸠所言：有权力的人使用权力，一直到遇有界限的地方才会休止（摘自《论法的精神》）。当今我国行政垄断权力的边界与监督在哪里？为解答这些问题，下文将对中国行政垄断权力与国家其他权力之间的制衡关系进行分析，以展示转轨时期中国行政垄断权力的运行机制和时代特色。

二　改革开放前的立法权、司法权与行政垄断权力

（一）改革开放前的司法权与行政垄断权力

新中国成立后至 1982 年，人民法院对行政垄断行为的违法裁判，从法理上来说是十分容易的，尽管这样的裁决几乎从未出现过。依据新中国最早版本的《宪法》（1954 年版）第七十八条"人民法院独立进行审判，只服从法律"，根据"违法行为—法律责任—法律制裁"的法理逻辑，只要行政相对人向法院提出关于行政权力侵犯其合法权利的诉讼，且能在当时已生效的法律中（如 1954 年版《宪法》第九十七条"由于国家机关工

作人员侵犯公民权利而受到损失的人，有取得赔偿的权利"）找到行政机关的法律责任，法院就可以根据相关法律将行政行为裁决为违法，对行政机关施以制裁。

但 1954 年版《宪法》没有明确指出法院可以审判行政机关，也没有给予检察院对行政权力（行政机关）的"公诉权"①，检察院只有检察权或者说"监督权"——"中华人民共和国最高人民检察院对于国务院所属各部门、地方各级国家机关、国家机关工作人员和公民是否遵守法律，行使检察权"（1954 年版《宪法》第八十一条），"对于地方国家机关的决议、命令和措施是否合法，国家机关工作人员和公民是否遵守法律，实行监督"（1954 年版《人民检察院组织法》第四条）。

而且，改革开放前我国立法工作与法律体系建设一直滞后，在 1982 年前完成立法的法律寥寥无几——只有《宪法》、《婚姻法》、《土地改革法》、《全国人民代表大会组织法》、《国务院组织法》、《法院组织法》、《人民检察院组织法》、《地方各级人民代表大会和地方各级人民委员会②组织法》、《全国人民代表大会及地方各级人民代表大会选举法》等几部。在当时，即使某些行政垄断行为确属违法，行政相对人提起行政诉讼时可依据的法律却不多，法院能追究行政主体的法律责任也就少，法律制裁自然无从谈起。而且，在 1956 年以后的经济全面国有化和计划经济体制以及当时的社会环境下，公民创设企业的意愿几近于无，私营企业进入市场的可能性接近于零。

（二）改革开放前的立法权与行政垄断权力

除司法权的监督，对行政权力最具威慑力的监督来自立法权。根据马克思主义权力分工原则，包括中国在内的社会主义国家政权划分为立法权、行政权和司法权，并形成立法权高于行政权和司法权的基本格局（肖金明，1993）。掌握立法权的人民代表大会处于整个国家权力体系的核心，行政机关受立法机关的监督，对其负责并报告工作（孙广厦，2007）。1954 年版《宪法》规定："全国人民代表大会是最高国家权力机关"，"人民行使权力的机关是全国人民代表大会和地方各级人民代表大

---

①　所谓的"公诉权"即 1954 年版《中华人民共和国人民检察院组织法》第四条规定的"对于刑事案件进行侦查，提起公诉，支持公诉"，"对于有关国家和人民利益的重要民事案件有权提起诉讼或者参加诉讼"。

②　地方人民委员会即地方人民政府。

会"，"中华人民共和国国务院，即中央人民政府，是最高国家权力机关的执行机关，是最高国家行政机关"。

1954 年版《宪法》还规定国务院、最高人民法院、最高人民检察院及其下属机关的人事任免和选举权也掌握在人大。"选举中华人民共和国主席、副主席"、"根据中华人民共和国主席的提名，决定国务院总理的人选，根据国务院总理的提名，决定国务院组成人员的人选"、"选举最高人民法院院长"、"选举最高人民检察院检察长"均是全国人大的法定职权。"地方各级人民代表大会选举并且有权罢免本级人民委员会的组成人员"；"县级以上的人民代表大会选举并且有权罢免本级人民法院院长"。人大还可以依据《宪法》选举产生行政机关和司法机关的负责人，并将行政权力和司法权分别授予给行政机关和司法机关"集中"使用。

最后，由全国人大制定的《宪法》还是把唯一的"立法权"留给了国家权力机关自己，该版《宪法》第二十二条规定："全国人民代表大会是行使国家立法权的唯一机关"。

1954 年版《宪法》确立了拥有立法权的人民代表大会与行政权力、司法权之间的监督与被监督关系。该版《宪法》规定："国务院对全国人民代表大会负责并报告工作；在全国人民代表大会闭会期间，对全国人民代表大会常务委员会负责并报告工作"；"最高人民法院对全国人民代表大会负责并报告工作；在全国人民代表大会闭会期间，对全国人民代表大会常务委员会负责并报告工作"；"最高人民检察院对全国人民代表大会负责并报告工作；在全国人民代表大会闭会期间，对全国人民代表大会常务委员会负责并报告工作"。

由于行政机关被完全隔绝在立法权之外，立法权因而成为对行政权力的有力监督。只要立法机关认为国务院的行政措施或地方的行政命令违反现行法律或不够合理，它就有权撤销这样的行政行为。立法机关能够对行政机关进行的"法律制裁"是将其行政措施或命令撤销，以至于损害其行政权威。凭借着手中的"尚方宝剑"——"修改宪法"、"制定法律"和"制定法令"的立法权，全国人大常务委员会有权"撤销国务院的同宪法、法律和法令相抵触的决议和命令"（1954 年版《宪法》第三十一条）。地方各级人民代表大会"有权改变或者撤销本级人民委员会的不适当的决议和命令"，县级以上的人民代表大会有权改变或者撤销"下一级人民委员会的不适当的决议和命令"（第六十条）。我国立法机关的这种立法撤销权与西方国家议会拥有的"立法否决权"（吴撷英和甘超英，1989）作用类似。

立法权的监督作用对行政垄断权力同样有效。而且，如果商业结社属于结社的一种，那么1954年版《宪法》第八十七条就直接保护了公民创设商社（企业）的自由。如果组织商社从事经济活动是公民的基本权利，那么各级人大理应致力于撤销所有损害市场公平和无理剥夺企业参与竞争权利的限制竞争措施和命令。因为"保障公民权利"是人大的重要职权与义务（1954年版《宪法》第五十八条）。

根据1954年版《宪法》第三十一条，全国人大常委会有权"撤销国务院的同宪法、法律和法令相抵触的决议和命令"。这意味着，宪法和法律是衡量行政行为是否合法的唯一准则，即监督并裁判行政垄断行为的唯一依据。如果公民或法人认为自身合法权利受到行政垄断权力的伤害，可以向各级人大反映问题，甚至可以在法院提起诉讼。国家权力机关（人民代表大会）和法院只需审查行政机关的抽象行政垄断权力和具体行政垄断措施有没有违反《宪法》和相关法律，就可以直接裁判该行政行为是否违法，行政权力有没有被使用不当。

1982年之前，《宪法》和法律是我国从法理上裁判行政垄断的唯一准则。掌握唯一立法权的全国人民代表大会对行政机关，立法权对行政权力，都产生重要的监督作用。这时候的立法权与司法权，尤其是独立的立法权是监督行政垄断权力不被滥用，公民与法人的合法权利受到国家保护的根本保障。

三　转轨时期的立法权、司法权与行政垄断权力

（一）转轨时期的行政垄断权力运行机制

行政立法权与《行政复议法》的出现（相关研究详见附录二），对我国关于行政权力的立法与司法体系产生重大冲击。1982—2010年年底（即行政立法权出现至今的28年间），国务院先后制定了690多件行政法规，各地的地方人大制定地方性法规8600多件，[①] 部门和地方政府规章

---

① 数据出自2011年2月9日《人民日报》刊载的《法律体系的发展历程》。该文指出："1982年通过了现行宪法，此后又根据客观形势的发展需要，先后四次对宪法部分内容作了修改。到2010年年底，我国已制定现行有效法律236件、行政法规690多件、地方性法规8600多件，并全面完成了对现行法律和行政法规、地方性法规的集中清理工作。从法制（法律制度）来讲，无法可依的状况已经基本改变"。

更多不胜数，累计超过 3 万件（曹海晶，2008）。相比于截至 2010 年年底的现行 236 件法律，行政立法数量蔚为壮观。王磊（1999）却认为：频繁的行政立法值得商榷，"把一些本来可以用政策来解决的问题用行政法规来解决，混淆了政策和法规的界限，把原来的政策变为法，由原来的'政'出多门变为'法'出多门，以至于在现实生活中将'依'法治国变相为'以'法治国"。

本书认为，行政法体系随陆续出台的《行政诉讼法》、《国家赔偿法》、《行政处罚法》、《行政监察法》、《行政复议法》、《行政许可法》而日渐成熟，行政权力的使用逐渐从"无法可依"到"有法可依"。

对于行政垄断权力，这种冲击或者说变化尤为明显。首先，行政垄断权力开始受到法律保护。2004 年正式生效的《行政许可法》从法律的高度给行政垄断权力赋予合法性。该法第十二条①规定，"涉及国家安全、公共安全、经济宏观调控、生态环境保护以及直接关系人身健康、生命财产安全等特定活动"、"有限自然资源开发利用、公共资源配置以及直接关系公共利益的特定行业的市场准入"、"企业或者其他组织的设立"等事项，行政机关可以设定"行政许可"②。

根据法治精神的基本原则——法律不规定什么可以做，而只规定什么是被禁止做的（张朝霞，2004），《行政许可法》实质上禁止了公民、法人未经过行政审批或核准，就在某些产业设立企业和进入市场参与竞争。

几乎在同一时间，国务院为解决"现行的投资体制还存在不少问题，特别是企业的投资决策权没有完全落实，市场配置资源的基础性作用尚未得到充分发挥"，"决定进一步深化投资体制改革"，并于 2004 年制定了《国务院关于投资体制改革的决定》（以下简称《决定》）。该决定提出：

---

① 《行政许可法》第十二条——下列事项可以设定行政许可：（一）直接涉及国家安全、公共安全、经济宏观调控、生态环境保护以及直接关系人身健康、生命财产安全等特定活动，需要按照法定条件予以批准的事项；（二）有限自然资源开发利用、公共资源配置以及直接关系公共利益的特定行业的市场准入等，需要赋予特定权利的事项；（三）提供公众服务并且直接关系公共利益的职业、行业，需要确定具备特殊信誉、特殊条件或者特殊技能等资格、资质的事项；（四）直接关系公共安全、人身健康、生命财产安全的重要设备、设施、产品、物品，需要按照技术标准、技术规范，通过检验、检测、检疫等方式进行审定的事项；（五）企业或者其他组织的设立等，需要确定主体资格的事项；（六）法律、行政法规规定可以设定行政许可的其他事项。

② 所谓的"行政许可"即行政机关根据公民、法人或者其他组织的申请，准予其从事特定活动（《行政许可法》第二条）。有学者认为行政许可等同于"行政审批"（张朝霞，2004）。

"彻底改革现行不分投资主体、不分资金来源、不分项目性质，一律按投资规模大小分别由各级政府及有关部门审批的企业投资管理办法。对于企业不使用政府投资建设的项目，一律不再实行审批制，区别不同情况实行核准制和备案制"；"制定并适时调整国家固定资产投资指导目录、外商投资产业指导目录，明确国家鼓励、限制和禁止投资的项目"。

该决定的附件《政府核准的投资项目目录（2004 年本）》规定了我国哪些产业、项目属于"重大和限制类固定资产投资项目"，必须实施项目核准制。随后，国家发改委"依据《行政许可法》和《国务院关于投资体制改革的决定》"，制定了部门规章《企业投资项目核准暂行办法》。其第三条规定："企业投资建设实行核准制的项目，应按国家有关要求编制项目申请报告，报送项目核准机关。项目核准机关应依法进行核准，并加强监督管理。"

公民和法人若要在《政府核准的投资项目目录》指明实行核准制的产业投资项目或进入市场，就必须按《国务院关于投资体制改革的决定》的规定，"向政府提交项目申请报告"。国务院投资主管部门（国家发改委）和地方政府投资主管部门（地方发改委）依据部门规章《企业投资项目核准暂行办法》，从维护经济安全、合理开发利用资源、保护生态环境、优化重大布局、保障公共利益、防止出现垄断等方面进行核准。企业如果要进入《政府核准的投资项目目录》以外的产业，也必须向地方政府发改委申请备案，而备案制的具体实施办法由省级人民政府自行制定。

1995 年出台的《指导外商投资方向暂行规定》（已失效）和 2002 年出台的《指导外商投资方向规定》（现行行政法规）赋予了国家发改委、商务部等国务院部委定期修订《外商投资产业指导目录》的权力。国家发改委为此制定了部门规章《外商投资项目核准暂行管理办法》。除在《外商投资产业指导目录》指定不予规制的"允许类"产业外，外资企业投资必须严格遵守上述行政法规和部门规章，向投资主管部门递交项目核准申请。

此外，《国务院关于投资体制改革的决定》还规定，"国家法律法规和国务院有专门规定的项目的审批或核准，按有关规定执行"；"凡不符合法律法规和国家政策规定的，不得办理相关许可手续"，即所有法律法规都可以设置行政垄断。

依据上述行政法规和部门规章，对企业进入特定产业参与竞争进行核准，是各级投资主管部门合法实施行政垄断（含行业性行政垄断和 FDI 行政垄断）的行政权力。

《行政许可法》第十二条规定：地方性法规、地方政府规章和地方政府分别可以对"企业或者其他组织的设立"事项设定和实施行政许可。即使没有行政立法权的市级政府和县级以下政府也可以制定关于限制外地企业进入本地市场的决定、命令和政策。《行政许可法》第十五条还把上位法的释法权赋予地方政府。即地方性法规和地方政府规章均可设定行政许可，也可以对上位法（法律、行政法规以及部门规章）所设定的行政许可作具体规定。因此，地方政府可以依据由地方人大和地方政府自己制定的地方性法规、地方政府规章以及各种政策命令，对公民创设企业和企业投资设厂的申请，进行核准和审批。

我国现行行政法体系对企业创设和市场准入进行核准，是地方政府合法实施地区性行政垄断的行政权力。

（二）转轨时期的行政垄断权力监督

假如公民或法人的企业创设、项目投资核准申请没有被通过，行政相对人可依据《行政复议法》向对应的行政复议机关申请行政复议。该法第六条规定："认为符合法定条件，申请行政机关颁发许可证、执照、资质证、资格证等证书，或者申请行政机关审批、登记有关事项，行政机关没有依法办理的"，可以提起行政复议。如果是省级投资主管部门否决行政相对人的行政许可申请，行政复议机关应是省人民政府或国家发改委；如果是市级投资主管部门做出否决，行政复议机关应是市人民政府或省发改委；如果是国家发改委做出否决，行政相对人可以向国务院申请裁决。国务院裁决是最终裁决，行政相对人同时丧失行政诉讼权。

行政复议机关裁判行政行为是否违法的依据是全国人大制定的法律（如《行政许可法》）和由国务院制定的行政法规（如《指导外商投资方向规定》）。鉴于行政垄断制度的关键性，国家发改委特别制定了《国家发展和改革委员会行政复议实施办法》。非法律形式的行政规范性文件（各级行政机关的命令、决定、规定、办法以及政策等）目前也是行政复议执法的重要依据（韩忠伟，2010）。

在本级人民政府和上一级发改委作出"行政复议决定"后，行政相对人还不服就可依据《行政诉讼法》提起行政诉讼。《行政诉讼法》第十一条规定："对拘留、罚款、吊销许可证和执照、责令停产停业"不服的和"认为符合法定条件申请行政机关颁发许可证和执照，行政机关拒绝颁发或者不予答复的"，可以提起行政诉讼。在行政诉讼程序中，各级人民法院是行政诉讼的司法机关，但它必须依据法律、行政法规、地方性法规、部门和地方政府规章对"违法"行政行为做出审判。除法律和地方性法规外，行政法规、部门规章和地方政府规章均由各级行政机关自己制定。

《行政诉讼法》界定行政行为"合法"的准则是我国现行的法律、行政法规、地方性法规、部门规章及地方政府规章。其第五十二条规定："人民法院审理行政案件，以法律和行政法规、地方性法规为依据。地方性法规适用于本行政区域内发生的行政案件。"第五十三条规定："人民法院审理行政案件，参照国务院部、委根据法律和国务院的行政法规、决定、命令制定、发布的规章以及省、自治区、直辖市和省、自治区的人民政府所在地的市和经国务院批准的较大的市的人民政府根据法律和国务院的行政法规制定、发布的规章。"《行政诉讼法》界定"合法"行政行为的依据比《行政复议法》的宪法和法律更为宽泛（详见附录二）。

综上所述，对企业创设、投资项目和进入市场进行核准的权力，是《行政许可法》、《国务院关于投资体制改革的决定》、《指导外商投资方向规定》、《企业投资项目核准暂行办法》以及《外商投资项目核准暂行管理办法》等法律法规政策赋予行政机关的合法行政权力。

附录二的研究表明：制定以上行政法规、部门规章以及地方政府规章的权力，是《宪法》、《立法法》赋予各级行政机关的行政立法权。

根据《行政复议法》，在行政复议中监督违法行政垄断行为的司法机关是行政机关的上级单位。根据《行政诉讼法》，在行政诉讼中监督与制裁违法行政垄断行为的主要依据是行政法规、部门规章和地方政府规章等由行政机关制定的法规和规章。这表明行政机关掌握着监督行政权力、制裁违法行政行为的部分司法权（学界亦称之为"行政司法权"，向忠诚，2007）。

从某种意义上来说，当今中国的行政垄断权力是一种集行政权力、行政立法权与部分司法权于一体的行政权力。同时这也是我国立法权、司法权与行政垄断权力之间的监督与被监督关系的现状。

孟德斯鸠曾说过，"如立法权和行政权集中在同一个人或同一执政机关之手，自由便不复存在"（摘自《论法的精神》）。诚然，这样的西方哲学理论并不适用于渐进转轨中的中国。因为，我国并不仅仅是行政立法权和行政垄断权力合一，而且《宪法》等任何一部法律也没有明确指出我国确实这么做了，也没有规定我国不能这么做。但如果要问为什么行政垄断权力可以限制市场竞争和剥夺企业自由（自由进入市场的权利），本书的回答是：行政垄断权力也是一种行政权力，而且它不是一种单纯的行政权力。

第八章 结论与展望

第一节 主要结论

转轨时期的行政垄断是我国"公有制为主体、多种所有制经济共同发展的基本经济制度"的重要组成部分。消费者的生活水平与之密切相关，国有企业的经营业绩与之唇齿相依，民营企业与跨国公司对之爱恨交加。行政垄断既是一门具有中国特色的经济学理论，更是一项对经济社会发展产生深远影响的现实经济制度。一直以来，我国学者在这一研究领域进行着不懈的努力。

本书以经济绩效为切入点，对行政垄断制度进行了系统性研究。首先通过制度变迁分析，摸清了行政垄断制度的来龙去脉（成因与现状），然后以理论模型和计量方法分别从产业、宏观和区域三个层面对行政垄断的经济绩效进行研究，最后对行政垄断的内涵与本质展开进一步的讨论，从而了解行政垄断制度的全貌。本书的主要特色是：经济绩效研究与制度分析相结合，以经济绩效解释计划经济国家建立和渐进转轨国家长期坚持行政垄断制度的客观原因；理论研究与实证分析相结合，以理论模型解释现阶段中国行政垄断产业出现高价格、高利润和低消费者剩余的根本原因，而且计量经济研究结论与数理模型结果一致。

综合各章研究的主要结论如下：

（1）行政垄断、国有经济与市场经济长期稳定共存，是转轨时期中国经济制度的一大特色。中国现阶段的行政垄断制度主要以《国务院关于投资体制改革的决定》、《政府核准的投资项目目录》、《企业投资项目核准暂行办法》、《指导外商投资方向规定》、《外商投资项目核准暂行管理办法》以及《外商投资产业指导目录》等行政法规和部门规章为法律载体，以项目核准制为主要表现形式。任何企业要进入这些产业投资项目，必须经过各级投资主管部门（以发改部门和经贸部门为主）或地方政府的核准。

（2）国有企业离不开行政垄断，因为行政垄断为它们带来高价格和高利润。理论研究表明，行政垄断会导致更高的市场价格，并使在位企业攫取更多经济利润。高价格、高利润是行政垄断的独特经济绩效。

对于国有企业，行政垄断的好处不止于此。随着技术进步和产业发展，行政垄断产业的市场结构会内生地趋于集中，且这种市场内生出来的垄断与社会福利合意（自由竞争的竞争性产业则不然）。行政垄断产业内的国有企业市场势力越强越好，因为这样会提升以企业利润为主的社会总福利，尽管损害着消费者剩余。

这导致行政垄断成为社会主义国家成立初期的必然选择。只有高价格和高利润才能保障国有经济的高速发展，只有以行政垄断阻止私营企业进入这些高利润产业，才能保证经济计划的顺利实施，使国民经济实现全面国有化和重工业化。由于行政垄断与国有企业之间的共生关系，东欧激进转轨国家实施的产权私有化改革必然伴随反行政垄断法律的立法与施行。这是激进转轨向苏联式计划经济体制投出的两块密不可分的改革"敲门砖"。而在渐进转轨国家，国有企业依旧是国计民生的经济命脉，其上缴利税占各级政府财政总收入的一大部分。一旦国有企业出现长期亏损甚至破产，其后果是不可想象的。所以，国有企业在转轨时期离不开行政垄断。

高价格和高利润是计划经济国家建立和渐进转轨国家长期坚持行政垄断制度的客观原因。

（3）行政垄断以牺牲消费者剩余和总消费量为代价，换取高额的企业利润。而且行政垄断造成的消费者剩余减少，远多于企业总利润的增加。由于大幅损害消费者剩余，行政垄断最终损害了一个产业的社会总福利，即行政垄断会同时损害一个产业内的社会总福利、消费者剩余和总消费量。

（4）相对于自由竞争，行政垄断会拉长产业生命周期，使经济发展和新老产业更替的新陈代谢减缓。行政垄断还会损害产业的创新总量和单位产量创新，抑制整个产业的技术进步。创新是人类社会发展的原动力，科技水平是评判社会文明的基准和标杆之一，因此行政垄断对社会产生的影响深远。

自由竞争可以为社会提供更多的创新成果、更快的技术进步，自由竞争与创新相辅相成，技术进步是自由竞争的最重要产物之一。在一个充满自由竞争的市场，不仅产量与社会福利得到最大化，人类社会的技术进步也会在这里实现最优。创新是自由竞争市场永不过时之源，也是行政干预所无法获得之宝。

（5）理论研究表明，熊彼特假说在企业可以自由进入的竞争性产业中不成立，而在行政垄断产业中成立。行政垄断产业的创新与市场垄断势力（市场结构集中）相辅相成，而自由竞争市场中的创新与市场集中度则呈一定程度的负相关关系。当一个国家选择了行政垄断，它将为社会同时带来技术进步和规模经济，国有化自然是顺理成章的事情；当这个国家选择了自由竞争市场，自由竞争与技术创新相辅相成，市场同样会带来技术进步与竞争活力，社会不需要尾大不掉的寡头企业。

实证检验结果与理论模型结论一致：行政垄断制度是决定熊彼特假说成立的关键。忽略行政垄断和允许企业自由进入市场的制度因素，把来自行政垄断产业和自由竞争市场的、国有经济比重大小不一的样本放在一起进行回归，很可能是以往实证研究结果不显著、结论不稳健且常常互相矛盾的根本原因。

（6）《指导外商投资方向规定》、《外商投资项目核准暂行管理办法》和《外商投资产业指导目录》规定：在部分指定产业，外资企业必须向投资主管部门申请并通过项目核准，并与本土企业合资后方得进行 FDI。这种 FDI 行政垄断可以提高产品价格、增加本土企业利润，从而提升本国的社会总福利，同时损害贸易竞争对手国的企业利润和本国消费者剩余，是一项"以邻为壑"的制度。此外，关税政策与 FDI 行政垄断制度之间存在一定的互补效应，二者不是独立的政策（制度）。

（7）由地方政府实施的地区性行政垄断损害了区域经济的生产效率、资本配置效率、技术创新能力以及国际竞争力，对区域经济运行和发展产生显著的负面作用。政绩激励和经济激励是地方官员实施地区性行政垄断的主要原因，这导致这种官员行为在经济系统中具有一定内生性。豪斯曼内生性检验证实了地区性行政垄断在计量经济模型中的内生性问题。以往常用的 OLS 估计会低估地区性行政垄断的危害，因而不完全适用于地区性行政垄断的实证研究。

（8）限制竞争和行政权力是转轨时期中国行政垄断的内涵与本质。在行政垄断产业，企业失去了进入市场的自由，市场本身丧失了一定程度的竞争活力，因此行政垄断下的市场并非市场的常态。当今中国的行政垄断权力是一种集行政权力、行政立法权与部分司法权于一体的行政权力。同时也是我国立法权、司法权与行政垄断权力之间的监督与被监督关系的现状。

总之，由于渐进转轨的国情约束和国有经济主体地位的历史任务，社会主义市场经济条件下的行政垄断将长期存在。

改革开放 30 多年后的今天，当人们惊喜于作为发展中国家的中国会有 34 家大陆企业成为 2009 年世界 500 强①，想必还会惊叹于这些企业除江苏沙钢外竟然全是国有企业。33 家中国国有企业②以占全部 500 强 6.2% 的营业收入实现 11.4% 的总利润份额，利润总量仅次于美国高居全球第二。而且这些国有企业的平均利润为 28.3 亿美元，仅次于俄罗斯、巴西、澳大利亚、意大利、西班牙排名全球第六（见表 8 - 1）。反观另一厢，来自中国台湾和中国香港的 9 家 500 强企业③仅能以 1.13% 的营业收入实现 0.37% 的总利润份额。这 9 家企业里亏损最严重的恰恰是唯一上榜的"国有企业"——"台湾中油股份有限公司"。其营业收入为 284.52 亿美元，亏损额高达 38.24 亿美元。而"台湾中油"的主要竞争对手——私营企业"台塑石化"却保持了盈利（4.82 亿美元）④。

显然，国有企业的产权属性不是中国大陆企业获得巨额利润的理由。

---

①　2009 年世界 500 强企业是以 2008 年的企业营业收入和利润进行核算。

②　2009 年中国大陆的世界 500 强企业包括：中石油、中石化、海洋石油总公司、中国移动通信、中国电信、中国联通、国家电网、南方电网、华能集团、农业银行、工商银行、中国银行、建设银行、交通银行、中国人寿保险、中国中信集团、一汽集团、上汽集团、中粮集团、中国冶金科工集团公司、中国铝业、中钢集团公司、河北钢铁集团、宝钢集团、江苏沙钢（唯一的民营企业）、五矿集团公司、远洋运输集团公司、中国中铁股份有限公司、中国铁道建筑总公司、交通建设集团有限公司、中国建筑集团总公司、航空工业集团公司、南方工业集团公司、中国中化集团公司。

③　2009 年中国港台地区的 9 家世界 500 强企业包括：香港特区的怡和集团、和记黄埔有限公司、来宝集团，中国台湾的"中油股份有限公司"、"国泰人寿保险公司"、"台塑石化股份有限公司"、"华硕电脑集团"、"鸿海精密集团"、"广达电脑有限公司"。

④　本章部分数据来源于：http：//economy. enorth. com. cn/system/2005/07/05/001060964. shtml、http：//www. in - en. com/power/html/power - 1341134182233251. html、http：//www. cc-metro. com/newsite/readnews. aspx? id =45910。

甚至可以说，由于产权模糊①、委托—代理等原因，国有企业效率一直为部分经济学家所诟病，国有企业更可能出现的是亏损而非盈利。一些国有企业出现大面积亏损，不正好应验了悲观者的论调？

表8－1　　　　　　　　　2009年世界500强企业的国籍分布

国家	企业数（家）	营业收入总额			利润总额			企业平均收入（亿美元）	企业平均利润（亿美元）
		金额（亿美元）	收入份额（%）	世界排名	金额（亿美元）	收入份额（%）	世界排名		
美国	140	75437.3	29.99	1	2113.5	25.74	1	538.8	15.1
日本	68	29795.8	11.85	2	-55.4	-0.67	17	438.2	-0.8
比利时	5	22655.6	1.07	3	-255.2	-0.75	18	4531.1	-51.0
德国	39	22585.9	8.98	4	127.7	1.55	13	579.1	3.3
法国	40	21658.2	8.61	5	732.2	8.92	3	541.5	18.3
英国	27	15851.7	6.30	6	389.5	4.74	8	587.1	14.4
中国	33	15512.4	6.17	7	935.3	11.39	2	470.1	28.3
荷兰	12	10439.5	4.15	8	258.9	3.15	11	870.0	21.6
意大利	10	6994.0	2.78	9	392.7	4.78	7	699.4	39.3
韩国	14	6034.1	2.40	10	118.2	1.44	15	431.0	8.4
瑞士	15	5655.0	2.25	11	194.6	2.37	12	377.0	13.0
西班牙	12	5522.8	2.20	12	454.6	5.54	5	460.2	37.9
俄罗斯	8	4025.1	1.60	13	701.3	8.54	4	503.1	87.7
加拿大	14	3810.2	1.51	14	304.6	3.71	10	272.2	21.8
巴西	6	3236.7	1.29	15	435.2	5.30	6	539.5	72.5
澳大利亚	9	3002.3	1.19	16	360.0	4.38	9	333.6	40.0
印度	7	2323.4	0.92	17	119.5	1.46	14	331.9	17.1
瑞典	6	1739.2	0.69	18	117.1	1.43	16	289.9	19.5
全部500强	500	251531.1	100.00	—	8210.4	100.00	—	503.1	16.4

说明：表8－1只统计拥有3家以上500强企业的18个国家，中国数据只包括中国大陆地区的33家国有企业（民营企业江苏沙钢除外）。

既然不是产权结构导致企业高利润，有人就会提出：国计民生属性或

---

① 李稻葵（1995）提出，由于"模糊产权"，"从长远的角度来看，如果缺少行政干预，国有企业就会变得效率低下"。

者说自然垄断，才是导致行业高利润的主要原因，因此高利润是政府实施行政垄断的动因。在一些关乎国计民生的产业——石油、电力与铁路，中国大陆的国有企业——中石油、中石化、海洋石油总公司、国家电网、南方电网、华能集团、中国中铁股份有限公司、中国铁道建筑总公司，确实获取了大量的经济利润，8 家国有企业在 2008 年共计获利 184.5 亿美元。然而，同样是在关乎国计民生的产业，同样是占据垄断（寡头）地位，中国台湾地区最大的三家"国有企业"和"国营事业单位"——"台湾中油"、"台湾电力公司"、"台湾铁路管理局"，却在国际金融风暴扫荡的 2008 年，无一例外地出现巨额亏损（分别亏损 38.24 亿美元、1200 亿新台币、105 亿新台币）。

显然，产业的国计民生属性也并非中国大陆企业获得巨额利润的理由。本书认为，高利润导致行政垄断的因果逻辑是值得商榷的，甚至是错误的，二者因果关系应该是相反的——行政垄断才是导致高利润的根本原因。

可以设想，假如中国的纺织服装业——这个现阶段产品附加值十分低的产业——重新实施行政垄断，投资主管部门把在位企业数量控制在较低水平，这时某些企业无论国有还是民营都很可能会昂首挺进世界 500 强。难道法国的克里斯汀迪奥（DIOR）和美国的耐克（NIKE）等纺织服装企业能成为 2009 年世界 500 强，13 亿国人的庞大消费市场还愁不能为当今中国增添一家世界 500 强吗？何况改革开放前我们不也曾经历过一双鞋、一匹布、一件新衣裳顶上大半月薪水的年代？

中国大陆的 34 家世界 500 强企业全部处于石油、电信、电力、金融（银行和保险）、汽车、粮食、矿产资源加工、公用事业（交通运输、建筑）、航空航天等产业。以上都是《政府核准的投资项目目录（2004 年本）》和《外商投资产业指导目录（2007 年修订）》规定实施项目核准制的产业，在位企业因而受到行政垄断制度的严格保护。

行政垄断与国有企业高利润共生共存。这是巧合吗？不，诸位读者请记住：企业属于哪个产业并不重要，是否国有企业也不重要，高价格和高利润的关键在于这个产业是否受到行政垄断的保护。如果要更浅白地回答消费者——这些市场为何会出现高价格和高利润，本书的答案是："从游戏规则制定者参与我们这个博弈的那天起，胜负已然注定"。

转轨时期的行政垄断是意义重大的市场调控手段，是针对市场失效的有益补充，也只有坚持合理的政府干预，"公有制为主体"的经济制度内核才能得到保障，"公有制为主体，多种所有制经济共同发展的基本经济制度"① 才能顺畅运行。只要我国的基本经济制度不变，行政垄断就会在今后很长一段时期内保持现状，行政垄断制度改革似乎并非我国现阶段势在必行的任务。

但如果改革还要在某些行政垄断产业中继续，根据第三章揭示的经济规律，先消除行政垄断而后进行产权改革，或者直接实施全面改革，才是有效可行的办法。因为，产权改革离不开行政垄断制度改革。社会制度体系牵一发而动全身，抓住其中关键才是下一步改革成功的要义。

第二节 未来的研究方向

行政垄断是一个中国学术界理应给予更多关注的社会科学领域。因为行政垄断不仅转变了我国几十年来（或者更长时间以来）的经济社会发展轨迹，还是一项在转轨时期对产业经济、宏观经济以及区域经济均产生重大影响的经济制度。关于行政垄断的研究拓展有待学界共勉，本书仅为引玉之砖。

在今后的行政垄断研究中，以下几个方向值得拓展：

（1）第二章以制度变迁理论研究中国行政垄断制度的发展历程。由于缺乏相关数据，经验研究很大程度上不够丰满。本书作者也曾经对苏联的银行业国有化案例进行过制度变迁分析，翔实丰富的统计数据使经济史研究增色不少。有鉴于此，收集翔实的统计数据是今后关于行政垄断的经济史研究的一个突破口，这方面有待加强。

（2）在第三章的理论模型中，由单独一家企业决定整个产业的通用技术水平，是一个很强的假设。这是今后理论研究方面的主要突破口。但如果有两家企业同时是技术领导者，根据线性代数的相关理论，由超过三家以上在位企业的最优反应函数组成的非线性方程组是很难求解的。

（3）实证研究考察与衡量行业性行政垄断和地区性行政垄断强弱的方法有待进一步提高。如果可以找到更合理的代表变量，或找到更完善的

---

① 摘自十七大报告。

产业面板数据，实证研究的说服力将更上一层楼。

（4）由于关键变量难以客观地定量度量，第三章关于消费者剩余、社会总福利、产业生产周期长度等理论命题，本书没有对其进行实证检验。这方面的研究有待拓展。

（5）行政垄断的规范性研究有待深入。如果把市场经济视为一个社会的经济基础，把行政权力视为一种上层建筑，行政垄断权力就似乎一直凌驾于市场之上。经济学、法学等相关社会科学理论应该给出一系列监督和制衡行政垄断权力的有效办法。否则，经济基础与上层建筑将持续本末倒置。在这样的社会，当人们降低了成本，提高了价格，完成了创新，实现了利润，驾驭了市场，历尽千辛万苦创造出财富和产权，但这一切终有一天会在行政权力面前将变得一文不值。苏联就曾经发生过类似的事例——"全俄中央执行委员会"于1917年12月27日颁布的《关于检查银行保险箱的法令》规定，各大商业银行必须在苏维埃政府代表的监督下检查所有私人租用的保险箱，对其中黄金予以充公，并强制将所有现钞存入银行；1918年1月21日"全俄中央执行委员会"颁布《关于废除国债》法令——国家所有对内对外公债均无效，政府仅对拥有国内公债1万卢布以下的公民予以偿还（亚特拉斯，1949）。当然，以上论述只是一个"如果"，或者说是一次比喻，行政垄断权力并不能完全代表上层建筑，自由竞争的市场也非经济基础的全部。总的来说，没有进行规范性研究是本书的不足之处。

作为一篇经济学论文，本书蕴含的道理已昭彰。今后的改革之路何去何从，经济学者唯有拭目以待。

附　　录

附录一　第五章的最优出口退税率计算

使用 SS_i^* 表达式对 s 求偏导，解（5.15）式得 i 国政府的最优出口退税率 s^*：

$$s^* = 0.25\theta_2^2(2a - 2c_i + c_j\theta_2 - a\theta_2)/(2b - \theta_2^2) > 0$$

由 $\theta_2 \leq 1$ 和 $c_j < c_i$，得 $s^* > 0$；由 $b > 1$，得 $\partial^2 SS_i^*/\partial s^2 = 4(\theta_2^2 - 2b)/(4b - \theta_2^2)^2 < 0$；且（5.14）式是关于 s 的严格凹函数，SS_i^* 为全局极大值，最优解 s^* 为正值。

命题 5-2、命题 5-3 提出了关税政策 τ 与 FDI 行政垄断制度 β 密切相关。（5.27）式却显示 $\partial SS_i^*/\partial s$ 中不含 i 国政府的其他决策变量 β, τ，从（5.15）式能够直接求出最优出口退税率 s^*。本书据此得：

与关税政策相比，出口退税是一项较为独立的贸易政策。

1994 年税制改革后，我国建立了完整的出口退税政策体系。自此，出口退税成为我国刺激出口贸易、积累外汇储备以及实施出口导向战略的重要政策工具。尤其是近年来，出口退税政策工具被频繁使用——2004—2007 年我国出口退税政策总共进行了 4 次重大调整，不断降低劳动密集型产品的出口退税率；而到了 2008 年下半年，在国际金融风暴的冲击下，我国政府在 12 个月内先后七次上调出口退税率。近年来出口退税率的频繁调整表明：出口退税是我国贸易政策中的重要组成部分，而且是一项能有效刺激出口的贸易政策。我国政府因而热衷于以此干预国际贸易和刺激国民经济增长。

从 $\partial q_{ij}^*/\partial s = 2/(4b - \theta_2^2) > 0$ 可知，市场均衡下的本土企业出口总量

q_{ij}^* 是关于 s 的单调递增函数，出口退税政策对 FDI 东道国的出口存在明显的激励效应。出口退税率越高，本土企业的出口积极性越大，总出口越多。另外，根据 $\partial q_{jj}^* / \partial s = -\theta_2 / (4b - \theta_2^2) < 0$，本书发现：$i$ 国的出口退税率越高，跨国公司在本国（j 国）生产的产量 q_{jj}^* 越少。也就是说，出口退税政策确实能够帮助 i 国的本土企业增加出口、抢占国际市场，同时还可以打击贸易竞争对手的市场份额。

由于 $s^* > 0$，在 $s \in [0, s^*]$ 区间，i 国政府提高出口退税率确实可以提升本国福利 SS_i，但 SS_i 会在 $s > s^*$ 之后逐渐下降。这是因为当 $s > s^*$，出口退税对企业利润的拉动作用小于政府消耗的财政补贴资金，（5.14）式中的 $\pi_i - sq_{ij}$ 已得不偿失。

$$\because s \geq 0, \therefore \partial \pi_{i*} / \partial s = \frac{4b[(2a - 2c_i) - (a - c_j)\theta_2 + 2s]}{(4b - \theta_2^2)^2} > 0 \text{ 且 } \partial^2 \pi_{i*} / \partial s^2 =$$

$8b / (4b - \theta_2^2)^2 > 0$，即 π_{i*} 是关于 s 的单调递增函数，提升出口退税可以增加本土企业利润。

出口退税政策 s 虽然能够提升社会总福利，但作用有限，最高出口退税率不能超过 s^*。政府不能一味地提高出口退税率，过高的出口退税率只会扭曲资源市场的配置效率，损害社会总福利。据此得：

一定额度的出口退税能够有效激励出口和本土企业利润，但过高的出口退税率会损害本国的社会福利。

$\partial q_{ij}^* / \partial s > 0$、$\partial q_{jj}^* / \partial s < 0$、$\partial \pi_{i*} / \partial s > 0$，出口退税政策对出口 q_{ij}^* 的作用显然是积极的，对 q_{jj}^* 和 π_{i*} 产生的效应也符合 i 国政府的价值取向。反观关税政策，其主要目标是保护本土企业的国内市场份额，但从本书的分析来看，τ 对国内市场的保护作用不明显，甚至不能确定其是否存在积极作用。本书据此得：

相对于政策效应具有一定不确定性的关税政策，出口退税是一项较为稳健的贸易政策。

市场均衡状态下 $\partial p_{ij}^* / \partial s = \dfrac{\theta_2^2 - 2b}{4b - \theta_2^2} < 0$，$\partial p_{jj}^* / \partial s = -\theta_2 / (4b - \theta_2^2) < 0$，出口退税使 j 国的市场价格更低，j 国消费者得以用更低廉的成本获得同样多的产品和效用。而且 $\partial CS_j^* / \partial s = \dfrac{4ab + 4bs - 4bc_i + (3c_i - 3s_i - 3a)\theta_2^2 + (a - c_j)\theta_2^3}{4b - \theta_2^2}$

> 0，i 国实行的出口退税率越高，j 国的消费者剩余越高。出口退税 s 等于变相补贴国外的消费者，因而具有强烈的正外部性。加上 $\partial \pi_{i^*}/\partial s > 0$，即出口退税政策会在本国企业和他国消费者之间营造出"双赢"的态势。

由于 $\partial q^*_{ji,FDI}/\partial s = 0$ 和 $\partial p^*_{ji,FDI}/\partial s = 0$，出口退税与 FDI 基本不相关，出口退税政策与 FDI 行政垄断是相对独立的政策（制度），但这只会在不考虑生产要素约束时出现。根据陈林和朱卫平（2008）的发现，当生产面临资源的紧约束时，出口退税政策就会失效。

本书各章涉及的所有 Matlab7.1 程序可向作者索取。

附录二　新中国行政垄断制度演化大事年表

1940 年，毛泽东发表《新民主主义论》，提出："大银行、大工业、大商业归这个共和国所有"，"国营经济是社会主义的性质，是整个国民经济的领导力量"，"但这个共和国并不没收其他资本主义的私有财产，并不禁止'不能操纵国民生计'的资本主义生产的发展"。

1945 年，毛泽东发表《论联合政府》，提出"在现阶段上，中国的经济，必须是由国家经营、私人经营和合作经营三者组成的"。中国的企业家在重庆组建了一个政治团体——中国民主建国会。

1949 年 9 月，第一届人民政治协商会议制定《中国人民政治协商会议共同纲领》。

1950 年 12 月，政务院通过并颁布 1951 年版《私营企业暂行条例》。

1951 年 2 月，中央政治局扩大会议提出"三年准备、十年计划经济建设"的设想。政务院下发《编制物资供应计划的方法》。

1951 年 3 月，中财委外正式发布《私营企业暂行条例施行办法》。

1951 年 5 月，中财委中央计划局试编《1951 年国民经济计划提要》。

1952 年 1 月，中财委颁布《关于国民经济计划编制暂行办法》。

1952 年 9 月，毛泽东初步提出过渡时期总路线。

1953 年 2 月，中央政府发出《关于建立计划机构的通知》。

1953 年 6 月，中共中央根据统战部的调查，起草《关于利用、限制、改造资本主义工商业的意见》。中共中央政治局扩大会议提出过渡时期总路线——"党在过渡时期的总路线和总任务，是要在十年到十五年或者更多一些时间内，基本上完成国家工业化和对农业、手工业、资本主义工商业的社会主义改造"。

1954 年 2 月，中共中央发出《中共中央关于建立与充实各级计划机构的指示》。

1954 年 9 月，第一届全国人大制定《中华人民共和国宪法》。政务院颁布《公私合营工业企业暂行条例》。

1954 年 12 月，北京召开"全国扩展公私合营工业计划会议"，陈云根据中央决定在会上作题为《解决私营工业生产中的困难》的报告。

1955 年夏季，全国范围内开始出现农业合作化高潮。

1955 年 11 月，中共中央召集各省、自治区、直辖市、党委代表参加"资本主义工商业改造会议"，讨论并通过《中共中央关于资本主义工商业改造问题的决议（草案）》。国务院发布《农业生产合作社示范章程（草案）》和《告全国工商界书》，号召工商界"认清前途，把自己的命运同国家的前途结合在一起，积极地接受社会主义改造"。

1955 年 11 月 25 日，《人民日报》发表社论《有准备、有步骤地推动私营工商业实行全行业公私合营》。

1955 年 12 月 1 日，中华全国供销合作总社在北京召开"全国第三次农村私商改造工作会议"，计划在年底促使社会主义商业在农村市场占绝对优势。

1955 年 12 月 14 日，《人民日报》发表社论《进一步开展对城市私营商业的社会主义改造工作》。

1955 年 12 月 21 日，第五次全国手工业生产合作会议在北京召开，会议提出在两年内基本完成手工业合作化。

1956 年 2 月，中央政治局对《中共中央关于资本主义工商业改造问题的决议（草案）》作个别修改，并追认为正式决议。

1956 年 1 月 1 日，北京市资本主义工商业者率先提出实施全行业公私合营的申请。

1956 年 1 月 15 日，北京市各界 20 万人在天安门广场举行庆祝社会主义胜利联欢大会。

1956 年 1 月 31 日，中共中央发布《关于对公私合营企业私股推行定息办法的指示》。

1956 年 2 月，国务院出台《国务院关于在公私合营企业中推行定息办法的规定》、《国务院关于私营企业实行公私合营的时候对财产清理估价几项主要问题的规定》和《国务院关于目前私营工商业工业的社会主义改造中若干事项的决定》。

1967年，中央政府要求在大中城市集市贸易中进一步开展以国营商业代替私商小贩的工作，由粮食和商业部门做好统一调度和安排。

1968年1月，中央文革小组指示全面取缔无证商贩和手工业户。

1978年12月，十一届三中全会历史性地将党的工作重心转到以经济建设为中心上来，在农村推行家庭联产承包制，鼓励发展个体经营和家庭经营。

1980年8月，中共中央召开"全国劳动就业工作会议"，宣布"鼓励和扶持个体经济适当发展，一切守法的个体劳动者应当受到社会的尊重"。

1981年6月，十一届六中全会通过的《关于建国以来党的若干历史问题的决议》指出："国营经济和集体经济是我国基本的经济形式，一定范围的劳动者个体经济是公有制经济的必要补充。"

1981年7月，国务院出台《关于城镇非农业个体经济若干政策性规定》。

1982年，十二大报告提出："在农村和城市，都要鼓励劳动者个体经济在国家规定的范围内和国家工商行政管理下适当发展，作为公有制经济的必要的有益的补充"。

1982年12月，第五届全国人大五次会议通过的新修订《宪法》第十一条规定："在法律规定范围内的城乡劳动者个体经济，是社会主义公有制经济的补充。国家保护个体经济的合法权利和利益。"

1986年年底，中共中央、国务院在北京召开中央农村工作会议，对私营经济问题进行了讨论。

1987年1月，中共中央出台《关于把农村改革引向深入》。

1987年10月，十三大报告开始使用私营经济这个概念，提出"对于城乡合作经济、个体经济和私营经济，都要继续鼓励它们发展"。

1988年4月，第七届全国人民代表大会第一次会议通过《中华人民共和国宪法修正案》，规定："国家允许私营经济在法律规定的范围内存在和发展，私营经济是社会主义公有制经济的补充。"

1988年6月，国务院出台1988年版《中华人民共和国私营企业暂行条例》及其施行办法。

1989 年 4 月，全国人大制定《中华人民共和国行政诉讼法》。

1990 年 10 月，国务院颁布《行政复议条例》。

1992 年 10 月，十四大报告提出："在所有制结构上，以公有制包括全民所有制和集体所有制为主体，个体经济、私营经济、外资经济为补充，多种经济成分共同发展，不同经济成分还可以自愿实行多种形式的联合经营"。

1993 年 9 月，全国人大制定《中华人民共和国反不正当竞争法》。

1995 年 6 月，国务院颁布《指导外商投资方向暂行规定》和《外商投资产业指导目录》。

1997 年 12 月，国务院第一次修订《外商投资产业指导目录》。

1997 年 9 月，十五大报告提出："以公有制为主体、多种所有制经济共同发展，是我国社会主义初级阶段的一项基本经济制度"；"个体、私营等非公有制是社会主义市场经济的重要组成部分，应当继续鼓励、引导，使其健康发展"。

1999 年 3 月，第九届全国人大二次会议通过的《中华人民共和国宪法修正案》规定："在法律范围内的个体经济、私营经济等非公有制经济，是社会主义市场经济的重要组成部分。"

1999 年 4 月，全国人大制定《中华人民共和国行政复议法》。

2000 年 3 月，全国人大制定《中华人民共和国立法法》。

2002 年 2 月，国务院颁布《指导外商投资方向规定》，第二次修订《外商投资产业指导目录》。

2002 年 11 月，十六大报告提出，"根据解放和发展生产力的要求，坚持和完善公有制为主体，多种所有制共同发展的基本经济制度"；"必须毫不动摇地鼓励、支持和引导非公有制经济的发展"。

2003 年 10 月，十六届三中全会通过《中共中央关于完善社会主义市场经济体制若干问题的决定》，提出："放宽市场准入，允许非公有资本进入法律法规未禁入的基础设施、公用事业及其他行业和领域。"

2004 年 3 月，第十届全国人大二次会议审议通过《中华人民共和国宪法修正案》，规定："国家鼓励、支持和引导非公有制经济的发展，并对非公有制经济依法实行监督和管理。"

2004 年 7 月，国务院颁布《国务院关于投资体制改革的决定》及其附件《政府核准的投资项目目录（2004 年本）》。全国人大制定的《中华人民共和国行政许可法》正式生效。

2004 年 9 月，国家发改委颁布《企业投资项目核准暂行办法》。

2004 年 10 月，国家发改委颁布《外商投资项目核准暂行管理办法》。

2004 年 12 月，国务院第三次修订《外商投资产业指导目录》。

2005 年，国务院出台《国务院关于鼓励支持和引导个体私营等非公有制经济发展的若干意见》。

2006 年 4 月，国家发改委颁布《国家发展和改革委员会行政复议实施办法》。

2007 年 8 月，全国人大制定《中华人民共和国反垄断法》。

2007 年 10 月，十七大报告指出："坚持和完善公有制为主体、多种所有制经济共同发展的基本经济制度，毫不动摇地巩固和发展公有制经济，毫不动摇地鼓励、支持、引导非公有制经济发展，坚持平等保护物权，形成各种所有制经济平等竞争、相互促进新格局。"

2007 年 12 月，国务院第四次修订《外商投资产业指导目录》。

2010 年，国务院出台《国务院关于鼓励和引导民间投资健康发展的若干意见》。

参考文献

1. 阿尔斯通、J. 李、T. 埃格森特、D. C. 诺思：《制度变革的经验研究》，罗仲伟译，经济科学出版社 2003 年版。

2. 罗杰 A. 阿诺德：《经济学》，沈可挺译，中信出版社 2004 年版。

3. 艾洪山、张亚斌、亓朋：《外商直接投资、国际贸易与工资溢出——基于微观企业层面的实证分析》，《经济评论》2010 年第 2 期。

4. 安建、黄建初：《中华人民共和国反垄断法释义》，法律出版社 2007 年版。

5. 安同良、施浩、Alcorta：《中国制造业企业 R&D 行为模式的观测与实证——基于江苏省制造业企业问卷调查的实证分析》，《经济研究》2006 年第 2 期。

6. 白重恩、杜颖娟、陶志刚、仝月婷：《地方保护主义及产业地区集中度的决定因素和变动趋势》，《经济研究》2004 年第 4 期。

7. 白重恩、陶志刚、仝月婷：《影响中国各地区生产专业化程度的经济及行政整合的因素》，《经济学报》2006 年第 2 期。

8. 白靖宸：《德国东部地区的经济体制转轨》，《世界经济》1996 年第 9 期。

9. 白明、李国璋：《市场竞争与创新：熊彼特假说及其实证检验》，《中国软科学》2006 年第 11 期。

10. 白让让：《国有企业主导与行政性垄断下的价格合谋——"京沪空中快线"引发的若干思考》，《中国工业经济》2007 年第 12 期。

11. 白让让：《买方主垄断：政府规制与电煤价格的长期扭曲》，《世界经济》2009 年第 8 期。

12. 鲍莫尔、布林德：《经济学》，萧琛译，北京大学出版社 2006 年版。

13. 包锡妹：《反垄断法的经济分析》，中国社会科学出版社 2003

年版。

14. 蔡锐、刘泉：《中国的国际直接投资与贸易是互补的吗?》，《世界经济研究》2004 年第 8 期。

15. 曹海晶：《检视与前行：行政立法与中国改革开放三十年》，《江苏社会科学》2008 年第 5 期。

16. 曹建海：《过度经济论》，中国人民大学出版社 2000 年版。

17. 曹士兵：《反垄断法研究》，法律出版社 1996 年版。

18. 陈爱贞、刘志彪：《中国行政垄断：利益主体的博弈与载体的泛化趋势》，《经济评论》2007 年第 6 期。

19. 陈斌、佘坚、王晓津、赖建清：《我国民营上市公司发展实证研究》，《深圳证券交易所综合研究所 2008 年研究报告》2008 年。

20. 陈波：《FDI 与中国对外贸易的实证分析》，《财经论丛》2006 年第 1 期。

21. 陈昆亭、龚六堂：《黏滞价格模型以及对中国经济的数值模拟》，《数量经济技术经济研究》2006 年第 8 期。

22. 陈继勇、秦臻：《外商直接投资对中国商品进出口影响的实证分析》，《国际贸易问题》2006 年第 5 期。

23. 陈林、朱卫平：《出口退税和创新补贴政策效应研究》，《经济研究》2008 年第 11 期。

24. 陈林、朱卫平：《边际报酬递减规律是客观存在的吗？——来自于上市公司面板数据的实证检验》，《中国工业经济》2009 年第 6 期。

25. 陈林、朱卫平：《基于二手市场与理性预期的房地产市场机制研究》，《管理科学学报》2011 年第 2 期。

26. 陈林、朱卫平：《创新、市场结构与行政进入壁垒——基于中国工业企业数据的熊彼特假说实证检验》，《经济学（季刊）》2011 年第 10 卷第 2 期。

27. 陈林、朱卫平：《创新竞争与垄断内生——兼议中国反垄断法的根本性裁判准则》，《中国工业经济》2011 年第 6 期。

28. 陈敏、桂琦寒、陆铭、陈钊：《中国经济增长如何持续发挥规模效应？——经济开放与国内商品市场分割的实证研究》，《经济学（季刊）》2008 年第 7 卷第 1 期。

29. 陈秀山：《我国竞争制度与竞争政策目标模式的选择》，《中国社会科学》1995 年第 3 期。

30. 陈秀山：《现代竞争理论与竞争政策》，商务印书馆 1997 年版。

31. 陈学云、江可申：《航空运输业规制放松与反行政垄断——基于自然垄断的强度分析》，《中国工业经济》2008 年第 6 期。

32. 陈羽、李小平、白澎：《市场结构如何影响 R&D 投入？——基于中国制造业行业面板数据的实证分析》，《南开经济研究》2007 年第 1 期。

33. 陈章干：《关于行政立法"根据"的次序问题》，《法学评论》1999 年第 6 期。

34. 陈章干：《简析行政立法的"根据"问题》，《法商研究》1999 年第 5 期。

35. 陈钊：《转型经济中的放松管制和企业重构的最优路径》，《经济学（季刊）》2004 年第 2 期。

36. 陈钊：《经济转轨中的企业重构：产权改革与放松管制》，上海人民出版社 2004 年版。

37. 陈之迈：《英国宪法上的两大变迁"委任立法制"及"行政司法制"》，《清华学报》1934 年第 4 期。

38. 陈志：《拍卖与规制：行政垄断企业民营化中的问题》，《财经科学》2004 年第 5 期。

39. 崔秀荣：《试论我国反垄断立法应如何规制行政垄断》，《经济体制改革》2001 年第 5 期。

40. 保建云：《区域发展差距、地方保护主义与市场一体化发展——基于区域非均衡发展转型大国的理论模型与实证分析》，《财贸经济》2008 年第 8 期。

41. 戴跃强、达庆利：《企业技术创新投资与其资本结构、规模之间关系的实证研究》，《科研管理》2005 年第 5 期。

42. 邓保同：《论行政性垄断》，《法学评论》1998 年第 4 期。

43. 邓启惠：《浅谈市场进入壁垒及其效应分析》，《经济问题》1996 年第 2 期。

44. 邓志锋：《论行政性垄断》，《湖北社会科学》2001 年第 4 期。

45. 丁辉侠、冯宗宪：《正式与非正式制度对中国吸引外商直接投资的影响关——以引力模型为基础的实证分析》，《财贸经济》2005 年第 12 期。

46. 丁启军：《行政垄断行业高利润来源研究——高效率，还是垄断定价?》，《产业经济研究》2010 年第 5 期。

47. 丁启军：《行政垄断行业的判定及改革》，《财贸研究》2010 年第 5 期。

48. 丁启军、王会宗：《规制效率、反垄断法与行政垄断行业改革》，《财贸研究》2009 年第 4 期。

49. 丁启军、杨骞：《自然垄断行业的政府规制与行政垄断——以中国电信业为例》，《石家庄经济学院学报》2009 年第 10 期。

50. 丁启军、伊淑彪：《中国行政垄断行业效率损失研究》，《山西财经大学学报》2008 年第 2 期。

51. 董志凯：《1949—1952 年中国经济分析》，中国社会科学出版社 1996 年版。

52. 樊纲：《论体制转轨的动态过程——非国有部门的成长与国有部门的改革》，《经济研究》2000 年第 1 期。

53. 樊纲、胡永泰：《"循序渐进"，还是"平行推进"？——论体制转轨最优路径的理论与政策》，《经济研究》2005 年第 1 期。

54. 樊明：《地方国有与地方保护主义——中国横向经济协作的制度障碍》，《当代经济研究》2001 年第 3 期。

55. 范守信：《试论 1955 年部分地区资本主义工商业的全行业公私合营》，《党史研究与教学》1990 年第 5 期。

56. 方小敏：《行政性限制竞争行为的法律规制》，《法学》2005 年第 2 期。

57. 冯舜华：《转轨经济中公司治理的模式问题：从捷克共和国的公司治理中得到的启示》，《世界经济》2003 年第 2 期。

58. 朱·弗登博格、让·梯若尔：《博弈论》，中国人民大学出版社 2002 年版。

59. 付强：《产业结构趋同与地区行政垄断》，《山西财经大学学报》2008 年第 5 期。

60. 付强：《地区行政垄断、技术进步与粗放型经济增长——基于我国 1978—2006 年技术进步的实证测算》，《经济科学》2008 年第 5 期。

61. 高鸿业：《西方经济学》，中国人民大学出版社 2003 年版。

62. 管淮：《论毛泽东对建立公有制经济的历史性贡献》，《南京审计学院学报》2004 年第 2 期。

63. 高化民：《全行业公私合营高潮评析》，《当代中国史研究》1999年第 5 期。

64. 高梦滔、姚洋：《健康风险冲击对农户收入的影响》，《经济研究》2005 年第 12 期。

65. 高梦滔、张颖：《小农户更有效率？——八省农村的经验证据》，《统计研究》2006 年第 8 期。

66. 高梦滔、毕岚岚、师慧丽：《流动性约束、持久收入与农户消费——基于中国农村微观面板数据的经验研究》，《统计研究》2008 年第6 期。

67. 威廉·H. 格林：《计量经济分析》，费剑平译，中国人民大学出版社 2007 年版。

68. 龚晓莺：《中国对外贸易与国际直接投资关系的实证分析》，《经济理论与经济管理》2007 年第 1 期。

69. 国家统计局课题组：《对国有经济控制力的量化分析》，《统计研究》2001 年第 1 期。

70. 郭连成、刁秀华：《转轨国家的竞争政策与立法研究——以俄罗斯为例》，《财经问题研究》2007 年第 4 期。

71. 过勇、胡鞍钢：《行政垄断、寻租与腐败——转型经济的腐败机理分析》，《经济社会体制比较》2003 年第 2 期。

72. 郭宗杰：《多元主体与复合责任——论反垄断法关于行政性垄断的责任设置》，《武汉大学学报》（哲学社会科学版）2004 年第 11 期。

73. 郭宗杰：《一体立法与分别规制——论中国反行政性垄断之立法体例》，《暨南学报》（人文科学与社会科学版）2005 年第 1 期。

74. 郭宗杰：《关于行政性垄断的反垄断法律定义与具体规制》，《武汉大学学报》（哲学社会科学版）2005 年第 3 期。

75. 哈勒根、张军：《转轨国家的初始条件、改革速度与经济增长》，《经济研究》1999 年第 10 期。

76. 哈耶克：《哈耶克文选》，冯克利译，江苏人民出版社 2007 年版。

77. 韩志红：《行政司法权的行使应以当事人自愿为前提》，《法学杂志》2002 年第 1 期。

78. 韩忠伟：《论我国〈行政复议法〉与〈行政诉讼法〉的立法衔接

与完善》,《甘肃社会科学》2010 年第 4 期。

79. 贺胜兵、杨文虎:《FDI 对我国进出口贸易的非线性效应研究——基于面板平滑转换模型》,《数量经济技术经济研究》2008 年第 10 期。

80. 何大安:《中国流通产业组织中的局部垄断》,《学术月刊》2008 年第 5 期。

81. 何大安:《局部垄断是对中国流通产业组织的概括分析——答毛伟博士的质疑》,《学术月刊》2009 年第 11 期。

82. 何敏智:《我国建立公有制经济的回顾与思考》,《宏观经济研究》1993 年第 12 期。

83. 何智美、王敬云:《地方保护主义探源——一个政治晋升博弈模型》,《山西财经大学学报》2007 年第 5 期。

84. 胡鞍钢:《腐败:中国最大的社会污染》,《中国改革》2001 年第 4 期。

85. 胡鞍钢:《在社会主义市场经济体制下反行政垄断也是反腐败》,《经济参考报》2001 年 7 月 11 日。

86. 胡鞍钢、过勇:《从垄断市场到竞争市场:深刻的社会变革》,《改革》2002 年第 1 期。

87. 胡光志、王波:《行政垄断及反行政垄断法的经济学分析》,《中国法学》2004 年第 4 期。

88. 胡和立:《1988 年我国租金价值的估算》,《经济社会体制比较》1989 年第 5 期。

89. 胡汝银:《竞争与垄断:社会主义微观经济分析》,生活·读书·新知三联书店 1998 年版。

90. 胡向婷、张璐:《地方保护主义对地区产业结构的影响——理论与实证分析》,《经济研究》2005 年第 2 期。

91. 胡小蓉:《改革开放以来党的个体经济、私营经济政策探析》,《保定师专学报》2000 年第 9 期。

92. 黄范章:《制度创新、理论创新的 30 年——兼论创立有中国特色的转轨经济学和社会主义市场经济学》,《经济学家》2008 年第 6 期。

93. 黄河、徐德敏、李永宁:《论社会主义市场经济条件下的行政干预与行政垄断》,《法律科学》2002 年第 6 期。

94. 黄红选、韩继业：《数学规划》，清华大学出版社 2006 年版。

95. 黄赜琳、王敬云：《地方保护与市场分割：来自中国的经验数据》，《中国工业经济》2006 年第 2 期。

96. 黄金树、李仁耀、蔡惠羽：《外国技术授权策略与本国关税政策之探讨》，《经济学（季刊）》2005 年第 4 卷增刊。

97. 黄肖广：《财政体制改革与地方保护主义》，《经济研究》1996 年第 2 期。

98. 姜方利：《行政垄断的成因及其规制探析——以法文化为视角》，《求索》2007 年第 9 期。

99. 姜付秀、余晖：《我国行政性垄断的危害——市场势力效应和收入分配效应的实证研究》，《中国工业经济》2007 年第 10 期。

100. 金碚：《〈垄断产业改革——基于网络视角的分析〉评介》，《中国工业经济》2005 年第 2 期。

101. 金煜、陆铭、陈钊：《中国的地区工业集聚：经济地理、新经济地理与经济政策》，《经济研究》2006 年第 4 期。

102. 雅诺什·科尔奈：《后社会主义转轨的思索》，肖梦译，吉林人民出版社 2003 年版。

103. 罗纳德·H. 科斯：《新制度经济学》，梅纳尔《制度、契约与组织——从新制度经济学角度的透视》，刘刚等译，科学出版社 2003 年版。

104. 科兹洛夫、拉扎列夫、卢涅夫、皮斯科京：《苏联国民经济管理的行政法原则》，法律出版社 1987 年版。

105. 寇宗来：《沉睡专利的实物期权模型》，《世界经济文汇》2006 年第 3 期。

106. 皮埃陈霞·库贝：《国有化以后的法国银行制度》，《外国经济与管理》1983 年第 3 期。

107. 波陈霞·里夫金：《列宁和苏联银行国有化》，《金融研究》1958 年第 1 期。

108. 李长城、沈敏荣：《〈反不正当竞争法〉中行政权力作用的法理思考》，《太原师范学院学报》（社会科学版）2007 年第 3 期。

109. 李必达：《加强反不正当竞争法的研究意义重大》，《工商行政管理》1997 年第 22 期。

110. 李稻葵：《转型经济中的模糊产权理论》，《经济研究》1995 年第 4 期。

111. 李国荣：《我国外商直接投资与出口贸易关系的实证研究》，《国际贸易问题》2006 年第 4 期。

112. 李海涛：《美国行政垄断管制及其启示——兼评我国〈反垄断法〉关于行政垄断的规定》，《东方法学》2008 年第 3 期。

113. 李平、范跃进：《东道国的贸易自由化对国际直接投资流入的影响》，《世界经济》2003 年第 12 期。

114. 李强、王成璋：《征收关税的 3×2 李嘉图模型》，《数量经济技术经济研究》2003 年第 4 期。

115. 李芹叶：《反垄断法能否调整行政性垄断》，《法学与实践》1995 年第 3 期。

116. 李善同、侯永志、刘云中、陈波：《中国国内地方保护问题的调查与分析》，《经济研究》2004 年第 11 期。

117. 李舒娅：《二元公有制模式与传统所有制模式理论与实践的实证考察》，《青海社会科学》1991 年第 6 期。

118. 李荣林：《国际贸易与直接投资的关系：文献综述》，《世界经济》2002 年第 4 期。

119. 李维汉：《关于"公私合营工业企业暂行条例"的说明》，《山西政报》1954 年第 17 期。

120. 厉以宁：《西方经济学》，高等教育出版社 2000 年版。

121. 梁琦、施晓苏：《中国对外贸易和 FDI 相互关系的研究》，《经济学（季刊）》2004 年第 3 卷第 4 期。

122. 梁永强：《略论我国行政立法的完善》，《法学杂志》1995 年第 5 期。

123. 梁赞诺夫：《中国市场经济转轨：改革的战略选择》，程恩富译，《中俄经济学家论中俄经济改革》，经济科学出版社 2000 年版。

124. 林水源：《列宁斯大林时期苏联社会主义公有制的建立及其经验教训》，《世界经济》1981 年第 8 期。

125. 林水源：《俄罗斯的经济转轨成效、问题、前景》，《世界经济》1996 年第 2 期。

126. 林毅夫：《自生能力、经济转型与新古典经济学的反思》，《经济研究》2002 年第 12 期。

127. 林毅夫、刘培林:《何以加速增长惟解自生难题——〈前 10 年的转轨——东欧和前苏联的经验和教训〉述评》,《经济学(季刊)》2003年第 1 期。

128. 林毅夫、刘培林:《地方保护和市场分割:从发展战略的角度考察》,北京大学中国经济研究中心工作论文。

129. 林忠晶、龚六堂:《退休年龄、教育年限与社会保障》,《经济学(季刊)》2007 年第 1 期。

130. 刘长霞:《经济转轨时期中国银行业反行政垄断与促进竞争政策研究》,博士学位论文,山东大学,2008 年。

131. 刘次华:《随机过程》,华中科技大学出版社 2008 年版。

132. 刘凤委、于旭辉、李琳:《地方保护能提升公司绩效吗——来自上市公司的经验证据》,《中国工业经济》2007 年第 4 期。

133. 刘红红:《公私合营:我国私有制改造的成功形式——以永济裕民铁工厂为例》,《运城学院学报》2006 年第 8 期。

134. 刘建华:《论中国烟草专卖体制下的行政垄断》,《经济与管理研究》2004 年第 4 期。

135. 刘可、王维、陈仪:《外商投资与关税水平——个政治经济学的模型》,《世界经济》2006 年第 12 期。

136. 刘桥:《论苏联社会主义经济模式中的内在矛盾》,《俄罗斯中亚东欧研究》1991 年第 1 期。

137. 刘伟:《苏联社会主义制度建立初期关于所有制选择的争论》,《经济学家》1990 年第 2 期。

138. 刘小玄:《转轨经济中的企业主权模式》,《经济研究》1997 年第 7 期。

139. 刘小玄:《中国转轨经济中的产权结构和市场结构——产业绩效水平的决定因素》,《经济研究》2003 年第 1 期。

140. 刘小玄:《中国转轨过程中的企业行为和市场均衡》,《中国社会科学》2003 年第 2 期。

141. 刘小玄:《民营化改制对中国产业效率的效果分析——2001 年全国普查工业数据的分析》,《经济研究》2004 年第 8 期。

142. 刘小玄:《收入不平等的政府根源》,《中国改革》2007 年第 11 期。

143. 刘修岩、殷醒民、贺小海：《市场潜能与制造业空间集聚：基于中国地级城市面板数据的经验研究》，《管理世界》2007 年第 11 期。

144. 刘志彪、安同良：《现代产业经济分析》，南京大学出版社 2001 年版。

145. 刘志彪、姜付秀：《我国产业行政垄断的制度成本分析》，《江海学刊》2003 年第 1 期。

146. 刘作翔：《中国司法地方保护主义之批判——兼论"司法权国家化"的司法改革思路》，《法学研究》2003 年第 1 期。

147. 陆德明：《改造产业组织建立垄断竞争市场》，《经济研究》1988 年第 10 期。

148. 陆铭、陈钊：《城市化、城市倾向的经济政策与城乡收入差距》，《经济研究》2004 年第 6 期。

149. 陆铭、陈钊：《分割市场的经济增长：为什么经济开放可能加剧地方保护》，《经济研究》2009 年第 2 期。

150. 陆铭、陈钊、严冀：《收益递增、发展战略与区域经济的分割》，《经济研究》2004 年第 1 期。

151. 陆铭、陈钊、杨真真：《平等与增长携手并进——一个基于收益递增的策略性劳动分工模型》，《经济学（季刊）》2007 年第 6 卷第 2 期。

152. 陆南泉、陈义初、张础：《苏联国民经济发展七十年》，机械工业出版社 1988 年版。

153. 陆学艺：《中国私营经济、私营企业主阶层产生、发展的实践和理论演变》，《中国社会科学院研究生院学报》2003 年第 1 期。

154. 卢彦芬、宋丽红：《检察机关提起行政公诉的立法研究》，《河北法学》2010 年第 10 期。

155. 鲁振祥：《毛泽东与过渡时期总路线的提出：几个重要关节点的再考察》，《党的文献》2006 年第 5 期。

156. 罗党论、刘晓龙：《政治关系、进入壁垒与企业绩效——来自中国民营上市公司的经验证据》，《管理世界》2009 年第 5 期。

157. 罗兰、热若尔：《转型与经济学》，张帆等译，北京大学出版社 2002 年版。

158. 罗云辉、夏大慰：《自然垄断产业进一步放松规制的理论依据——基于对成本曲线的重新理解》，《中国工业经济》2003 年第 8 期。

159. 罗肇鸿：《苏联的所有制理论与经济改革》，《世界经济》1988年第 1 期。

160. 吕炜：《中国经济转轨实践的理论命题》，《中国社会科学》2003 年第 4 期。

161. 吕炜：《转轨过程的最终费用结算与绩效评价》，《中国社会科学》2005 年第 1 期。

162. 吕炜：《基于中国经济转轨实践的分析方法研究——兼作对"北京共识"合理逻辑的一种解释》，《经济研究》2005 年第 2 期。

163. 马丁、斯蒂芬：《高级产业经济学教程》，史东辉译，上海财经大学出版社 2003 年版。

164. 马捷、李飞：《出口退税是一项稳健的贸易政策吗?》，《经济研究》2008 年第 4 期。

165. 马斯·科莱尔、安德鲁、迈克尔·D. 温斯顿、杰里·R. 格林：《微观经济学》，李绍荣等译，中国社会科学出版社 2001 年版。

166. 麦克康奈尔、布鲁伊：《经济学》，李绍荣等译，中国人民大学出版社 2008 年版。

167. 曼昆、格里高利：《经济学原理》下册，梁小民等译，北京大学出版社 2001 年版。

168. 曼昆、格里高利：《经济学原理》，梁小民等译，北京大学出版社 2009 年版。

169. 曼斯费尔德、埃德温：《微观经济学》，黄险峰等译，中国人民大学出版社 2003 年版。

170. 毛伟：《流通产业的垄断现象及其类型——与何大安教授商榷》，《学术月刊》2009 年第 11 期。

171. 孟昌：《规模经济不需要行政性进入壁垒的保护》，《经济理论与经济管理》2010 年第 5 期。

172. 孟昌：《结构性进入壁垒与行政性进入壁垒——基于租金分析范式的理解》，《中国流通经济》2010 年第 5 期。

173. 孟德斯鸠：《论法的精神》，许明龙译，商务印书馆 2009 年版。

174. 聂辉华、谭松涛、王宇锋：《创新、企业规模和市场竞争：基于中国企业层面的面板数据分析》，《世界经济》2008 年第 12 期。

175. 聂辉华、涂晓玲、杨楠：《产权还是竞争？——对国有企业激励机制的经验考察》,《教学与研究》2008 年第 1 期。

176. 聂孝红:《"行政垄断"纳入我国〈反垄断法〉的必要性》,《河北法学》2007 年第 2 期。

177. 道格拉斯·C. 诺思:《制度、制度变迁与经济绩效》,杭行译,上海三联书店 2008 年版。

178. 欧阳楚龙、张金财:《试析湖南全行业公私合营》,《湘潮》1990 年第 3 期。

179. 潘士远:《内生无效制度——对进入壁垒和贸易保护的思考》,《经济研究》2008 年第 9 期。

180. 平新乔:《论国有经济比重的内生决定》,《经济研究》2000 年第 7 期。

181. 平新乔:《中国国有资产控制方式与控制力的现状》,《经济社会体制比较》2003 年第 3 期。

182. 平新乔:《政府保护的动机与效果——一个实证分析》,《财贸经济》2004 年第 5 期。

183. 庞松:《建国初期党在处理计划与市场关系问题上的认识演变》,《党史天地》1996 年第 7 期。

184. 彭晓娟:《出租车行业经济性垄断背后的行政性垄断分析》,《湖北社会科学》2010 年第 4 期。

185. 钱晓英、赖明勇、张大奇:《外商直接投资与中国国际贸易关系的实证分析》,《湖南大学学报》(自然科学版)2001 年第 10 期。

186. 钱颖一:《目标与过程》,《经济社会体制比较》1999 年第 2 期。

187. 邱斌、唐保庆、孙少勤:《对中国国际贸易与 FDI 相互关系的重新检验》,《南开经济研究》2006 年第 4 期。

188. 曲冬梅、孙强:《统一规制经济垄断与行政垄断的必要性与紧迫性》,《山东大学学报》(人文社会科学版)2002 年第 3 期。

189. 任晓伟:《社会主义计划经济的历史和理论起源》,人民出版社 2009 年版。

190. 任兆璋、郁方:《中国农村的行政性金融垄断:症结与消解》,《学术研究》2008 年第 1 期。

191. 保罗·萨缪尔森、威廉·诺德豪斯:《经济学》,萧琛等译,华夏出版社 1999 年版。

192. 保罗·萨缪尔森、威廉·诺德豪斯：《经济学》，萧琛译，人民邮电出版社 2008 年版。

193. Sachs、Jeffrey、胡永泰、杨小凯：《经济改革和宪政转轨》，《经济学（季刊）》2003 年第 4 期。

194. 单东：《行政垄断客观存在，权威人士安能否定——由人大法委会主任委员称"我国不存在行政垄断"所想到的》，《经济学消息报》2007 年，转引自网址 http：//www. myjjh. com。

195. 单东：《中国石油行业行政垄断的成因、危害及解决之对策》，《经济社会体制比较》2010 年第 5 期。

196. 上官丕亮：《立法法对行政立法程序规定的缺陷及其完善》，《行政法学研究》2001 年第 1 期。

197. 邵军、徐康宁：《基于面板协整方法的外资与外贸关系研究》，《数量经济技术经济研究》2007 年第 10 期。

198. 邵伟生：《改革开放以来国家私营经济政策的发展历程》，《金融信息参考》2002 年第 2 期。

199. 沈立人、戴园晨：《我国"诸侯经济"的形成及其弊端和根源》，《经济研究》1990 年第 3 期。

200. 沈敏荣：《法律的不确定性——反垄断法规则分析》，法律出版社 2001 年版。

201. 盛杰民：《竞争法在中国：现状与展望》，载杨紫烜《经济法研究》第一卷，科学出版社 2000 年版。

202. 盛杰民：《竞争法视野中的行政垄断——从政府干预经济之复杂性着手的探讨》，载季晓南《中国反垄断法研究——反垄断法研究系列丛书》，人民法院出版社 2001 年版。

203. 乔治·J. 施蒂格勒：《产业组织和政府管制》，潘振民译，上海三联书店 1998 年版。

204. 乔治·J. 施蒂格勒：《产业组织》，王永钦等译，上海三联书店 2006 年版。

205. 施东晖：《转轨经济中的所有权与竞争：来自中国上市公司的经验证据》，《经济研究》2003 年第 8 期。

206. 史际春：《关于中国反垄断法概念和对象的两个基本问题》，《中国反垄断法研究》，人民法院出版社 2001 年版。

207. 史际春：《社会主义市场竞争体制的进一步完善》，《首都师范大学学报》2004 年第 2 期。

208. 史小龙、张峰：《外商直接投资对我国进出口贸易影响的协整分析》，《世界经济研究》2004 年第 4 期。

209. 石淑华：《行政垄断的经济学分析》，社会科学文献出版社 2006 年版。

210. 石涛：《自然垄断产业规制重构：基于要素演化的视角》，《中国工业经济》2007 年第 10 期。

211. 斯蒂格利茨：《经济学》，黄险峰等译，中国人民大学出版社 2008 年版。

212. 亚当·斯密：《国民财富的性质和原因的研究》，郭大力等译，商务印书馆 2008 年版。

213. 宋才发：《对前苏联社会主义工业化的历史回溯与评析》，《许昌师专学报》（社会科学版）1998 年第 1 期。

214. 苏联档案管理总局、苏联国立中央十月革命和社会主义建设档案馆、苏联科学院经济研究所：《苏联工业国有化——1917—1920 年文件资料汇编》，生活·读书·新知三联书店 1958 年版。

215. 苏联科学院经济研究所：《苏联社会主义经济史》，三联书店 1979 年版。

216. 孙楚仁、沈玉良、赵红军：《FDI 和加工贸易的关系：替代，互补或其他?》，《南开经济研究》2008 年第 3 期。

217. 孙广厦：《宪政视野下中国行政权力的制约与监督》，《甘肃行政学院学报》2007 年第 2 期。

218. 泰勒尔：《产业组织理论》，中国人民大学出版社 1997 年版。

219. 田春生：《关于转轨经济中"私有化"的争议及其评价》，《世界经济》2000 年第 3 期。

220. 田国强：《中国国营企业改革与经济体制平稳转轨的方式和步骤：中国经济改革的三阶段论》，《经济研究》1994 年第 11 期。

221. 田国强：《一个关于转型经济中最优所有权安排的理论》，《经济学（季刊）》2001 年第 1 期。

222. 田圃德、伊志宏、张湘赣：《论行政性垄断的破除与竞争机制的建立》，《经济与管理研究》2007 年第 4 期。

223. 佟苍松：《Armington 弹性的估计与美国进口中国商品的关税政策响应分析》，《世界经济研究》2006 年第 3 期。

224. 万安培：《租金规模的动态考察》，《经济研究》1995 年第 2 期。

225. 王保树：《企业联合与制止垄断》，《法学研究》1990 年第 1 期。

226. 王保树：《论反垄断法对行政垄断的规制》，《中国社会科学院研究生院学报》1998 年第 5 期。

227. 王常雄：《地区性行政垄断结构性差异及市场化改革的路径选择》，《财政研究》2010 年第 3 期。

228. 王弟海、龚六堂、李宏毅、邹恒甫：《物质资本积累和健康人力资本：两部门经济模型》，中国经济学年会会议论文，2009 年。

229. 王会宗：《行政垄断与经济效率——基于中国铁路运输业的实证分析》，《经济问题》2009 年第 12 期。

230. 王江、周雅、郑广超：《工业企业国有经济控制力研究》，《北方经济》2009 年第 10 期。

231. 王俊豪、王建明：《中国垄断性产业的行政垄断及其管制政策》，《中国工业经济》2007 年第 2 期。

232. 王磊：《对行政立法权的宪法学思考》，《中外法学》1998 年第 5 期。

233. 王庆菊：《改革开放三十年私营经济的历史发展》，《岱宗学刊》2009 年第 9 期。

234. 王少平、封福育：《外商直接投资对中国贸易的效应与区域差异：基于动态面板数据模型的分析》，《世界经济研究》2006 年第 8 期。

235. 王胜、邹恒甫：《关税、汇率与福利》，《世界经济》2004 年第 8 期。

236. 王潼：《前苏联东欧国家经济转轨五年概观》，《世界经济》1996 年第 3 期。

237. 王为农：《中国反垄断立法的若干基本问题》，载王晓晔、伊从宽《竞争法与经济发展》，社会科学文献出版社 2003 年版。

238. 王晹：《论反垄断法一般理论及基本制度》，《中国法学》1997 年第 2 期。

239. 王晓晔：《社会主义市场经济条件下的反垄断法》，《中国社会科学》1996 年第 1 期。

240. 王晓晔：《我国反垄断立法的框架》，《法学研究》1996 年第 4 期。

241. 王晓晔：《依法规范行政性限制竞争行为》，《法学研究》1998 年第 3 期。

242. 王晓晔：《竞争法研究》，中国法制出版社 1999 年版。

243. 王晓晔：《入世与中国反垄断法的制定》，《法学研究》2003 年第 2 期。

244. 王晓晔：《经济全球化下竞争法的新发展》，社会科学文献出版社 2005 年版。

245. 王晓晔：《我国最新反垄断法草案中的若干问题》，《上海交通大学学报》（哲学社会科学版）2007 年第 1 期。

246. 王晓晔：《关于我国反垄断执法机构的几个问题》，《东岳论丛》2007 年第 1 期。

247. 王晓晔：《经济体制改革与我国反垄断法》，《东方法学》2009 年第 3 期。

248. 王晓晔：《行政垄断问题的再思考》，《中国社会科学院研究生院学报》2009 年第 7 期。

249. 王学庆：《垄断性行业的政府管制问题研究》，《管理世界》2003 年第 8 期。

250. 王翼、王歆明：《Matlab 在动态经济学中的应用》，机械工业出版社 2007 年版。

251. 王永钦：《市场互联性、关系型合约与经济转型》，《经济研究》2006 年第 6 期。

252. 王玉波：《行政权力社会探讨》，《学习与探索》1990 年第 1 期。

253. 汪建坤、戴旭光、谢华香：《不完全信息下的逃避关税型对外直接投资》，《数量经济技术经济研究》2001 年第 9 期。

254. 汪向东：《深化电信改革必须彻底破除"自然垄断教条"》，《数量经济技术经济研究》1999 年第 7 期。

255. 魏后凯：《企业规模、产业集中与技术创新能力》，《经济管理》2002 年第 4 期。

256. 魏琼：《论行政性垄断主体——以公共行政组织为中心》，《法学杂志》2010 年第 6 期。

257. 奥利佛·E. 威廉姆森：《资本主义经济制度——论企业签约与市场签约》，段毅才等译，商务印书馆 2002 年版。

258. 温观音：《产权与竞争：关于行政垄断的研究》，《现代法学》2006 年第 6 期。

259. 温茗荃：《我国行政垄断及规制问题的原因分析》，《法制与社会》2009 年第 8 期。

260. 闻一少：《主动的赎买与被动的扩充——关于公私合营的反思》，《商业文化》2009 年第 8 期。

261. 吴宏伟：《竞争法有关问题研究》，中国人民大学出版社 2000 年版。

262. 吴基民：《绒线大王恒源祥在公私合营前后》，《世纪》2006 年第 3 期。

263. 吴江：《中国资本主义经济改造问题》，人民出版社 1982 年版。

264. 吴利学：《中国能源效率波动：理论解释、数值模拟及政策含义》，《经济研究》2009 年第 5 期。

265. 吴撷英、甘超英：《美国国会立法否决权的兴衰——兼论美国立法与行政的关系》，《中外法学》1989 年第 1 期。

266. 吴旬、王丽：《转型时期我国的地方市场分割：基于博弈论的分析及对策》，《云南财贸学院学报》2004 年第 5 期。

267. 乌日其其格：《蒙古的经济体制转轨》，《世界经济》1996 年第 11 期。

268. 吴延兵：《中国工业产业创新水平及影响因素——面板数据的实证分析》，《产业经济评论》2006 年第 5 期。

269. 吴延兵：《企业规模、市场力量与创新：一个文献综述》，《经济研究》2007 年第 5 期。

270. 吴延兵：《市场结构、产权结构与 R&D——中国制造业的实证分析》，《统计研究》2007 年第 5 期。

271. 吴延兵：《自主研发、技术引进与生产率——基于中国地区工业的实证研究》，《经济研究》2008 年第 8 期。

272. 吴要武：《寻找阿基米德的"杠杆"——"出生季度"是个弱工具变量吗?》，《经济学（季刊）》2010 年第 9 卷第 2 期。

273. 漆多俊：《中国反垄断立法问题研究》，《法学评论》1997 年第 4

期。

274. 夏大慰：《产业组织与公共政策》，《外国经济与管理》1999 年第 10 期。

275. 冼国明、严兵、张岸元：《中国出口与外商在华直接投资——1983—2000 年数据的计量研究》，《南开经济研究》2003 年第 1 期。

276. 项本武：《中国对外直接投资的贸易效应研究——基于面板数据的协整分析》，《财贸经济》2009 年第 4 期。

277. 向忠诚：《行政审判权：一种具有政治性的司法权力》，《行政论坛》2007 年第 2 期。

278. 晓亮：《私营经济论》，四川人民出版社 1993 年版。

279. 晓亮：《论改革开放和中国民营经济三十年》，《理论前沿》2008 年第 8 期。

280. 肖金明：《行政权力关系论》，《文史哲》1993 年第 5 期。

281. 解明：《经济转轨中国有资本比重的最优路径选择——一个动态模型》，《经济学（季刊）》2007 年第 2 期。

282. 解红玲：《改革开放以来党的私营经济政策的演变》，《雁北师范学院学报》2007 年第 2 期。

283. 谢建国：《多边贸易自由化与区域贸易协定：一个博弈论分析框架》，《世界经济》2003 年第 12 期。

284. 谢建国：《外部关税约束、自由贸易区规模与世界自由贸易》，《经济学（季刊）》2004 年第 3 卷第 3 期。

285. 谢建国、徐国华：《多边关税谈判与关税减让——关税同盟的缔结一定会提高成员国的谈判地位吗?》，《南开经济研究》2005 年第 6 期。

286. 熊彼特：《经济发展理论》，孔伟艳等译，北京出版社 2008 年版。

287. 熊彼特：《资本主义、社会主义与民主》，吴良健译，商务印书馆 1999 年版。

288. 熊彼特：《经济分析史》，朱泱等译，商务印书馆 1994 年版。

289. 熊彼特：《经济发展理论——对于利润、资本、信贷、利息和经济周期的考察》，何畏等译，商务印书馆 1990 年版。

290. 熊彼特：《从马克思到凯恩斯十大经济学家》，宁嘉风译，商务印书馆 1965 年版。

291. 许光耀：《行政垄断的反垄断法规制》，《中国法学》2004 年第 6 期。

292. 许开国：《地区性行政垄断的宏观成本效率损失研究》，《经济评论》2009 年第 5 期。

293. 许开国：《地区性行政垄断与资本配置效率关系的实证》，《山西财经大学学报》2009 年第 5 期。

294. 徐国祥、苏月中：《上海国有经济控制力定量评估与发展对策研究》，《财经研究》2003 年第 8 期。

295. 徐士英：《政府干预与市场运行之间的防火墙——〈反垄断法〉对滥用行政权力限制竞争的规制》，《法治研究》2008 年第 5 期。

296. 薛克鹏：《行政垄断的非垄断性及其规制》，《天津师范大学学报》（社会科学版）2007 年第 3 期。

297. 薛漫天、赵曙东：《外商直接投资：垂直型还是水平型?》，《经济研究》2007 年第 12 期。

298. 亚特拉斯：《苏联银行国有之史的发展》，彭健华译，大东书局1949 年版。

299. 严海宁、汪红梅：《国有企业利润来源解析：行政垄断抑或技术创新》，《改革》2009 年第 11 期。

300. 阳国亮、何元庆：《地方保护主义的成因及其博弈分析》，《经济学动态》2002 年第 8 期。

301. 杨蕙馨、王军：《进入退出与国有企业的退出问题研究》，《南开经济研究》2004 年第 4 期。

302. 杨开忠、陶然、刘明兴：《解除管制、分权与中国经济转轨》，《中国社会科学》2003 年第 3 期。

303. 杨奎松：《建国前后中国共产党对资产阶级政策的演变》，《近代史研究》2006 年第 2 期。

304. 杨骞、刘华军：《中国烟草产业行政垄断及其绩效的实证研究》，《中国工业经济》2009 年第 4 期。

305. 杨兰、张磊：《外商对华直接投资对我国外贸的影响》，《世界经济文汇》1998 年第 4 期。

306. 杨兰品：《中国行政垄断问题研究》，博士学位论文，武汉大学，2005 年。

307. 杨兰品：《行政垄断问题研究述评》，《经济评论》2005 年第 6 期。

308. 杨兰品：《试论行政垄断及其普遍性与特殊性》，《武汉大学学报》（哲学社会科学版）2005 年第 11 期。

309. 杨兰品、张秀生：《试论发达国家的行政垄断及其启示》，《当代经济研究》2005 年第 11 期。

310. 杨嵘：《进入壁垒与石油产业组织效应》，《当代经济科学》2001 年第 2 期。

311. 杨淑云：《中国电力产业行政垄断及其效率影响分析》，博士学位论文，山东大学，2010 年。

312. 杨淑云：《行政垄断电价对地区能源效率影响的实证研究》，《经济与管理研究》2010 年第 1 期。

313. 杨秀玉：《中国电信产业行政垄断及其绩效的实证分析》，《上海财经大学学报》2009 年第 8 期。

314. 杨秀玉：《中国电信行业行政垄断与竞争政策研究》，博士学位论文，山东大学，2010 年。

315. 杨迤：《商直接投资对中国进出口影响的相关分析》，《世界经济》2000 年第 2 期。

316. 杨勇、达庆利：《企业技术创新绩效与其规模、R&D 投资、人力资本投资之间的关系——基于面板数据的实证研究》，《科技进步与对策》2007 年第 11 期。

317. 杨祖功：《法国的国有化》，《法国研究》1984 年第 4 期。

318. 姚洪心、三品勉：《寡头市场条件下的产品差异化及关税效应研究》，《管理科学学报》2007 年第 8 期。

319. 叶光亮、邓国营：《最优关税和部分私有化战略——产品差异的混合寡头模型》，《经济学（季刊）》2010 年第 9 卷第 2 期。

320. 叶卫平：《行政垄断规制悖论解析——兼谈行政权与经济调节权分际》，《时代法学》2006 年第 12 期。

321. 叶逊：《行政垄断公司治理与发展研究——以烟草行业为例》，博士学位论文，山东大学，2007 年。

322. 叶灼新：《匈牙利经济转轨的特点及问题》，《世界经济》1994 年第 4 期。

323. 余东华：《地方保护能够提高区域产业竞争力吗》，《产业经济研究》2008 年第 3 期。

324. 余东华：《地区行政垄断、产业受保护程度与产业效率——以转型时期中国制造业为例》，《南开经济研究》2008 年第 4 期。

325. 余东华、王青：《行政性垄断与区域自主创新能力——基于中国省域面板数据的分析》，《软科学》2009 年第 8 期。

326. 余东华、于华阳：《反行政性垄断与促进竞争政策研究新进展——"转轨经济中的反行政性垄断与促进竞争政策"国际研讨会观点综述》，《中国工业经济》2008 年第 2 期。

327. 于华阳、于良春：《行政垄断形成根源与运行机制的理论假说——基于制度需求供给视角》，《财经问题研究》2008 年第 1 期。

328. 于金富：《社会主义经济转轨的马克思主义分析方法》，《经济研究》2006 年第 12 期。

329. 于立、吴绪亮：《〈反垄断法〉不是解决行政垄断和行业垄断的良策》，载于良春《反行政垄断与促进竞争政策前沿问题研究》，经济科学出版社 2008 年版。

330. 于立、吴绪亮：《运输产业中的反垄断与规制问题》，《中国工业经济》2008 年第 2 期。

331. 于立、吴绪亮、刘慷：《反垄断法的经济学基础：历史、趋势与难题》，东北财经大学产业组织与企业组织研究中心工作论文，2009 年。

332. 于良春：《转轨时期中国反行政垄断与促进竞争政策研究》，山东大学反垄断与促进竞争政策研究中心工作论文，2007 年。

333. 于良春：《反行政垄断与竞争政策的若干思考》，载于良春《反行政垄断与促进竞争政策前沿问题研究》，经济科学出版社 2008 年版。

334. 于良春、付强：《地区行政垄断与区域产业同构互动关系分析——基于省际的面板数据》，《中国工业经济》2008 年第 6 期。

335. 于良春、牛帅：《中国电力行业行政性垄断的损失测算分析》，《经济与管理研究》2009 年第 1 期。

336. 于良春、杨骞：《行政垄断制度选择的一般分析框架——以我国电信业行政垄断制度的动态变迁为例》，《中国工业经济》2007 年第 12 期。

337. 于良春、于华阳：《自然垄断产业垄断的"自然性"探析》，

《中国工业经济》2004 年第 11 期。

338. 于良春、余东华：《中国地区性行政垄断程度的测度研究》，《经济研究》2009 年第 2 期。

339. 于良春、张伟：《中国行业性行政垄断的强度和效率损失研究》，《经济研究》2010 年第 3 期。

340. 于林、于良春：《地区性行政垄断的经济增长效应》，《当代财经》2010 年第 6 期。

341. 袁恩桢：《社会主义公有制与市场经济关系的艰难探索——中国经济发展 60 年的一条主线》，《毛泽东邓小平理论研究》2009 年第 5 期。

342. 袁志刚、陆铭：《前苏联、东欧国家转轨中的失业问题》，《世界经济》1997 年第 4 期。

343. 岳振宇、杨树龙：《论行政性进入壁垒的法律规制——以规制我国的审批许可制度为中心》，《行政论坛》2005 年第 2 期。

344. 尹书博：《论高度集中统一的计划经济管理体制在建国初期的历史作用及其局限》，《许昌师专学报》（社会科学版）1996 年第 2 期。

345. 臧旭恒、徐向艺、杨蕙馨：《产业经济学》，经济科学出版社 2005 年版。

346. 张长征、李怀祖、赵西萍：《企业规模、经理自主权与 R&D 投入关系研究——来自中国上市公司的经验证据》，《科学学研究》2006 年第 6 期。

347. 张军：《需求、规模效应与中国国有工业的亏损：一个产业组织的方法》，《经济研究》1998 年第 6 期。

348. 张军：《资本形成、工业化与经济增长：中国的转轨特征》，《经济研究》2002 年第 6 期。

349. 张国华：《反垄断法视阈中的行政垄断》，《法治研究》2008 年第 5 期。

350. 张浩：《建国初期中国共产党对计划经济体制的探索——以北京市为例》，《企业导报》2009 年第 6 期。

351. 张俊生、曾亚敏：《地方保护对农业企业可持续增长的影响——一项初步的经验研究》，《中国农村经济》2008 年第 10 期。

352. 张倩肖、冯根福：《三种 R&D 溢出与本地企业技术创新——基于我国高技术产业的经验分析》，《中国工业经济》2007 年第 11 期。

353. 张如庆：《我国对外直接投资区域选择分析》，《国际贸易问题》2005 年第 3 期。

354. 张淑芳：《行政垄断的成因分析及法律对策》，《法学研究》1999 年第 4 期。

355. 张淑芳：《论行政立法的价值选择》，《中国法学》2003 年第 4 期。

356. 张顺明、余军：《内部货币与我国最优关税政策研究》，《经济研究》2009 年第 2 期。

357. 张曙光、张弛：《扩大开放与反行政垄断并重》，《决策与信息》2007 年第 3 期。

358. 张昕竹、张湘赣：《民航业：政企分开，多元竞争》，载中国经济改革研究基金会、中国经济体制改革研究会《中国反垄断案例研究》，2003 年。

359. 张维迎、栗树和：《地区间竞争与中国国有企业的民营化》，《经济研究》1998 年第 12 期。

360. 张维迎、盛洪：《从电信业看中国的反垄断问题》，载季晓南《中国反垄断法研究——反垄断法研究系列丛书》，人民法院出版社 2001 年版。

361. 张瑞萍：《关于行政垄断的若干思考》，载王晓晔《反垄断法与市场经济》，法律出版社 1998 年版。

362. 张小强、许明月：《行政垄断的经济分析及其对策》，《重庆大学学报》（自然科学版）2005 年第 3 期。

363. 张鑫：《浅析国有化的起因、结果及问题应对》，《烟台师范学院学报》（哲学社会科学版）2003 年第 12 期。

364. 张耀辉、蔡晓珊：《行政垄断、放松规制与产业绩效——基于原油开采业的实证分析》，《当代财经》2008 年第 2 期。

365. 张谊浩、王胜英：《国际贸易与对外直接投资相互关系的实证分析——基于我国数据的 Granger 非因果检验》，《国际贸易问题》2004 年第 1 期。

366. 张颖：《保加利亚新政府经济转轨及其特点》，《世界经济》1996 年第 2 期。

367. 张原：《行政垄断的收入分配效应：理论及中国的经验研究》，

博士学位论文，浙江大学，2009 年。

368. 张朝霞：《〈行政许可法〉的立法背景、价值取向与实施阻力》，《西北民族大学学报》（哲学社会科学版）2004 年第 3 期。

369. 赵春玲、胡建渊：《地方政府保护主义经济行为的博弈分析》，《经济体制改革》2002 年第 4 期。

370. 郑鹏程：《行政垄断的法律控制研究》，北京大学出版社 2002 年版。

371. 郑鹏程：《论法律对行政垄断的综合规制》，《求索》2003 年第 1 期。

372. 郑毓盛、李崇高：《中国地方分割的效率损失》，《中国社会科学》2003 年第 1 期。

373. 中华人民共和国国务院第八办公室：《关于公私合营企业改变经济类型的规定》，《山西政报》1957 年第 7 期。

374. 中国社会科学院经济研究所：《中国资本主义工商业的社会主义改造》，人民出版社 1978 年版。

375. 中国社会科学院、中国档案馆：《1953—1957 年中华人民共和国经济档案资料选编·工业卷》，中国物价出版社 1998 年版。

376. 种明钊：《竞争法》，法律出版社 1997 年版。

377. 钟笑寒：《地区竞争与地方保护主义的产业组织经济学》，《中国工业经济》2005 年第 7 期。

378. 周汉华：《行政立法与当代行政法——中国行政法的发展方向》，《法学研究》1997 年第 3 期。

379. 周汉华：《行政许可法：观念创新与实践挑战》，《法学研究》2005 年第 2 期。

380. 周黎安：《晋升博弈中政府官员的激励与合作——兼论我国地方保护主义和重复建设问题长期存在的原因》，《经济研究》2004 年第 6 期。

381. 周黎安：《中国地方官员的晋升锦标赛模式研究》，《经济研究》2007 年第 7 期。

382. 周黎安、罗凯：《企业规模与创新：来自中国省级水平的经验证据》，《经济学（季刊）》2005 年第 3 期。

383. 周其仁：《竞争、垄断和管制——"反垄断"政策的背景报告》，载王晓晔《产权与制度变迁》，北京大学出版社 2004 年版。

384. 周权雄、朱卫平：《国企锦标赛激励效应与制约因素研究》，《经济学（季刊)》2010 年第 2 期。

385. 周绍东：《中国工业企业技术创新与行政性进入退出壁垒》，《内蒙古社会科学》2008 年第 4 期。

386. 周新城译：《苏联共产党和苏联政府经济问题决议汇编》，中国人民大学出版社 1983 年版。

387. 周耀东、余晖：《政府承诺缺失下的城市水务特许经营——成都、沈阳、上海等城市水务市场化案例研究》，《管理世界》2005 年第 8 期。

388. 周业安：《地方政府竞争与经济增长》，《中国人民大学学报》2003 年第 1 期。

389. 朱恒鹏：《企业规模，市场力量与民营企业创新行为》，《世界经济》2006 年第 12 期。

390. 祝树金、戢璇、傅晓岚：《出口品技术水平的决定性因素：来自跨国面板数据的证据》，《世界经济》2010 年第 4 期。

391. 朱卫平、陈林：《产业升级的内涵与模式研究——以广东产业升级为例》，《经济学家》2011 年第 2 期。

392. 朱行巧：《克罗地亚经济转轨的现状及存在的问题》，《世界经济》1996 年第 11 期。

393. 朱玉杰、于懂：《外商直接投资对中国对外贸易影响的实证分析》，《财经问题研究》2004 年第 10 期。

后　记

　　"停下你的脚步啊，路人！躺在这里的就是约翰·洛克。如果你想问他是怎么样的一个人，他会说他是一个以自己的小财产过着满足生活的人。身为一个学者，他献身真理为业，你可以在他的著作里发现这点，任何有关他的事物都写在他的著作里了，也都比本墓志铭对他的赞美还要真实"。

　　三权分立首倡者、自由主义者约翰·洛克手书之墓志铭。

　　我是一个生于"文化大革命"刚结束的"80后"，从小就是幼儿园里的"小霸王"。生活环境的熏陶在我幼小的心灵根植下法家思想——团结就是力量、专横带来稳定。直到初中，逐渐长大的我为香港电视新闻所触动，"赛先生"成为自己的口头禅。爱看香港新闻、爱说口头禅让我成为同学中的异类，布道与辩论自然是家常便饭。看，好一个左右摇摆的人。

　　时光飞逝，当我步入大学校园，卫星的香港电视早已变成有线的广州电视，高考也磨去我许多棱角。某一天，自觉泯然于众人的我在湖南大学图书馆中无意翻到那本让我人生再起波澜的书。那是一本尘封许久的南京大屠杀照片集，照片上先辈的痛拷问着我自由的灵魂，也唤起我沉睡在心底里的法家思想。"赛先生"之国度往往被来自于专制国家之战争所倾覆，是集体主义的安全感重要，还是"赛先生"万岁？看，好一个左右摇摆的人呐。

　　虽是彷徨，但我决心寒窗苦读以知识报国，毕竟这似乎是一个知识分子唯一力所能及之处。就这样，本科学土木工程的我考上了暨南大学产业经济学硕士，硕士毕业后考了两次才让我终于考上产业经济学博士。虽然第一年考不上让我损失一年多的学术生涯，但在国有企业（其前身为广东省计划经济委员会下属事业单位）所获的编制项目建议书和可行性研究报告的工作经验却让我成熟不少。

更重要的是，这使我遇上一个属于自己的精神导师。他就是以宏观经济学硕士课程和新制度经济学博士课程，启蒙我经济学思想的朱卫平教授。我这个幽默不羁的师父其实是位严师，一入学，我就在他不间断的督促下钻研高级微观经济学、高等数学，努力打造数理模型构建能力。经过几篇学术论文的锻炼，自己的模型构建能力与日俱增。在 2008 年年底完成的国家自然基金课题中，老师和我合作构建起一个足以让自己欣喜若狂的理论模型，因为它"彻底"证明了法家的集权思想之正确性，以此让我不再彷徨。

这个模型证明了熊彼特假说成立——垄断是技术进步的必然结果且符合社会福利。如此一来，熊彼特晚年所追求的事业似乎是正确的。当我把计算机运算结果告诉老师时，他毫不迟疑地做出那番让我记忆犹新的"知识分子之良知"的讲话。他告诉中国缺的是什么，如果模型结论与真理相悖，那么模型就是错的，它一文不值。我不服，更不相信自己崇拜的数学会出错。为进一步加强模型说服力，我试图放松一个从没有被自己重视的模型假设——不允许企业自由进入和退出市场的封闭产业系统。这是一个动态经济学模型极为常用的基本假设。而且自以为，相对于那么强的模型结果，一个小小改动不可能导致模型出现相反结论。为模型加入允许企业自由进入和退出市场的自由竞争假设后，我们惊讶地发现：熊彼特假说的曲线竟然一下子从"U 形"变成"倒 U 形"，熊彼特假说不再成立。现实中，只有政府可以强制禁止企业进入和退出产业，该假设其实就是行政垄断。这一刻，我猛然发现数理模型最终还是和真理走到一起。正如老师所言：思想总是比模型重要。而我更加认为，模型就像万有引力定律的那条公式，思想才是公式所要表达的真理，才是砸上牛顿的那个金苹果，真理最终会引领数理模型走向正途。我终于从梦魇中清醒过来，是老师给了我思想的灵魂，更将我从一个让人不断下坠的深渊中一把捞起来。最后，我在该模型基础上写成博士论文。其中的经济史研究和对哈耶克等人著作的阅读更使我茅塞顿开。至此，我终于不再左右摇摆。

2008 年至今是我全身心投入博士学位论文写作的日子。但从广义上看，近 30 年来的人生其实也算得上是我博士论文的写作历程。近 4 年的博士生涯逐渐让自己的思想体系成熟起来。而在老师和师兄弟们的帮助下，我终于悟到了一条道理，它很简单——由自由竞争市场所达成的纳什均衡是无法破解的社会最优状态。

自西汉初年董仲舒的儒家改革后，崇尚仁义礼智信的国民与外儒内法的政权结合起来陪伴中国走完近两千年的历史，但20世纪后的一次次"文化革命"又使其飘忽不定。欧洲文艺复兴追寻的是自己老祖宗——古希腊和古罗马的文明火种，这种精神内核与中国近百年来的自我否定截然相反。文艺复兴可被视为去除宗教制度障碍，促使欧洲社会回复以前的自然状态。而中国试图以社会外生的"文化革命"来消灭传统道德礼教、建立全新的文化和文明，失败已成定局。

既然自由竞争市场的产业演化与技术创新的进步必然是渐进的，强烈的外生干预必定效率低下，社会发展不也应该这样吗？

或许我们误会了新文化倡导者之初衷，像批判儒家糟粕思想的胡适先生不也是以墨家兼爱为终其一生的信仰？我们只知孙中山先生以三民主义进行革命，而不知道其晚年之反省："中国有一道统，尧、舜、禹、汤、文、武、周公、孔子相继不绝。余之思想基础，即承此道统，而发扬光大耳"（出自1921年年底在桂林对共产国际代表马林的讲话）。想以"大跃进"追求进步、以暴力追求和平、以专制实现民主，无异于缘木求鱼。我很欣赏南京大学历史系高华教授在其《对五四激进主义负面性的再思考》中阐释的历史观，本书对外生干预与自由竞争市场的经济学思考与之殊途同归。

老庄崇尚无为而治、上善若水，不就是对市场的最大肯定？墨家崇尚"选贤者、立天子"（出自《墨子》之《尚同》篇），如自由之"德先生"乎？墨家还崇尚天志非命，如求真之"赛先生"乎？东西方之间或有不同，老子最终选择倒骑青牛归隐山林，去追求个人自由的最大化，作为国家图书馆馆长和孔子老师的他未能以博爱遍及世人。苏格拉底、柏拉图等西方古哲先贤则热衷于政治演说，亚里士多德更成为亚历山大大帝的启蒙老师。这或许致使墨家、道家始终未能成为社会之主流思想，文艺复兴却使西方社会重新高举古希腊、古罗马之文明大旗。

经济学是显学吗？我想引用老师的一句"通俗话"——经济学家只能证明服毒会死人，其余的我们无能为力。对于行政垄断，我们的看法似乎一致。

除了深深感谢在我学术生涯及本书成稿中居功至伟的朱卫平教授外，龙自云、邓晓锋、周权雄、陈和、陶锋、周任重、程昱、周圣强等与我志同道合的一众挚友也功不可没。同时我要感谢自己认识的所有老师和同学，本书的成稿与他们给予的帮助和鼓励分不开。特别鸣谢：张耀辉教授在"产业组织"课程上的循循教诲让我受益匪浅，他为本书模型提出的宝贵建议是模型运算结果那么优美的关键；还有教我"数学"的聂普焱教授，没有他的"模型是对，但可能假设有问题，否则结论不可能如此荒诞，因为这已困扰了知识分子多年并被最终证明是错的"这番话，我也不能说服自己检讨自省——放松行政垄断假设，也是他将 Kamien 和 Schwartz 著的动态最优化教科书从美国带回来借给我；年轻有为的余壮雄老师和周浩老师对我帮助莫大；没有与东北财经大学于立教授在饭间的一席长谈，就不会唤起我对行政垄断的无比兴致；中国社科院工经所李海舰教授关于学术规范的讲座是让我掌握经济学研究范式的楔子，每次与他交流都让我耳目一新；感谢中山大学的梁琦教授、华南师范大学的谌新民教授、华南农业大学的罗明忠教授和暨南大学的李郁芳教授，正是他们的激励让我鼓起勇气写出行政垄断的方方面面，而他们在预答辩中提出的宝贵意见更使本书获益良多；更加衷心感谢我的硕士导师邓伟根教授，在他指导下我获得了学术研究的基本能力，也在生态经济学领域闯出一片天地。最后，我还要感谢暨南大学的胡军教授、张捷教授、孔小文教授、隋广军教授、郝英奇教授、刘金山教授、刘汉民教授、王霄教授、顾乃华副教授、苏启林副教授、王兵副教授、杨亚平副教授、燕志雄老师、祁湘涵老师、郑筱婷老师、叶德珠老师、周永文老师，以及在背后默默支持我们科研工作的刘萍老师、柳杰老师。

自己寒窗苦读那么多年，终于学有小成，这完全离不开家人的支持。父母给予我生命，父亲更是教会我知识分子的尊严与正义感，小时候他从不开贵价药给民工叔叔；母亲从小培养我爱读书的精神，是我成长中不可或缺的关键一环，更重要的是她十月怀胎生下我；已过世的外公、外婆从小带大我，在他们身上我能感受到善良、传统道德的魅力与对家人的爱，而且我很想念他们，也很记挂一直没能完成的少年心愿——跟他们多照相，买台空调、手机让他们的日子过得舒坦；爷爷也已过世，您给了我客家人的炎黄血脉、赤子之心，无论自己身处哪里，它都会是我的灵魂归宿；还有奶奶，但愿您在乡下长命百岁，不能团聚让我深深愧疚。

我把希望寄托在下一代，但愿即将出生的孩子能铭记"人之初，性本善；性相近，习相远"——前一句说出我们善良与仁义的本性，这是维系家庭与社会的爱；后一句教会我们人与人之间有所不同，任何人都必须尊重他人的自由和权利，这是自由之灵魂。说到孩子，我生命中最重要的那个家人终于隆重登场。她，就是我的妻子、爱人兼情人，也是本书初稿的第一位阅读者和审稿人。她还有多个"第一"——她第一爱我，第一理解我的思想，第一支持我的事业。自然，她也是我的第一爱。我能怎么感谢她，怎么报答她对我的爱？就让我们在一起平平安安、快快乐乐过一辈子吧！我不会让你孤单，更会给你幸福。

　　此为跋，以代序。

陈　林

2014 年 6 月成稿于暨南园